鲍鹏山作品系列

《论语》导读

鲍鹏山 著

商务印书馆
The Commercial Press

图书在版编目（CIP）数据

《论语》导读/鲍鹏山著. —北京：商务印书馆，2024
（鲍鹏山作品系列）
ISBN 978－7－100－23465－8

Ⅰ.①论… Ⅱ.①鲍… Ⅲ.①《论语》—研究
Ⅳ.①B222.25

中国国家版本馆 CIP 数据核字（2024）第048241号

权利保留，侵权必究。

《论语》导读

鲍鹏山 著

商 务 印 书 馆 出 版
（北京王府井大街36号 邮政编码100710）
商 务 印 书 馆 发 行
徐州绪权印刷有限公司印刷
ISBN 978－7－100－23465－8

2024年11月第1版　　　　开本 670×970　1/16
2024年11月第1次印刷　　印张 30¼

定价：118.00元

鲍鹏山，文学博士、作家、学者。中国孔子基金会学术委员会委员，上海文史馆馆员，央视《百家讲坛》《典籍里的中国》、上海电视台《东方大讲坛》、山东卫视《新杏坛》等栏目的主讲嘉宾。浦江学堂、花时间读书社、学商书院创办人。出版有《寂寞圣哲》、《中国人的心灵——三千年理智与情感》、《风流去》、《孔子传》、"水浒系列"(《鲍鹏山品水浒》《鲍鹏山新批水浒传》《江湖不远》)、"孔子三来"(《孔子如来》《孔子归来》《孔子原来》)、"经典导读系列"(《〈论语〉导读》《〈道德经〉导读》《〈大学〉〈中庸〉导读》《〈孟子〉开讲》)等著作三十多部。《光明日报》、《中国周刊》、《美文》、《寻根》、《走进孔子》、《中学生阅读》(高中版)等多家报纸杂志的专栏作者。

尤求《品古图》(局部)

| 目录 |

例　言 / 1

学而第一　/ 3

为政第二　/ 21

八佾第三　/ 44

里仁第四　/ 69

公冶长第五　/ 88

雍也第六　/ 115

述而第七　/ 142

泰伯第八　/ 174

子罕第九　/ 193

乡党第十　/ 220

先进第十一　/ 228

颜渊第十二　/256

子路第十三　/283

宪问第十四　/314

卫灵公第十五　/357

季氏第十六　/392

阳货第十七　/409

微子第十八　/435

子张第十九　/447

尧曰第二十　/469

例　言

《〈论语〉导读》最早于2000年由广东高等教育出版社出版，中间经过几次修订并变更出版社，2017年交由中国青年出版社出版，间有少量修订。

2020年又做了一次较大修订，全书增补已过大半，尤其是今译、导读与一些重要的注释部分。但体例不变。

一、版本——参考杨伯峻《论语译注》，刘宝楠《论语正义》，朱熹《四书章句集注》，钱穆《论语新解》等。对诸家版本差异之处，择善而从，择便而从，择易而从，取各家之长，存一己之得。

二、章节分合——基本与杨本一致。唯《乡党第十》杨氏分为二十七章，我并为四章。

三、译文——主要直译，目的是让读者能逐字逐句和原文对照，以掌握古文特点。直译特别拗口时，也采用意译。个别意思跳脱处，翻译也注意补全逻辑环节。

四、注释——力避烦琐，务求明白简易。理自不可异处，自然依从前人；势自不可同时，亦申一得之见。

五、导读——有阐释、发挥原义者；有说明背景、用意者。不懂有两种：一种是不知道说了些什么，所谓语言上的不懂，对此，我们通过翻译和阐释原义来解决。还有一种不懂，是不懂为什么这样说，有什么针对性，逻辑脉络何在。对此类不懂，导读中注意说明背景，阐明用意，理顺逻辑，并对原义做适当的发挥和展开。

六、成语——《论语》对后世汉语影响极大，其中不少已成为成语，本书钩沉近三百则，以提示学习者注意记忆。

七、链接——《论语》二十篇五百多章，有不少章涉及的内容相近或主旨相关，本书亦随做标注，提示学习者对照参读。

八、正音——本书只对一些生僻字注音。其他字各种特别读法，请参照我最新编校、由中国青年出版社出版的《论语正音诵读本》。

鲍鹏山

2024年4月，于上海偏安斋

学而第一

1.1

子[1]曰:"学而时习之,不亦说[2]乎?有朋自远方来,不亦乐乎?人不知而不愠,不亦君子[3]乎?"

今译

夫子说:"学并且时时践习所学,不也是愉快的吗?有朋友从远方来,不也非常欢喜吗?人家不了解我,我却不怀怨怒,不也很君子吗?"

注释

1 子:古代对有学问、有道德修养的人的尊称。《论语》中单独用"子"即特指孔子。另,《论语》中,记孔子话,除了《季氏》整篇,以及17.6"子张问仁于孔子"用"孔子曰"外,其他分为三种情况:对弟子说话,用"子曰";对君大夫等外人说话,用"孔子曰";无明确对象时,有三例用"孔子曰"(8.20、18.1、20.3)。为了区别,本书中,"子曰"我翻译为"夫子说","孔子曰"我翻译为"孔子说"。

2 说(yuè):同"悦",高兴,喜悦。

3 愠:内心怨怒。君子:本是名词,此处作形容词用,形容很有君子风度的行为。所以译文如上。

导读

"学而时习之,不亦说(悦)乎?"勤奋学习,又能有时间、有心情、有兴趣去时时践行,感受到自己一天一天的成长,岂能不快乐?

"有朋自远方来,不亦乐乎?"朋友自远方来,契阔谈宴,无比快乐,这是我们一般人能共同感受到的。但孔子这句话还有更深的意思在:朋友能从远方来,证明了自己的价值与德行。如此,我们怎能不快乐?

注意上面两句话中的"说(悦)"与"乐"的细微区别。悦,乃是内心的感受,读书的快乐是个人的,是内心的,是一种自我愉悦的境界,故用"悦"。而朋友来了,其快乐是外露的,甚至是手之舞之,足之蹈之的,还有互乐、同乐的特点,所以用"乐"。

自己学问精深、道德深厚、志向远大,却无人了解,得不到相应的尊重与任用,是很难保持心理平衡的。所以,"人不知而不愠",是一种很高的境界,很精深的修养。有了这种修养,岂不是真正的君子?

其实,"不亦乐乎",还不仅仅是反问你这些"事"乐不乐,更是在提醒你这个"世"岂不乐?非仅此"一事"可乐,实乃此"一世"可乐。乐,不遑他求,求己即可。因为无论是学习,还是朋友,还是心中无愠,都是自家的事。

《论语》第一字,是"学";《论语》第一义,是"悦"是"乐"是"不愠"。这世界,有足够的奥妙让我们学,有足够的丰富让我们乐。因为学而乐,因为乐才学。人生圆满,莫过于此。

成语　不亦乐乎

链接　1.16

1.2

有子[1]曰:"其为人也孝弟[2],而好犯上者,鲜[3]矣。不好犯上而好作乱者，未之有也。君子务本，本立而道生。孝弟也者，其为仁之本与 [4]？"

| 今译

有子说："他的为人，能够孝顺父母、恭敬兄长，却喜欢冒犯上级，这种人是很少的；不喜欢冒犯上级，却喜欢反叛作乱，这种人从来没有。君子专心致力于根本的事情，根本树立了，其他的为人处事之道就会相应地产生出来。孝顺父母、恭敬兄长，就是'仁'的本源吧？"

| 注释

1　有子：鲁国人，姓有，名若，字子有。孔子弟子。有若的弟子也尊称有若为"子"，故称"有子"。《论语》有若、曾参、闵子骞、冉求皆称"子"，具体情况如下：曾子——凡涉及曾参，必称"曾子"。冉子——共两处三次称"冉子"，其他称"冉有"。闵子——一次称"闵子"，其他四处五次称"闵子骞"。有子——三次称"有子"（都在第一篇），一处两次称"有若"。

2　弟（tì）：同"悌"。兄弟之间，弟弟善事兄长，称"悌"。

3　鲜（xiǎn）：少。

4　与：同"欤"。语气词。

| 导读

儒家认为家是国的基础，治国之前必须先齐家，家齐而后国治。在家里把人调教好了，孝顺父母，尊敬兄长了，到社会上去自然会服从领导，尊君爱上。知道服从、尊敬与仁爱，人与人相处的大节也就粗具了。

这一章可以概括出一个成语：犯上作乱。在这个词里，"作乱"固然不可以，但是，绝对地不允许"犯上"，那就会演变为"权力意志"，人们不再去服从真理，而是服从权势。孟子说"有若似圣人"（《滕文公上》），但有子毕竟不是孔子，他的话还是有不够周到的地方，这是我们读《论语》时要注意的。好在《论语》有一个自我内部的平衡。我们往下面读，就会读到这样的句子："子路问事君。子曰：'勿欺也，而犯之。'"（14.22）这就是对有子"不犯上"论的纠正。

▎**成语**　犯上作乱

▎**链接**　1.6；14.22

1.3

子曰："巧言令色¹，鲜矣仁。"

▎**今译**

夫子说："满口说着让人喜欢的话，满脸装着使人喜欢的面色，仁德就很少了。"

▎**注释**

1　令色：谄媚的脸色。令，本指美好，如称人之父母曰令尊、令堂，称人之子女曰令郎、令嫒。这里有讨好之意。

▎**导读**

巧与佞，都是伪装，于事不真，于人不诚。不真诚，当然不仁。仁，决不是一味地苟顺讨好，更有至大至刚不可屈挠的正直之气。其实，孔子并不反对讲究语言技巧，《左传·襄公二十五年》记夫子说："言之无文，行而不远。"孔子反对"巧言"，不是反对语言的文采和修辞，而是反对语言对事实的遮蔽和掩饰。

▎**成语**　巧言令色

▎**链接**　5.25；15.27；17.17

1.4

曾子¹曰："吾日三省²吾身：为人谋而不忠乎？与朋友交而不信乎？传³不习乎？"

▍今译
曾子说："我每天多次反省自己：替别人办事情有不尽心力的吗？同朋友交往有不诚实的吗？老师传授的知识践习了吗？"

▍注释
1 曾子：姓曾，名参（一般读shēn。也有读cān的），字子舆。曾皙之子。孔子弟子。
2 省（xǐng）：检查反省自己。
3 传：老师传授的知识、学问。

▍导读
我们现在学习各种知识、技能，主要是为了将来"做事"，做一个"有能力的人"。

孔子及其弟子学习，当然也是为了做事，做一个有能力的人；但首先，他们是学做人，做一个"有道德的人"。

因此，不断地在道德上自我反省，自我磨砺，以期有所长进，便成了他们每日的功课。

▍成语　三省吾身

1.5

子曰："道千乘之国¹，敬事而信，节用而爱人，使民以时。"

今译

夫子说:"治理一个拥有千辆兵车的国家,要慎重地处理政事,诚信无欺。节省财用,爱惜人民,征用百姓选在农闲的时候。"

注释

1　道:同"导",领导,治理。乘(shèng):古代称四匹马拉的一辆车为"一乘"。古代军队使用兵车,每辆兵车用四匹马拉,车上有士兵三人,车下跟随有步兵七十二人,另有相应的后勤人员二十五人,因此,"一乘"的实际兵力就是一百人。"千乘之国"也可泛指诸侯国。

导读

爱惜劳力,不违农时,政策合理,社会稳定,是以农业立国的中华民族的古老政治信条。

此章的重点是这样两个字:"敬"和"信"。这世界,凡是必须做的,都是事;而凡可以成为一件事的,都可敬,都须敬。敬事才能成事,才能了事;敬事,才能把一件事做成一项事业。而信,乃是我们对事的承诺和担当。

世界就是事界。人生在世,其实就是人生在事。为人处世,就是为人处事。敬事,就是敬世,就是慎待自己的人生。如此,则"信",也就是对自我的承诺。

成语　千乘之国　节用爱人　使民以时

1.6

子曰:"弟子入则孝,出则弟,谨而信,泛爱众,而亲仁。行有余力,则以学文。"

今译

夫子说:"年幼的人入门则孝顺父母,出门则恭敬兄长,谨慎诚信,博爱大众,亲近仁德。做到了这些如还有余力,就去学习文献。"

导读

这一章是教我们如何待人。提到了家庭里的父母兄长,还有满世界的其他人。"泛爱众",要我们眼睛向下,要博爱——这是教我们如何对待一般人;"亲仁",要我们眼睛向上,向先进人物学习,学习他们的品德与智慧——这是教我们如何向贤者看齐。

还有一点值得提醒:"行有余力,则以学文"——这是在说,行比学重要,道德实践比知识学问重要。学,本来就是为了更好地行——学做一个大人君子,坦坦荡荡,行走世间。

成语　入孝出悌　行有余力

链接　1.2；1.7；4.17

1.7

子夏[1]曰:"贤贤易[2]色;事父母能竭其力;事君能致[3]其身;与朋友交,言而有信。虽曰未学,吾必谓之学矣。"

今译

子夏说:"一个人,选择妻子看重其贤德,不看重其色相;侍奉父母能尽心尽力;服事君上能献出生命;和朋友结交,说话诚实守信。这种人,虽然说没学习过,我一定说他学习过了。"

注释

1　子夏:姓卜,名商,字子夏。孔子弟子。

2　贤贤：第一个"贤"是动词，表示推重，尊崇；第二个"贤"是名词，贤德。易：轻视，不看重。

3　致：奉献。

| 导读

此章可以和上一章对看——可以看成子夏对老师语录的批注。

学之目标，在心智的成熟。而心智成熟的标志，是：第一，正确认识自己；第二，正确认识他人；第三，正确认识和处理自己和他人的关系。

在这一章，子夏讲到了夫妻、父子、君臣、朋友，除了兄弟，人伦最基本的关系都讲到了。一个人，能做到子夏所说的这些，他已经摆脱了自然本性中的趣味和自利倾向，能自觉而正确地履行自己的社会职责，与他人相处。这样的人，"虽曰未学，吾必谓之学矣"。

| 成语　　贤贤易色　　言而有信

| 链接　　1.6

1.8

子曰："君子不重则不威，学则不固。主忠信。无友[1]不如己者。过则勿惮改。"

| 今译

夫子说："君子，如果不庄重，就没有威严，学到的东西也难以固守遵行。做事应以忠诚、信义两种品德为主。但是，不要（主动或不必为了忠信而长期）和不如自己的人结交。有了错误就不要怕改正。"

| 注释

1　无：同"毋"，不要。友：作动词用，交朋友。

> **导读**

"无友不如己者",是指:一、不主动结交境界不高的人;二、也不必长期坚持和境界不高的人保持关系,一切委之自然,不强求自己保持某种境界不对等的关系。这是对"主忠信"的补充——因为,"主忠信",有可能会让我们为了坚守某种承诺而与不合适再交往的人保持"友谊"。

所以,孔子在讲了"主忠信"——也就是做人要忠信为主之后,马上就告诫我们两点:

第一,无友不如己者。第二,过则勿惮改。

主忠信和后面直接的"无友不如己者。过则勿惮改",是一个转折关系。翻译和理解的时候,应该有一个转折词——但是:主忠信,但是,毋友不如己者。主忠信,但是,过则勿惮改。

"主忠信。无友不如己者。过则勿惮改。"在后面9.25完全一样重新出现过一次。

> **成语**　过则勿惮改

> **链接**　9.25

1.9

曾子曰:"慎终[1]追远,民德归厚矣。"

> **今译**

曾子说:"慎重地对待父母丧葬之事,不断地追念祖先,这样做,百姓的德行就会自然归于仁厚了。"

> **注释**

1　终:寿终,指父母去世。

导读

好好地为父母办丧事,并虔诚地不断地追念祖先,是"孝道"的重要部分。抓住了这个重要环节,通过丧葬仪式的不断强化,"孝道"就会深入人心,人民的道德水平就会提高。

中国文化,对人的道德嘉奖就是"不朽",而以"不朽"为人生旨归,则必倡导一种"慎终追远"的风气。慎终追远,则人在乎死后的名声,在乎名声,就会注意行为。

成语　慎终追远

链接　8.3

1.10

子禽问于子贡¹曰:"夫子至于是邦²也,必闻其政,求之与?抑与之³与?"子贡曰:"夫子温、良、恭、俭、让以得之。夫子之求之也,其诸⁴异乎人之求之与!"

今译

子禽向子贡问道:"夫子每到一个国家,必能了解到那个国家的政事,他是请求人告诉他的呢?还是人家自愿告诉他的呢?"子贡说:"夫子是以温良恭俭让的态度得来的。夫子获得信息的方法总是和别人不一样吧!"

注释

1　子贡:姓端木,名赐,字子贡。孔子弟子。子禽:姓陈,名亢,字子禽。《史记·仲尼弟子列传》有"原亢籍"。一般认为,原亢即陈亢。所以也应该是孔子学生(参程树德《论语集释》本章注),但我怀疑。

第一,如果他是孔子学生,而且在《论语》里面出现了三次(1.10、

16.13和19.25），并且有两次直接说他是"陈亢"或"陈子禽"，为什么司马迁在《史记》里面不记成陈亢，而是记成原亢？很可能就因为原亢不是陈亢。

程树德《论语集释》认为，既然陈亢在《论语》中出现三次，司马迁就不可能不加记载，但司马迁《史记·仲尼弟子列传》确实没有陈亢，只有原亢，于是，就认定原亢就是陈亢。这种思路是先认定陈亢是孔子学生，然后再说原亢就是陈亢。那么，为什么不可能是这样的：陈亢本来就不是孔子学生，而原亢另是一人呢？

第二，如果他是孔子学生，为什么《论语》所记他三次问话都与孔子有关，而他又都不是直接面对孔子，而是转问他人？

第三，最直接的证据是19.25，他和子贡说起孔子，并不称孔子为"夫子"，而是称"仲尼"，这是有违常理的。

一般弟子之间提到孔子，都是称"夫子"。弟子对别人提到自己的老师孔子，既可以称"夫子"，也可以本着"自卑而尊人"的原则，直接称名，比如子路对长沮、桀溺提到自己老师，就称"孔丘"（18.6）；也可以称"仲尼"，比如19.24，子贡对叔孙武叔说到老师，在"叔孙武叔毁仲尼"之后，接称"仲尼"，这样的情况是符合礼的。还有称"孔氏"的（14.38）。外人对孔门弟子提到孔子，一般也要称"夫子"以示尊重，如3.24之仪封人。而叔孙武叔语大夫于朝，称孔子为"仲尼"，以及他毁仲尼，都是在其他人面前，不是在孔门面前，也算合乎规矩。

但是，同学之间提到老师，称"仲尼"，这是令人吃惊的。即便不是孔子的学生，在面对孔子的高徒提到孔子时，称孔子为"仲尼"，也是严重的失礼行为。即便今天，谈话双方提到对方老师，也要说某老师或"你老师"，而不应该在对方面前直呼对方老师的姓名。

所以，陈亢对子贡说到孔子，称"仲尼"，说明，他不是孔子的学生，并且是一个不知礼的人。

2　夫子：孔子弟子对孔子的尊称。外人对孔门弟子提到孔子，也称"夫子"，如3.24。邦：诸侯国。

3　抑：表示选择，相当于"是……还是……"中的"还是"。与之：给他。

4　其诸：或者，大概。

导读

温，为人温和，不激烈，不尖锐，不尖刻，不偏激。

良，不仅仅是善良，它是指对万事万物都有一种善意和敬意。

恭，谦恭，和睦，对人、物有恭敬心、敬畏心。

俭，做事有分寸感，能够对自己的行为有所节制。个人生活有分寸感，就不奢靡浪费，所以生活节俭是俭的一个方面。

让，谦让。社会总有竞夺，竞夺总不能以力量为唯一胜算，总不能以一切据为己有为唯一目标，那人类社会就变成丛林，弱肉强食了。所以，要"让"。人类学会"让"了，人类文明的曙光就出现了。

皇侃《论语义疏》："敦美润泽谓之温，行不犯物谓之良，和从不逆谓之恭，去奢从约谓之俭，推人后己谓之让。"除了以"去奢从约"解释"俭"显得狭隘，其他皆可从。

成语　温良恭俭让

1.11

子曰："父在观其志，父没观其行。三年无改于父之道，可谓孝矣。"

今译

夫子说："父亲在世时，（因不得自作主张，便只能）考察儿子的志向；父亲去世后，则要看儿子的行为。如果能够长期不改父亲的为人之道，可以算是孝了。"

> **导读**

鲁迅先生批评过"三年无改于父之道"，他说：假如猴子都遵从这一原则，没有一个敢于下树来，则人类至今还是树上猿猴；更推上去说，人类原先来自海洋生物，如果这些海洋生物都不敢改变其父之道，没有一个敢爬上岸来，则人类至今还是海底的水族。人类总须不断革新，才会进步。一个民族如此，一个人也如此。

鲁迅先生的话当然不错，尤其是在他那个时代，针对那时的保守势力时。历史上，孔子这句话也确实成为一些人维护旧传统、反对变革的理由。但是，就孔子本人而言，他此处只是在说一个儿子对于去世父亲的感情问题。在他的观念里，孝顺、家庭的和睦，比发展、进步更值得我们珍重，或者说，当两者发生冲突时，他选择家庭亲情。毕竟，一切发展、进步，都以幸福和谐为目标，都以人性的善良和仁爱为基础。对死去父亲的尊敬并由此引起的对父亲生前之道的维护，正是人性中柔软温馨一面的表现，它也许不够功利，但自有其价值。

也有人为这"三年无改于父之道"辩护，说"道"，一般指正确的东西，当然不能改。但这种说法又引起另外一个逻辑问题：既然是正确的东西，那就不是"三年无改"，而应该一直坚持不改才对。

1.12

有子曰："礼¹之用，和为贵，先王²之道斯为美；小大由之。有所不行：知和而和，不以礼节³之，亦不可行也。"

> **今译**

有子说："礼的功用，贵在能和，先王的道里面，这一点很美好；无论大事小事都依照这个目标去做。却也有不可行的地方：只知道一味地和气，不用礼来节制，也就行不通了。"

注释

1 礼：即周礼。周代的仪礼制度。
2 先王：指文王武王等古代的贤王。
3 节：节制，约束。

导读

礼的功能，是分，但分不是为了分离，而是为了和睦。让不同身份地位的人各安其分，各得其所又和睦相处，这就是和了。

但礼毕竟是有原则的，它要的和谐是有原则的和谐。和谐，必须坚持原则。坚持原则，才是可持续的和谐。

所以，礼的作用，是"节"，礼节礼节者，以礼节制行为也。行为受礼节制，方才有原则，不泛滥。彼此有原则，不泛滥，不越界，才能真正和谐。

成语 和为贵

链接 15.33

1.13

有子曰："信近于义[1]，言可复[2]也。恭近于礼，远[3]耻辱也。因不失其亲，亦可宗[4]也。"

今译

有子说："给人承诺，要适宜恰当，许下的诺言才能兑现。对人恭敬，但要合乎礼，才可免受耻辱。有事依靠亲近的人，（这种做法）也可以参照学习。"

注释

1　近：符合，接近。义：此处同"宜"，适宜，适当。
2　复：兑现。
3　远：远离，避免，免去。
4　因：依靠，凭借。宗：参照，仿照，学习。

导读

说话做事时，先自我检点一下：说的话、许的诺合乎事宜么？有没有超越客观条件和自身的能力？如果适当，当然可以兑现；否则，就变成说大话，说空话。说话要留有余地。

对人要恭敬，但不能超过了礼的范围，比如，恭敬领导，总不能超过对父母的恭敬；爱宠物，不能超过爱亲人。这也是礼。"恭近于礼，远耻辱也"可以和上一章"知和而和，不以礼节之，亦不可行也"对看。

有什么事，找信得过的人、亲近的人，这是一般人的通常做法，我们也可以照此办理。

1.14

子曰："君子食无求饱，居无求安，敏于事而慎于言，就¹有道而正焉，可谓好学也已。"

今译

夫子说："君子吃饭不求饱足，居住不求舒适，做事勤劳敏捷，说话谨慎小心，到有道德的人那里去请教，这样，可以说是好学了。"

注释

1　就：靠近，接近。

导读

食求饱，居求安，是人的正常生理欲求，并且正是这种欲求，以及这种欲求的永不满足，不断升级，推动了人类物质文明甚至精神文明的不断进步。

但孔子这里所提倡的"食无求饱，居无求安"仍然有重要的价值。因为我们还有心灵的追求，追求知识，追求自由，追求真、善、美。为此，就必须节制物质欲望，因为"欲壑难填"，如果要等到物质欲望满足了，才来从事精神追求，那就永远也没有这一天。

"敏于事而慎于言"，并不是要我们在大是大非面前沉默不语，而是指说得少一些，做得多一些。

成语 食无求饱，居无求安　敏于事，慎于言

1.15

子贡曰："贫而无谄，富而无骄，何如？"子曰："可也。未若贫而乐（道），富而好礼者也。"子贡曰："《诗》云：'如切如磋，如琢如磨[1]。'其斯之谓与？"子曰："赐也！始可与言《诗》已矣，告诸往而知来者[2]。"

今译

子贡说："贫穷而不谄媚，富贵而不骄横，怎么样？"夫子说："可以算是好的了。但还比不上贫而乐道、富而好礼。"子贡说："《诗经》上说：'像对待骨、角、象牙、玉石等一样，先切料，再锉糙，再雕琢，再磨光。'说的就是这个意思吧？"夫子说："赐呀！现在可以和你谈论《诗经》了。告诉你已知的事，你能举一反三，明白你原先不知道的事了。"

注释

1 "如切"二句：出自《诗经·卫风·淇奥》。切：开料。磋：锉平。琢：雕刻。磨：磨光。

2 "告诸"句：诸："之于"的合音。往：已发生的事，已知的事。来：尚未发生的事，未知的事。

导读

这里主要讲了人格三层次。"贫而无谄，富而无骄"，是对一个正直的人的起码要求。假如一个人"贫而谄媚，富而骄横"，那是什么样的人呢？这就是做人的两种层次。

但孔子还指出了一个更高的层次：贫而乐道，富而好礼。无谄，无骄，只是对不良人生的否定与拒绝；乐道、好礼，则是对道德人生的追求与实践。一是消极的拒恶，一是积极的行善。

所以，子贡马上就联想到了《诗经》中的句子"如切如磋，如琢如磨"：人的道德修行就如同琢玉——先切，再磋，再琢，再磨，一步一步趋于晶莹剔透的造化之境。

子贡能从《诗经》中悟出人生的道理，举一反三，孔子表扬他。

成语

贫而无谄 贫而乐道 富而无骄 富而好礼 如切如磋，如琢如磨

1.16

子曰："不患人之不己知[1]，患不知人也。"

今译

夫子说："不要担忧别人不了解自己，而应当担忧自己不了解别人。"

注释

1　不己知:"不知己"的倒装。

导读

人之不己知,是人之不学,我们无须操心;己之不知人,是己之不学,是我们要深以为戒的。

链接　1.1;14.30;15.19

为政第二

2.1

子曰:"为政以德,譬如北辰¹,居其所而众星共²之。"

| 今译

夫子说:"用执政者的德性来引领国家政事,就会像北极星那样,安居己位而众星旋绕。"

| 注释

1　北辰:北极星。
2　共:同"拱",环绕。

| 导读

孔子认为,只要当权者修养自己的德性,并对天下百姓推行德政,人民就会凝聚在他的周围。

为政以德,可以从三个层次来理解:第一,德是为政之手段,以德感召,中道而立,能者从之,可以延伸到"无为";译文从之。第二,德是对为政手段比如政策的约束,一切政治手段和政策制定,必受道德之约束,不可以不择手段。第三,德是"为政"之目标,一切政治,最终必导向道德。

> **成语**　北辰星拱

2.2

子曰:"《诗》三百¹,一言以蔽²之,曰:思无邪³。"

> **今译**
>
> 夫子说:"《诗经》三百篇,可用一句话来概括,就是:思想纯正。"

> **注释**
>
> 1　《诗经》中收诗三百零五篇,说《诗》三百,是举其约数。
> 2　蔽:概括。
> 3　思无邪:原出自《诗经·鲁颂·駉》。孔子借用这句话来评论《诗经》。

> **导读**
>
> 《诗经》中有很多批判、揭露、讽刺统治者腐朽残暴的诗篇,有很多为下层平民鸣不平的诗篇;孔子说它们一概"思无邪",可见孔子理解并支持、赞成人民对统治阶级的不满甚至批判。对这一类文学作品,他肯定其价值。
>
> 《诗经》中还有很多描写男女爱情的诗篇,有些诗还写得很大胆,很直率;让后世很多道学家直撇嘴。但孔子也说它们一概"思无邪",更可见孔子对人性的宽容与温情。

> **成语**　一言以蔽之

> **链接**　8.8;16.13;17.9

2.3

子曰:"道之以政,齐¹之以刑,民免而无耻²。道之以德,齐之以礼,有耻且格³。"

| 今译

夫子说:"对于民众,用政策去引导,用刑罚去整顿,虽然能使他们暂免犯罪,但是他们没有羞耻之心。反之,若用道德去引导,用礼节去整顿,他们不但会有羞耻之心,而且还会自觉地走正路。"

| 注释

1　道:同"导",治理,引导。齐:整治,约束。
2　免:避免,指避免犯罪。无耻:没有羞耻之心。
3　格:规矩,此当动词,有规矩,按规矩,懂规矩,遵纪守法。

| 导读

在社会治理和民众管理上,孔子不主张权力强制,他主张人民自我管理。事实上,让一个人避免犯罪的最彻底办法,确实是如孔子所说:在于人内心的道德感与羞耻感。

值得注意的是,这里的"刑"并非我们今日之"法治",而是刑律。孔子反对统治阶级用刑律来压服人民,这是他"仁政"思想的题中应有之义。

2.4

子曰:"吾十有五¹而志于学,三十而立,四十而不惑,五十而知天命²,六十而耳顺,七十而从心所欲,不逾矩。"

今译

夫子说:"我十五岁时,就立志终身向学;三十岁,能够自立;四十岁,对于事理和人生不再迷惑;五十岁,知道了自己天命所在;六十岁,对于所听到的一切,都能明白贯通,不再觉得违逆不顺;七十岁,即使随心所欲,也不会越出法度。"

注释

1 有:同"又"。十有五:即十又五,十五岁。

2 天命:孔子的"天命",大致应当包括人与自然的关系、人与社会的关系、人的命运、人的道德责任、为人的准则、人格等丰富的含义。

导读

这是孔子谈自己人生阶段。每一阶段都有所立,又都有所不足,还待更好地"切磋","琢磨"。到了七十岁,从心所欲而不逾矩,进入人生化境。

从心所欲不逾矩——道德人格一定是自由的人格。道德人生一定是自由的人生。道德社会一定是自由的社会。

孔子七十年的修行,告诉了我们道德与自由的关系。

成语 三十而立(而立之年) 四十不惑(不惑之年) 耳顺之年 从心所欲

链接 9.30;16.9

2.5

孟懿子¹问孝。子曰:"无违。"樊迟御²,子告之曰:"孟孙问孝于我,我对曰:无违。"樊迟曰:"何谓也?"子曰:"生,事之以礼;

死,葬之以礼,祭之以礼。"

今译

孟懿子向孔子请教何为孝道。夫子说:"不要违背。"(有一日)樊迟替孔子驾车,夫子告诉他说:"孟孙向我问孝道,我回答他说:不要违背。"樊迟说:"说的是什么意思呢?"夫子说:"父母健在,按照礼来侍奉他们;父母去世,按照礼来安葬他们,祭祀他们。"

注释

1　孟懿(yì)子:姓仲孙,亦即孟孙,名何忌。鲁国大夫。孟孙氏与叔孙氏、季孙氏三家(三桓)共同把持鲁国朝政(见3.2注释1)。他的父亲孟僖子临终时嘱咐他要向孔子学礼。"懿"是谥号,古代帝王、贵族、大臣死后,根据其生前事迹、品德,所获得的或褒或贬的称号叫谥号。

2　樊迟:姓樊,名须,字子迟。孔子弟子。御:赶车,驾车。

导读

孔子对孟懿子的回答是含混不清、语焉不详的,只有半句话。孟懿子则唯唯诺诺,没有疑问。其实,孟懿子心里明白:"三桓"在鲁,多为失礼之事,孔子这话,就是告诫他们——超越规矩违背礼制的孝,其实是不孝。

孔子向樊迟提起这件事,引起他发问,然后孔子再做具体的解释。他是要说明,他所说的"不违",不是不违父母,而是不违"礼"。父母是具体的人,总有不对的时候,哪能永远不违背呢?而礼是天下通行的法则,才是我们必须遵循不二不能违背的。

在孔子看来,事父也好,事君也罢,总之要事之以礼,事之以义,而不是一味地无原则顺从。这不仅是对自己人格的坚持,也是对父母、君主的尊重。

2.6

孟武伯¹问孝。子曰:"父母唯其疾之忧²。"

今译

孟武伯问孔子什么是孝。夫子说:"父母只担忧他是否生病。"

注释

1　孟武伯:姓仲孙,名彘(zhì)。前一章提到的孟懿子的儿子。"武"是谥号。

2　这一句有种种解释,我以为马融的解释最合文法。马融说这句话的意思是:"言孝子不妄为非,唯疾病然后使父母忧。"译文从之。

导读

一个人,好好学习;努力工作;为人诚实,爱人自爱——在凡此所有事情上不让父母操心烦恼,不就是孝子么!而父母对子女学习、工作、为人都不需操心,只需担心他生病,这样的子女,父母不是最得安慰么!

走正道,做正事,做正派人,就是孝。

2.7

子游¹问孝。子曰:"今之孝者,是谓能养。至于犬马,皆能有养,不敬,何以别乎?"

今译

子游问孔子孝顺父母的道理。夫子说:"现在的人认为能够养活父母就算是孝了。其实,就连犬马都能够得到饲养,若对父母没有敬意,那供养父母同饲养犬马有何区别呢?"

注释

1　子游：姓言，名偃（yǎn），字子游。孔子弟子。

导读

人是有尊严的，孟子说，哪怕一个乞丐，饿得快死了，也不会去吃"嗟来之食"，何况为人父母者？

所以，养父母，要注意一个"敬"字。"敬老院"就比"养老院"的名字有讲究。

2.8

子夏问孝。子曰："色¹难。有事，弟子²服其劳；有酒食，先生馔³，曾是以为孝乎⁴？"

今译

子夏问如何孝顺父母。夫子说："子女在父母面前，经常保持愉悦的脸色是件难事。遇事晚辈效劳；有酒饭，年长的吃喝，难道这就算孝顺吗？"

注释

1　色：脸色。

2　弟子：晚辈，指子弟。

3　先生：长辈，指父兄。馔（zhuàn）：吃喝。

4　曾：副词，难道。是：代词，此，这个。另外，本篇接连几章（2.5、2.6、2.7、2.8）开头都是"问孝"，我有些译文故意使之略有不同，用意在于，对古文的理解不能僵化，"标准答案"要么不存在，要么有多种。

导读

在一般社会规范或者风俗习惯的压力下，人们在外在的行为上，比如"有事服其劳"，"有酒食，先生馔"，大体还可以做到。但如果这一切都是出自对外在规范的被动服从，而不是出自自己内心的真诚情感，在脸色上就不大自然与愉悦。

在孔子看来，孝顺是出自人的自然本真的情感，这样的孝顺，也才能让父母真正感受到来自子女的爱。

链接　2.5；2.6；2.7

2.9

子曰："吾与回[1]言终日，不违如愚。退而省[2]其私，亦足以发。回也不愚。"

今译

夫子说："我和颜回讲学终日，他从没有不同意见，好像很愚笨。可是，回去以后，他私下里认真思考，也能够有所发挥。可见，他并不愚笨。"

注释

1　回：姓颜，名回，字子渊。鲁国人。孔子最器重、最喜爱的学生。
2　省（xǐng）：思考，反思。

导读

"不违"，只听不问。思维活跃、发言积极当然好，但学会倾听，也许更重要。

"省"是"闻一知十"。

"如愚",不是真愚,只是藏智。智者往往有主见而与人相违。能藏起自家主张而倾听他人意见并有所收获,是大智。

2.10

子曰:"视其所以,观其所由,察其所安¹。人焉廋²哉?人焉廋哉?"

▎今译

夫子说:"看他做事的动机,看他做事的方法,看他安生的方式。如此,一个人怎么隐藏得住呢?怎么隐藏得住呢?"

▎注释

1　以:根据,原因,动机。由:经由,走的道路,方式方法。安:安心,安于。
2　焉:哪里,怎么。廋(sōu):隐藏,隐瞒。

▎导读

孔子这里讲如何观察一个人。

不同的人,有不同的做事动机、不同的做事方式,更有不同的生活方式。这些不同,让我们分辨出不同的人。当然,这种方法也可以用来省察自己。

▎链接　4.7

2.11

子曰:"温故而知新,可以为师矣。"

▌今译

夫子说:"能够温习旧知识,判断新事物,就可以做老师了。"

▌导读

师,一般都把这里的"师"理解为"老师"。因为孔子为史上第一位老师,而他所说,应用于老师,亦颇合适,所以这样理解,当然可以,朱熹、钱穆、杨伯峻都这样理解。朱熹《论语集注》:"言学能时习旧闻,而每有新得,则所学在我,而其应不穷,故可以为人师。若夫记问之学,则无得于心,而所知有限,故《学记》讥其不足以为人师,正与此意互相发也。"钱穆先生《论语新解》译:"能从温习旧知中开悟出新知,乃可作为人师了。"杨伯峻先生《论语译注》译:"孔子说:'在温习旧知识时,能有新体会、新发现,就可以做老师了。'"

但是,作为一种职业,"师"在孔子之时,做老师的解释其实不普遍,普遍的倒是三公中的"太师"、主事制曲奏乐的"乐师"和执掌禁令刑狱的"士师"。三公之太师显然不是谁想当不想当的问题,乐师一般也由盲人担任,则孔子此处所说,为"士师"的可能性极大——孔子学生中,就有做士师的,比如高柴。

从司法角度言,"温故而知新",当指能熟知过往判例,并在此基础之上判决新案。《左传·昭公六年》记郑国铸刑鼎,叔向去信子产责备:"昔先王议事以制,不为刑辟。"说明当时在法律上实行的,正是"判例法"。

从老师的角度说,"知新",不是知道"新知识",而是能对生活中出现的新事物做出合乎理性的判断。老师不仅要有知识,而且还要有头脑,有眼光,有对人间是非善恶美丑的判断力,要有见识。他教给学生的,不仅是已有的知识,而且还有思想的方法和判断的价值标准。有了思想的方法和判断的标准,才能对这个世界层出不穷的事件做出正确的判断,才算是"知新"。

只有既能温故，又能知新的人，才能做士师，才配做老师。

| **成语**　　温故知新

2.12

子曰："君子不器。"

| **今译**
夫子说："君子不是器具（不能只有特定用途）。"

| **导读**
器，即工具或用具，只有特定的用途。人若是器，便只能在特定的技术领域有用处。比如一个修鞋匠或电脑工程师，假如他的知识和兴趣只局限于修鞋或电脑，只在这两项事务中有见解，他就只是一个"器"。

但当他对人类一般事务都关心，对公共事件也有见识，他便可能是一个"君子"。

君子的能力不局限于一个行业，君子关注的对象更不局限于一个特定的、狭小的专业，他关注人类一般事务，并保持自己的良心。对人类一般事务或整体命运与未来，他都有基于正义的判断，基于判断的见识，基于见识的行动。他在一切人类事务上，都能运用自己的理性，都能立足于人类整体利益做价值判断。

这一句还可以这样翻译：君子不能像器具（，只能作为工具使用）。

君子岂能做一件让别人称心称手的工具？

君子应当有自己的主心骨，他应该是作为"人"而存在，而不是作为"工具"而存在。

君子要有良心，有正义，有道德，有理想。

君子要有是非判断。

君子要宁为玉碎,不为瓦全。

假如君子仅仅是一个"器",比如是一把刀,让他去切菜也行,让他去杀人也行,那他还能叫君子吗?

所以,君子要有根据良心和正义而做是非判断的能力和愿望,要有不为外力胁迫而坚持正义的勇气。

有了这个是非判断和勇气,假如他是一把刀,他可能帮人砍柴,帮人切菜,但决不会自己去或为人胁迫去杀害无辜。

这样的刀,有精神的刀,就不再是器——不仅仅是器。

| **成语**　君子不器

| **链接**　19.4

2.13

子贡问君子。子曰:"先行其言而后从之。"

| **今译**

子贡问孔子怎样才是一个君子。夫子说:"先做了你要说的事,然后再说出来(,这就算一个君子了)。"

| **导读**

子贡聪明绝顶,反应极快。反应快的人往往语言快——常常说在别人前面,说在自己的行动前面。所以孔子提醒他:先做,再说!

《大戴礼记·曾子立事》:"君子博学而孱守之,微言而笃行之,行必先人,言必后人。"

君子者,民之领导也。领之导之,行必先人。若只是居其后驱之策之，立其侧呼之喝之，岂是人民领导，不过一牧马人而已！

> **链接** 13.1；13.6；13.13

2.14

子曰："君子周而不比，小人比而不周。"

> **今译**

夫子说："君子互相团结而不互相勾结，小人互相勾结而不互相团结。"

> **导读**

注意译文"周"译为"团结"，"比"译为"勾结"。
在一起做好事，同心同德，叫团结。
在一起做坏事，狼狈为奸，叫勾结。
语义是对事实的反映。
用错了词就歪曲了事实。

> **成语** 比而不周

> **链接** 7.37；13.23；13.26

2.15

子曰："学而不思则罔[1]，思而不学则殆[2]。"

> **今译**

夫子说："只是学，却不去思考，就会迷惘；只是苦思，而不去学，就会废殆。"

注释

1 思：思考，思维。罔（wǎng）：同"惘"，迷惑而无所得。
2 殆（dài）：此处当"废止"讲。

导读

这是讲学习与独立思考的关系。读死书，死读书，而不用自己的头脑去思考，到最后各色"知识"填满脑筋，杂糅一体，无所取舍，没有主见，自然是书越读，人越迷惘。孟子说："尽信《书》，则不如无《书》。"（《尽心下》）西哲叔本华说，若没有主见地去乱读书，则如同把自己的头脑当成别人的跑马场。孟子又云"心之官则思"（《告子上》）。用来拉杂装物的，叫麻袋；用来思考判断的，才叫脑袋。

反之，光思不学，往往思而无前提，无依据，无结果。知识有助于我们思考，是我们思考的基础，并往往指示我们思考的门径。况且，很多东西，前人已有结论，为什么不直接取来为我所用？间接知识的学习，极大地提高了我们掌握知识的效率。

所以，在15.31中，孔子说："吾尝终日不食，终夜不寝，以思，无益，不如学也。"荀子也说："吾尝终日而思矣，不如须臾之所学也。"（《劝学》）都是说间接知识学习的重要性。

总之，没有对现成知识的学习，没有通过学习所获得的知识作为基础并以之为引导，我们孤立孤独的冥思苦想不仅事倍功半，甚至不得要领，最终一无所获。思而一无所获，当然就会渐渐疑惑思之效果而废止不思了。

成语　学而不思则罔

链接　15.31；16.9

2.16

子曰:"攻乎异端¹,斯²害也已。"

今译

夫子说:"(思与学需要并重,)若专攻于一端,就会有害了。"

注释

1 攻:专攻、研究、学习之意。有释为"攻击""批评",但接以"乎"字,文法不通。异端:事物的另一面、另一端。所以"异端"即"一端"。凡事必有此有彼,若专攻一端,而不知其他,就会有害。

2 斯:代词。这,那。

导读

这一章当与上一章合并。"学而不思则罔,思而不学则殆","学"与"思"便是两端而互为异端。就学者而言,两者当并重,不可偏废一极,不可专攻一端,否则就有害,其害就是"罔"与"殆"。

成语　攻乎异端

链接　2.15；6.29

2.17

子曰:"由¹!诲女²知之乎!知之为知之,不知为不知,是³知也。"

今译

夫子说:"由!我教给你求知的正确态度吧!(知识有两种,)必须知道的就一定要努力掌握，不必知道的就不要为之耗费精力。能分辨两者，就是智慧。"

注释

1　由：姓仲，名由，字子路，又字季路。孔子弟子。
2　诲：教导。女：同"汝"，你。
3　是：这，这样。

导读

知识无穷无尽，所以，求知学习，要学会分辨：哪些是我们必须知道的，哪些是我们不必强求知道的。该知的，就一定求得知晓；不必知的，就不求知晓。盖人生短暂，知识无限，宜当有所取舍。知道人类有知，还需知道人类本质上的无知，从而学会在自然面前的谦恭，这就是自知。19.4子夏云："致远恐泥，是以君子不为也。"可并看。

成语　知之为知之

链接　19.4

2.18

子张学干禄[1]。子曰："多闻阙[2]疑，慎言其余，则寡尤[3]。多见阙殆，慎行其余，则寡悔。言寡尤，行寡悔，禄在其中矣。"

今译

子张向孔子请教求官职俸禄的方法。夫子说："多听，有可疑的，留存在心中，其余自认为可信的，谨慎地表述，这样就会减少过失。多看，有可疑的，也留存在心中，其余自认为可信的，也要谨慎地实行，这样就会减少懊悔。说话少过失，行事少懊悔，官职俸禄就自然会有了。"

注释

1　子张：姓颛（zhuān）孙，名师，字子张。孔子弟子。干：求，谋。禄：官吏的俸禄，官职。
2　阙：空，缺，有所保留。
3　寡：少。尤：过错，错误。

导读

可以把孔子的这段话概括为这样几个词语：多闻多见，阙疑阙殆，慎言慎行，寡尤寡悔。

它们的关系是：先多闻多见，再阙疑阙殆，再慎言慎行，便可以寡尤寡悔。然后，就可以做官了——其实，不仅做官，做人，做一般事务，岂不都是这样？

钱穆先生说："多闻多见是博学，阙疑阙殆是精择，慎言慎行是守之约，寡尤寡悔则是践履之平实。"（《论语新解》）

多闻多见，则不孤陋寡闻大惊小怪；阙疑阙殆，则不自以为是强作解人；慎言慎行，则不莽撞生事自贻其祸；如此，则寡尤寡悔——不招人怨，亦不愧悔自责。

成语　多闻阙疑

2.19

哀公问曰："何为¹则民服？"孔子对曰："举直错诸枉²，则民服；举枉错诸直，则民不服。"

今译

鲁哀公问孔子："怎样做才能使百姓服从？"孔子答道："举用正直的人，置于邪曲的人之上，百姓就会服从了；如果把邪曲的人，置于正直的人之上，百姓就会不服。"

注释

1 何为：怎样做，做什么。
2 举：选拔，推举。错：同"措"，放置，安排。枉：不正直、不正派、邪恶的人。

导读

孔子的潜台词是：人民并不是服从权势，而是服从真理，服从正义。权势的压服并不能改变天赋的良知。哪怕人们不得不暂时屈服，但心中仍然向往光明。这和法家如韩非认为人民总是屈从权势而不是向慕正义（参韩非《五蠹》），形成鲜明对比。

哀公之问，立足于如何管制人民；孔子之答，立足于如何做好自己。哀公之问，是讨教使人民服从之方法；孔子之答，是讨还人民服从之条件。"举枉错诸直，则民不服"，是孔子赋予了人民不服从的权利。

人民有不服从的权利，就是用权利来制约权力。好处有哪些？

第一，可以让国家权力不至于胆大妄为，制定政策的时候有所收敛，不会太荒唐。因为荒唐的东西会激起人民的反抗。

第二，可以支持、保护和鼓励人民运用自己的理性来约束权力，从而社会有理性，国家有理性，不至于因为一个君主或一个统治集团的疯狂和胡闹而导致国家走向崩溃。

成语 举直措枉

链接 2.20；14.41

2.20

季康子[1]问："使民敬，忠以劝[2]，如之何？"子曰："临[3]之以庄,则敬;孝慈,则忠;举善而教不能,则劝。"

今译

季康子问:"要使百姓恭敬我,忠诚我并勤勉努力,应该怎么办呢?"夫子说:"你对百姓庄重,他们就会恭敬你;你孝敬老人,慈爱子女,他们就会忠于你;你举用好人,教育不好的人,他们自然会互相劝勉了。"

注释

1 季康子:姓季孙,名肥。"康"是谥号,"子"是尊称。鲁哀公时,把持鲁国大权,急于收服民心,所以才这样问孔子。
2 以:而。劝,勤勉。
3 临:对待。

导读

"君子不重则不威"(1.8)。作为统治者,你对人民庄重而不轻佻,人民才会敬重你;你用正当的政策,才会有正当的回报;你希望人民正直而不谄媚,善良而不邪恶,坚持真理而不屈从权势,人民才会对你正直、忠诚、勤勉、上进、公正。

注意,孔子回答季康子的三句话里,主语实际上都是季康子本人或在上位者,所以,译文都加上了"你"字。孔子总是先要求统治者德行的。

链接 1.8; 2.19

2.21

或¹谓孔子曰:"子奚²不为政?"子曰:"《书》云:'孝乎!惟孝,友于兄弟,施于有³政。'是亦为政,奚其为为政⁴?"

今译

有人对孔子说:"你为什么不从事政治呀?"夫子说:"《尚书》上说:'孝呀!孝顺父母,友爱兄弟,把这种风气推广到政治上去。'这也就是从事政治了,为什么一定要做官才算从事政治呢?"

注释

1　或:代词。有人。
2　奚:何,怎么,为什么。
3　施:推广,延及,影响。有:助词,无意义。
4　其:代词,指做官。为:算是。为政:参与政治。

导读

儒家的政治是"内圣外王",先修养自己的道德而"内圣",再把这种道德推广到家国,就是"外王"。这就是"修身齐家治国平天下"。在这一过程中,修身齐家是治国平天下的前提,甚至,修身齐家本身就是治国平天下。所以孔子说"'孝呀!孝顺父母,友爱兄弟,把这种风气推广到政治上去。'这也就是从事政治了"。

这段对话应该发生在孔子37岁至50岁之间,此间孔子专心教书育人,并且鲁国当时的政局为孔子所不喜,所以,拒绝了别人要他出来做官的建议。

成语　友于兄弟

2.22

子曰:"人而无信,不知其可也。大车无輗,小车无軏¹,其何以²行之哉?"

今译

夫子说:"一个人不讲信誉,不知那怎么可以。譬如大车没有輗,小车没有軏,它靠什么走动呢?"

注释

1 輗軏(ní yuè):古代车靠牲口拉动,牲口和车子的连接,靠的是绑在牲口肩背的绳子和两根夹在牲口身体两侧的横木,这两根横木叫辕。绳子和车辕的连接,靠的是车辕前面的活动插销,这种活动插销,大车的叫輗,小车的叫軏。没有活销,就不能把牲口和车子连接起来,就无法驾牲口,车子就无法行走。大车:用牛拉的叫大车,一般载物。小车:用马拉的叫小车,一般载人。

2 何以:以何,用什么,靠什么,拿什么,凭什么。

导读

孔子要人"言而有信"(1.7),说"民无信不立"(12.7),此章则说"人无信不行"。一个人,如果没有了"信",不仅美德无法完成,在社会也寸步难行。

成语 人而无信,不知其可

链接 1.7;12.7

2.23

子张问:"十世¹可知也?"子曰:"殷因于夏礼,所损益,可知也;周因²于殷礼,所损益,可知也。其或继周者,虽百世,可知也。"

今译

子张问:"十代以后的事情,可以预先知道吗?"夫子说:"殷商沿袭了夏朝的礼法，哪些是它废除的，哪些是它增加的，是可以知道的；周朝沿袭了殷商的礼法，它所废除的和增加的，也是可以知道的。将来继承周朝而起的，即使传百代也还是可以预先知道的。"

注释
1　世：这里指朝代。
2　殷：商朝。夏：夏朝。周：周朝。夏后面是商，商后面是周。因：因袭，沿袭。

导读
时代在前进，有些东西在不断地变化，比如政治制度；有些东西永恒不变，比如普世价值。如上一章讲到的"信"，那就永远也不能变。还有如"仁""爱"等等，都是人类文明的基本东西，不会过时。继周而起的秦，把这些都抛弃了，这是孔子不曾料到的。但秦也因此短命而亡。

2.24

子曰："非其鬼¹而祭之，谄也。见义不为，无勇也。"

今译
夫子说："不是自己应当祭祀的鬼神，却去祭祀他，这是谄媚；见义而不为，这是没有勇气。"

注释
1　鬼：这里指死去的祖先。

导读
鬼者，归也。归而受祭之祖宗，曰鬼。故鬼为人鬼，专指自家已死之祖先。祭，乃祭已死多年之祖先（奠乃祭祀新死之长辈）。祭祖（鬼）

乃是求福，祭自家祖先以求福，是求本分之内福荫。非其鬼而祭之，乃是谄媚他家祖宗，求非分福泽。这类事在春秋时期，多有发生，故孔子特为之言。

见义不为，力能行善而不为，即是恶。恶并非一个独立存在的实体，恶只是一个实体的道德感缺失。"无勇"，就是道德勇气的缺失，是一种道德病态。

┃ 成语　　见义勇为

八佾第三

3.1

孔子谓季氏[1]:"八佾[2]舞于庭,是可忍也,孰不可忍[3]也?"

▌今译

孔子谈到季孙氏,说:"他竟然在他的家庙中用八佾舞,这件事如果我们能容忍,还有什么事不能容忍呢?"

▌注释

1　季氏:鲁国正卿季孙氏。此处指季平子。有说指季桓子,甚至有说季康子者。按,此事在《左传·昭公二十五年》,当为季平子季孙意如。

2　八佾(yì):佾,行,列,指古代奏乐舞蹈的行列。一佾,是八个人的行列;八佾,就是八八六十四个人。按周礼规定,天子的乐舞用八佾,诸侯用六佾,卿、大夫用四佾,士用二佾。《左传·昭公二十五年》:"将禘于襄公,万者二人,其众万于季氏。"鲁昭公要禘祭襄公,却发现公室的万舞队只剩下两人(或指二佾十六人),其他乐舞人员都被季氏叫去参加他的家祭祭祀鲁桓公了。

3　忍:容忍。孰:疑问代词,什么。

八佾第三

▌导读

按周礼,国君每年都要举行禘祭以祭祖,此时,大夫要把自己祭祖的时间错开,以便参加(助祭)。但季氏家长季孙意如(季平子)根本不把鲁昭公放在眼里,这边鲁昭公祭祖,季氏也在家里祭祖,故意不参加。

而且,鲁昭公举行万舞仪式的时候,发现六佾的乐舞只剩下二佾十六个人了!那四佾三十二个人被季平子调到他家里去了。季平子作为大夫,祭祖的万舞按规定是四佾,现在加上鲁昭公公室这四佾,变成了八佾,六十四个人的乐队。一个大夫,竟然僭用周天子的礼仪来祭自己的祖先,这是严重违背周礼的行为;而且,他不仅自己越礼,还把鲁国公室的乐舞队调走,让鲁昭公一国之君,没办法依礼祭祖。可见此人多么猖狂跋扈。

不仅如此。周礼规定,天子祭祀宗庙的仪式完毕后,在撤去祭品收拾礼器的时候,要专门唱一首歌,叫《雍》。歌中有这么两句:"相维辟公,天子穆穆。"意思是各路诸侯来助祭,天子庄严又肃穆。可是,身为大夫,季平子在自己家里祭祖时,竟也唱这样的歌。所以孔子觉得是又好气又好笑:这样的场面,哪里是一个大夫家里能够摆得出来的呢?(见3.2)

鲁昭公忍无可忍,再加上又发生了其他让他生气的事情,新仇旧恨一起来,于是公开决裂,要杀死季孙意如,结果是鲁昭公反而被"三桓"赶出国门。

此时,"三桓"还制造舆论,将这次冲突的责任推给可怜的鲁昭公。孔子当时应该刚从洛阳见老子归来,公开站在失败流亡的鲁昭公一边。他这句话,有两个意思:第一,为鲁昭公辩护,意思是季氏欺人太甚,让鲁昭公如何再忍!第二,季氏这种事都做得出来,将来什么事做不出来?这样的事不仅鲁昭公不能忍,我们也不能忍!这事我们都能忍了,将来等待着我们的，会是什么？

世上总有很多忍无可忍之事。而忍无可忍，即不必再忍！更不能再忍！

| **成语**　是可忍，孰不可忍

| **链接**　3.2；3.3

3.2

三家者以《雍》彻¹。子曰："'相维辟公，天子穆穆²'，奚取于三家之堂？"

| **今译**

鲁国孟孙、叔孙、季孙三家祭祖时，（也用天子之礼）唱着《雍》这篇诗撤下祭品。夫子说："（《雍》诗唱的）'各国诸侯来助祭，天子庄严又肃穆'这两句，用在这三家祭祖的大堂上，有哪一点合适呢？"

| **注释**

1　三家：春秋后期掌握鲁国政权的三家贵族：孟孙氏（即仲孙氏）、叔孙氏、季孙氏。他们是鲁桓公之子仲庆（亦称孟氏）、叔牙、季友的后裔，又称"三桓"。他们把持鲁国大权，还经常有越轨周礼的行为，孔子对此特别反感。《雍》：《诗经·周颂》中的一篇。周天子祭祀宗庙的仪式举行完毕后，在撤去祭品收拾礼器的时候，专门唱这首诗歌。彻：同"撤"，撤除，拿掉。

2　"相维"二句：《诗经·周颂·雍》中的句子。

| **导读**

天子祭祀完毕，肃穆的音乐响起：各路诸侯来助祭，天子庄严又肃

穆。……那种大场面大气派！但在孟孙、叔孙、季孙的家祭中唱这样的诗，简直是滑稽。

不合适就不和谐，不和谐而又一本正经，煞有介事，便滑稽，让旁观者忍俊不禁（并看3.1导读）。

▎链接　3.1；3.3

3.3

子曰："人而不仁，如礼何[1]？人而不仁，如乐何？"

▎今译

夫子说："人而不仁，礼又如何？人而不仁，乐又如何？"

▎注释

1　如礼何："如……何"是古代常用句式，意思是"把（对）……怎么样（怎么办）"。

▎导读

礼与乐，是外在的，如同枝叶与花朵；仁德，是内在的，如同根本。没有仁的根本，礼乐之花附着在哪里呢？

此章"人而不仁"，似是针对前两章的季氏及"三桓"而发。

▎链接　3.1；3.2；3.4；3.8

3.4

林放[1]问礼之本。子曰："大哉问！礼，与其奢也，宁俭；丧，与其易[2]也，宁戚[3]。"

今译

林放向孔子请教"礼"的本原。夫子说:"你能这样提问,很了不起呀!举行礼仪么,与其奢侈浪费,不如朴素节俭;办丧事么,与其仪式周到,不如悲伤哀恸。"

注释

1 林放:姓林,名放,字子上。鲁国人。一说,孔子的弟子。
2 易:整治。这里指严格按礼节周到地治办丧事。
3 戚:悲戚。

导读

此章与上章一样,都是讲根本与末节,内容与形式。其实,具体的有关礼的知识和形式,甚至可以因地制宜应时变化。重要的是,我们为什么需要礼?制定这些礼节、礼数、礼仪的依据和目的是什么?知道这些,才知道礼的本质。

链接　3.3;3.8

3.5

子曰:"夷狄¹之有君,不如诸夏之亡²也。"

今译

夫子说:"夷狄虽然有君主,还不如中原各国没有君主呢。"

注释

1 夷:我国古代对东方少数民族的称谓。狄:我国古代对北方少数民族的称谓。
2 诸夏:当时中原黄河流域华夏族居住的各个诸侯国。亡:同"无"。

导读

夷狄有君而无文明,诸夏无君而有礼乐。周朝衰落了,周王冷落了,但几百年来,周朝积淀的文明已经变成了民族血液,有此血液,即便无君,诸夏仍然有规矩方圆。周朝,就是给一个民族千年规矩的朝代。

周朝的伟大,不是它把自己的政权弄得很强大,而是把社会弄得很强大,强大到可以没有君主而自行其道。

孔子感叹的,就是:文明胜过政府,社会文明比政府职能更重要。一个有良知的政府,应该致力于培育健全的社会,而不是强化政府权力。一个强权的政府,不但不能领导社会,恰恰是社会百病丛生的根源。

3.6

季氏旅于泰山[1]。子谓冉有[2]曰:"女弗能救与[3]?"对曰:"不能。"子曰:"呜呼!曾[4]谓泰山不如林放乎?"

今译

季孙氏要去祭泰山。夫子对冉有说:"你不能阻止吗?"冉有回答说:"不能。"夫子说:"唉!难道说泰山神还不如林放(懂礼,竟会接受这非礼的祭祀)吗?"

注释

1 旅:古代祭祀山川叫"旅"。按周礼规定,天子才有资格祭祀泰山。季康子不过是鲁国的大夫,却去祭祀泰山,这是越礼行为。

2 冉有:姓冉,名求,字子有。孔子弟子。当时冉有是季康子的家臣。

3 女:同"汝"。救:补救,劝阻。与:同"欤",语气词。

4 曾:副词。莫非,难道,竟然。

导读

按，《礼记·王制》："天子祭天下名山大川。……诸侯祭名山大川之在其地者。"《史记·封禅书》记管仲制止齐桓公封禅泰山，理由是：受命为帝王才可以封禅泰山。所以，天下名山大川，天子可祭；诸侯只可以祭祀属地之内的名山大川。泰山特殊，虽在齐鲁，齐鲁诸侯亦不得祭祀，只有帝王才可以祭祀。

非其鬼而祭之，是谄（2.24）；非其人而献祭，泰山也不会接受。为什么孔子说"不如林放"？因为林放知道问"礼之本"，泰山岂能不知礼之本，而接受季氏的非礼之祭？！

链接　2.24

3.7

子曰："君子无所争，必也射乎？揖让而升，下而饮。其争也君子。"

今译

夫子说："君子没有什么可争夺的东西，（如果有所争，）一定只是射箭比赛吧？首先互相作揖，然后到堂上射箭，射完后下堂饮酒。这样的争，是很有君子风度的。"

导读

孔子讲的，是古代贵族的"费厄泼赖"（Fair Play）。这些看似死板而舒缓的礼仪比赛程序，其功能，或者说"礼之本"，就是按捺住人类原始的竞夺冲动，使之文明化。所谓的贵族风范，雍容气质，闲雅风度，就是对人类在竞夺历史中形成的野蛮粗鄙习气的汰除与超越。

链接　3.16

3.8

子夏问曰:"'巧笑倩兮,美目盼兮,素以为绚兮[1]',何谓也?"子曰:"绘事后素[2]。"曰:"礼后乎?"子曰:"起予者商[3]也!始可与言《诗》已矣。"

| 今译

子夏问夫子道:"'可爱的笑脸真是美呀,美丽的眼睛流转得媚呀,洁白的质地上画着鲜艳的画呀',这几句诗是什么意思呢?"夫子说:"先有洁白的质地,然后才能画画。"子夏说:"(先有仁德,)再有礼的吧?"夫子说:"能给我启发的是卜商呀!从今以后可以和你讨论《诗经》了。"

| 注释

1 巧笑:美好的笑容。倩(qiàn):美丽。盼:眼珠转动。绚:有文彩,绚丽多彩。"巧笑"二句,见《诗经·卫风·硕人》。"素以为绚兮",不见于现在通行的《毛诗》,可能是佚句。

2 绘事:画画。后:后于,在……之后。素:白底子。绘事后素,意思是说:先有白底子,然后才能画。一说,女子先用素粉敷面,然后才用胭脂、青黛等着色。

3 起:启发。商:卜商,即子夏。

| 导读

对《诗经》中的三句诗,孔子和弟子子夏做了层层深入的理解。孔子抓住"素以为绚兮"一句,认为它说出了绘画的原理:一张白纸,好画最新最美的图画。反过来说,一切最新最美的图画,总是在一张白纸上画成。所以,素乃是一切色彩的基础或底色。

而聪明的子夏由此想到:礼仪不也是根植于仁德的土壤吗?人不也是先有了仁德的涵养,然后才表现在待人接物的外在礼仪上吗?

> **成语**　绘事后素

> **链接**　3.3；3.4

3.9

子曰:"夏礼吾能言之,杞不足征[1]也。殷礼吾能言之,宋[2]不足征也。文献[3]不足故也。足,则吾能征之矣。"

> **今译**
> 夫子说:"夏朝的礼,我能够谈一谈,但是它的后代杞国不足以提供证据。殷朝的礼,我也能够谈一谈,但是它的后代宋国不足以提供证据。这是因为杞宋两国的历史资料和贤人不足的缘故。如果有足够的典籍和贤人,那我就可以引来作证了。"

> **注释**
> 1　杞(qǐ):国名,夏禹的后代。征:证明,引以为证。
> 2　宋:国名,商汤的后代。
> 3　文:指历史文字资料。献:指贤人。古代,朝廷称德才兼备的贤人为"献臣"。现在的"文献"一词只指历史文件了。

> **导读**
> 孔子讲"礼",是三代之礼的融会贯通,是一部文明史。

> **链接**　2.23

3.10

子曰:"禘自既灌[1]而往者,吾不欲观[2]之矣。"

今译

夫子说:"禘祭的礼,用酒灌地之后,我就不想再看下去了。"

注释

1　禘(dì):一般认为,这是一种古代只有天子才可以举行的祭祀祖先的隆重典礼,疑不确。《礼记·王制》:"天子、诸侯宗庙之祭:春曰礿,夏曰禘,秋曰尝,冬曰烝。……天子犆礿,祫禘,祫尝,祫烝。诸侯礿则不禘,禘则不尝,尝则不烝,烝则不礿。"显然诸侯也有禘祭之礼。但《礼记·大传》又曰:"礼:不王不禘。"似乎又在说只有天子才能举行禘祭之礼。不过,紧接着,又是这样的话:"王者禘其祖之所自出,以其祖配之。诸侯及其大祖。"语义上似乎诸侯还是可以以禘祭祭祀其太祖。《论语集释》此条下引《论语稽求篇》云,"禘祭有三,一是大禘,《大传》《丧服小记》所云'礼:不王不禘……'……一是吉禘……一是时禘",则除大禘之外,尚有两类禘祭,为诸侯所允为。鲁国所行,孔子所观,当为后两禘,否则,孔子当直接"不欲观",无待"既灌而往"矣。

灌:古代祭祀祖先,一般用活人坐在灵位前象征受祭者(这个人叫"尸")。煮香草为"郁",合黍酿成气味芬芳的一种"郁鬯(chàng)"。将"郁鬯"献于"尸"前,使其闻一闻酒的香气而并不饮用,然后将酒浇在地上。这整个过程就叫"灌"。

2　不欲观:不愿看,看不下去了。

导读

孔子喜观礼,鲁行禘祭之礼,他当然会去。但"自既灌而往",他就"不欲观",估计是后面的部分不合礼或不合理。此话犹如我们今天评价某些活动或节目:前面还行,后面没法看。至于孔子为什么说没法看,夫子没说,我们也就无从知道了。

此章的解释历来纷纭，读经典者，允当有阙疑处。

▎链接　3.11

3.11

或问禘之说。子曰："不知也。知其说者之于天下也，其如示诸斯[1]乎！"指其掌。

▎今译

有人向孔子请教禘祭是什么意思。夫子说："我不知道。如果有能知道禘祭道理的人，那么他看天下就像展示在这里罢！"夫子指着自己的手掌。

▎注释

1　诸："之于"的合音。斯：这，指手掌。

▎导读

孔子对鲁国禘祭不满，所以，他故意说不知道禘祭的道理，这与上一章"不欲观"一样，都是不满之辞的委婉表达。

▎链接　3.10

3.12

祭如在[1]，祭神如神在。子曰："吾不与祭[2]，如不祭。"

▎今译

孔子祭祀祖先时，好像（真有祖先）在受祭；祭神时，好像真有神在受祭。夫子说："我若不真心诚意地去祭祀，就如同没有祭祀一样。"

注释

1　祭如在：应是"祭鬼如鬼在"的省略。鬼为先祖，神为神灵，二者同为祭祀对象。

2　与：一般意为参与、参加或赞成，这里是指把心用在上面，诚心诚意恭恭敬敬地祭祀，而不是敷衍了事，充充样子。

导读

细揣孔子的话，似乎可以认为：孔子并不真的以为鬼神事实存在，他只把它们作为一种价值存在。

既然孔子并不认为鬼神真在，为什么他又要装作"如在"？因为，祭祀鬼神，不是由于鬼神事实存在，而是在对鬼神的祭祀里，有一种人间不可或缺的价值。

链接　2.24；3.13；6.22；7.21；11.12

3.13

王孙贾[1]问曰："与其媚于奥[2]，宁媚于灶[3]，何谓也？"子曰："不然。获罪于天，无所祷也。"

今译

王孙贾问道："与其奉承房屋里西南角的奥神，还不如奉承灶神，这两句话是什么意思？"夫子说："不是这样的。如果得罪了天，祈祷也没有用。"

注释

1　王孙贾：卫灵公时卫国的大夫。

2　媚：谄媚，巴结。奥：本义指室内的西南角，这里指室内西南角的神。

3　灶：本义是炉灶，此处指灶神。

| 导读

无论媚灶还是媚奥，都只是"媚"。王孙贾的逻辑是二选一：在奥神和灶神之间选一个，选站队。但孔子不理睬这个逻辑，他根本就不信这个逻辑。孔子的逻辑是：做正直的人。不是站在任何一边，而是站在正义一边。

行得正，做得好，就不必怕天，也不必怕人。反之，没有什么人或神能保佑你。如果"内省不疚，夫何忧何惧？"（12.4）"获罪于天，无所祷也"，也暗示着"无愧于天，不必祷也"。

神之所以为神，就因为它只论是非，不计利害。神不会保佑人，只会约束人。能保佑我们的，不是鬼神和他人，而是我们自己的德性。

王孙贾这个问题，其实还不仅仅是逻辑问题，而且是言不及义。何谓言不及义？不得要领，没有正义。正义就是正当的意义。问孔子到底讨好哪一个神更重要，这是一个没有正义的问题。就是说，按照这个逻辑来回答，不会有正当的有意义的结论。人生的正义在于是非，而不是利害。在奥神和灶神之间选择，是一个利害选择，而不是是非选择。所以，没有正义。

王孙贾根本就没有问到关键问题。拿这样一个讲利害无正义的问题去问一个圣人，是对圣人的贬低。

| 成语　宁媚于灶

| 链接　6.19；12.4

3.14

子曰："周监于二代[1]，郁郁乎文哉！吾从周。"

今译

夫子说:"周的礼乐制度是借鉴了夏、商两代后制定出来的,多么丰富多彩呀!我追随周。"

注释

1 监:通"鉴",本义是镜子。在这里是借鉴的意思。二代:指夏、商两代。

导读

孔子是商人,周是商的推翻者、革命者。然周代商后,于商人无有滥杀,尽多抚恤,一封武庚,再封微子,以致诸国有宋,以安商之遗民;三颂有商,以祀商之先祖。周之德,可谓至德矣!孔子从周,从其监于二代,礼乐昌明;亦从其传承尧舜,道德高尚。

3.15

子入太庙[1],每事问。或曰:"孰谓鄹人之子[2]知礼乎?入太庙,每事问。"子闻之,曰:"是礼也。"

今译

夫子进入周公庙,每件事情都要发问。有人说:"谁说鄹人叔梁纥的儿子懂礼呢?到了周公庙,每件事情都要问人。"夫子听到这话,说道:"(每件事都要问明白,)这正是礼呀!"

注释

1 太庙:开国君主叫太祖,太祖的庙叫太庙。周公(姬旦)是鲁国最初受封的君主,鲁国的太庙也就是周公庙。

2 鄹(zōu):也写为"陬""聊",地名,在今山东省曲阜市东南一带。孔子的父亲叔梁纥（hé）在鄹邑做过大夫。"鄹人"即指叔梁纥，"鄹人之子"即指孔子。

> **导读**

一般人认为，既然你"每事问"，就说明你不懂。可是孔子认为，履行礼仪之前，"每事问"，再行确认，谨慎从事，万无一失，正是礼仪的环节之一，也是以此表示对礼仪的慎重与尊重。

> **链接** 10.3；10.21

3.16

子曰："射不主皮[1]，为力不同科[2]，古之道也。"

> **今译**

夫子说："比赛射箭，只要射中目标就可以了，不一定非要射穿靶子上的兽皮。因为每个人的体力不相同，这是古人的规则。"

> **注释**

1 射：射箭。皮：指用兽皮做成的箭靶子。射箭比赛，应当以是否射中为主，而不在于用力去射，把皮靶子穿透。比的是射技，而不是力气。这是很君子气的"射礼"。

2 科：量级，类别。

> **导读**

规则的制定，是要对参与者每个人都公平，这样才能为每个人所遵守。既然参赛者力量有大小，比赛也就只能比准不准，而不能比能否射穿靶子。参阅3.7。

某大学教职工运动会，中老年组自行车比赛，规则是：看谁骑得慢。

其立意与此相似：只比技巧，不比力气。

"古之道也"，我翻译为"古人的规矩"，其实，这规矩里，包含着"道"。君子文质彬彬，不可暴显蛮力。这"古之道也"里面，包含着对文明的肯定，对野蛮的淘汰。

▎链接　3.7

3.17

子贡欲去告朔之饩羊[1]。子曰："赐也！尔爱其羊，我爱其礼。"

▎今译

子贡想去掉鲁国每月初一祭祖庙的那只活羊。夫子说："赐呀！你舍不得那只羊，我舍不得那个礼。"

▎注释

1　告朔：阴历的每月初一，叫"朔"。古代制度，诸侯在每月的初一来到祖庙，杀一只活羊举行祭礼，表示每月"听政"的开始，叫"告朔"。饩（xì）：活的牲畜。

▎导读

在礼坏乐崩的时代，鲁国国君已不亲自去祖庙举行"告朔"之礼了。子贡想，既然一切都只剩下了一个有名无实的空洞形式，那还不如再简单些，何必每月还费一只羊。但孔子是那么深深地眷恋着古代的礼呀！即便是一个形式，也是古礼的遗留，他也不忍心丢弃。再说，假如礼仪形式照这样简化下去，到最后，那古礼也就真的烟消云散了。

有时，保留一个形式，哪怕它是空壳的，对人也还是一种约束，一种提醒，也还存在一种象征的意义，提示我们一种文化、政治与道德上的价值。这种价值我们甚至可以漠视，但不能遗忘，更不能否定。关键时刻，这种价值还给我们一种道义上的支撑，以及反抗的理由，批判的依据。

3.18

子曰："事君尽礼，人以为谄也。"

| 今译

夫子说："服事君上，认真按照为臣的礼节去做，别人往往会以为是谄媚呢。"

| 导读

敬重他人，并非就是为了巴结他人。

不巴结他人，更不是就要处处与他人对着干。

我们敬重君主，敬重领导，敬重长辈，是因为他们是领导，是长辈；更因为我们自己是君子——君子是懂得敬重他人的。

礼貌礼貌，就是我们对他人展示的自己文明的面貌。

《礼记·表记》引孔子话："卑己而尊人，小心而畏义。"很多时候，按照礼节来对待他人的人，气质中总有一份谦恭，行为中总有一份尊人，眉宇间总有一份谦卑。这本来是一种儒雅谦和的教养，却常常为无礼傲慢不文明之人解读为"谄媚"。如果对象是君主，那就更是为他们所攻击了。

孔子居鲁，于大家纷纷尊三家之时，偏偏以礼事君，在他，固然是一种必备之礼节，还是一种矫枉纠偏之姿态。如此，他之不见喜于当时趋炎附势之辈，反为他们所攻讪，也就在意料之中了。

| 链接   3.19

3.19

定公¹问:"君使臣,臣事²君,如之何³?"孔子对曰:"君使臣以礼,臣事君以忠。"

▌今译

鲁定公问:"国君使唤臣子,臣子事奉国君,应该怎样?"孔子答道:"国君按照礼节使唤臣子,臣子以忠于职守事奉国君。"

▌注释

1　定公:鲁定公。
2　使:使唤。事:事奉,服务。
3　如之何:如何,怎样。

▌导读

"礼"在此有两个层面的意思:一、礼贤下士。这是态度,所谓礼貌。二、以礼相待。这是制度,所谓礼制。君主对臣下,既要礼贤下士,有和悦的、宽容的态度,又要以礼相待,遵循礼制。制度是对态度的约束:有了这个制度之"礼",就不会因为喜欢而过分宠幸,偏听偏信;也不因为不喜欢而苛责为难,弃置不用。

而臣,其天职即是忠于职守——要说明一下,这个"忠",不是忠于君主,而是忠于职守。两者是有大区别的。

▌链接　3.18

3.20

子曰:"《关雎》乐而不淫¹,哀而不伤。"

今译

夫子说:"《关雎》这首诗,快乐时不放荡,悲哀时不自伤。"

注释

1 《关雎(jū)》:《诗经》中的第一首诗,是一首爱情诗。淫:放纵,放荡,过分。

导读

乐而不淫,哀而不伤,再加上怨而不怒,就构成了中国人性格中温和中庸、温柔敦厚的底色。

成语　哀而不伤

3.21

哀公问社于宰我[1]。宰我对曰:"夏后氏以[2]松,殷人以柏,周人以栗,曰:使民战栗[3]。"子闻之,曰:"成事不说,遂事不谏,既往不咎[4]。"

今译

鲁哀公问宰我祭祀土地神的牌位(用什么木料)。宰我答道:"夏代用松木,殷代用柏木,周代用栗木,(用栗木的)意思是要使民战战栗栗。"夫子听到这话,说:"已经做成的事不能再开脱了,已经做过的事不能再劝阻了,已经过去的事也不再追究了。(以后再不能犯这样的错误!)"

注释

1 社:土地神。这里指的是土地神的木头牌位。宰我:姓宰,名予,字子我,又称宰我。孔子弟子。

2　夏后氏：本是部落名。相传禹是部落领袖。后世指夏朝的人，就称"夏后氏"。以：用。

3　战栗：因害怕而发抖，哆嗦。

4　遂：已经完成，成功。谏：规劝，使改正错误。咎：责备。

导读

宰我的话，前面陈述事实都是对的，错只错在画蛇添足的最后一句——"使民战栗"，因为这是价值阐释。难道政治或政府是要人民害怕而战栗的吗？如果一个政府是通过恐怖政策来压服人民，那它不简直就是黑社会、恐怖组织吗？所以，孔子很生气。

周朝是孔子最推崇的朝代，它的政治理念是以德治国，以礼治国，德和礼难道是让人害怕的吗？宰我的话简直是往周朝的脸上抹黑，这更是孔子不能容忍的。

成语　既往不咎

3.22

子曰："管仲之器¹小哉！"或曰："管仲俭乎？"曰："管氏有三归²，官事不摄³，焉得俭？""然则管仲知礼乎？"曰："邦君树塞门⁴，管氏亦树塞门。邦君为两君之好，有反坫⁵，管氏亦有反坫。管氏而知礼，孰不知礼？"

今译

夫子说："管仲的器识小了呀！"有人问："管仲节俭吗？"夫子说："管仲有三处家府，家臣各司一职，从不兼职，怎么能节俭？""那么管仲知礼节吗？"夫子说："国君在大门外立塞门，管仲也立塞门；国君设宴招待外国君主，有放酒杯的设施，管仲也有这样的设施。如果说管仲懂得礼节，那谁不懂得礼节呢？"

注释

1　管仲：姓管，名夷吾，字仲，一名管敬仲。春秋初期有名的政治家，帮助齐桓公成为春秋五霸的第一个霸主。器：眼界，度量，境界。

2　三归：多种解释，不赘。我从钱穆，释为"三处家府"。

3　摄：兼任，兼职。当时，大夫的家臣，都是一人常兼数事而节省开支。而管仲却设了许多管事的家臣，一人一事一职，可见铺张浪费。

4　邦君：诸侯，国君。树：树立，建立。塞门：也称"萧墙"，相当于后世所说的照壁、影壁、屏风。

5　反：返，放回。坫（diàn）：供祭祀或宴会时放礼器酒具的土台子。

导读

管仲有很多毛病：管仲不懂礼，不节俭，个人品行也不怎么样。但管仲偏偏取得了巨大的政治上的成功。并且他"尊王攘夷"的政治路线也颇合孔子的心意。于是，在《论语》里，我们就看到孔子对管仲矛盾的态度：有赞赏，有批评。这里批评管仲三个问题：器小、奢靡、无礼。其实三者有关联，而器小是关键：因为器小，所以，管仲在天时地利人和的难得机遇中，只做成了霸业，却没有做成王业。而他自己，因为对自我德性要求不够，只做成了"大臣"，而没有像周公那样，成为"圣臣"。

孔子这段话，与其说是对管仲的批评，不如说是对管仲的惋惜，也是对曾经有过的一次重现文武之治的巨大历史机遇，因为管仲器小而丧失的叹息。

链接　14.9；14.15；14.16；14.17

3.23

子语鲁大师[1]乐，曰："乐其可知也：始作，翕[2]如也；从[3]之，纯[4]如也，皦[5]如也，绎[6]如也，以成。"

| 今译

夫子告诉鲁国太师演奏音乐的道理，说："音乐的展开过程是可以理解的：开始时，热烈地奏起；整个乐章展开时，（主旋律）纯一和谐，清楚突出，然后回旋往复，余音袅袅，直到完成。"

| 注释

1 语：动词，对……说。大师："大"，同"太"，即"太师"，主管音乐的官员。

2 翕（xī）：兴奋，热烈。

3 从：通"纵"，放纵，展开。

4 纯：清晰。

5 皦（jiǎo）：明亮，突出，音节分明。

6 绎（yì）：连续，连绵不断。

| 导读

子曰："兴于《诗》，立于礼，成于乐。"（8.8）对音乐的热爱、理解和进入，是一个人人生完美的标志。孔子有极高的艺术修养，更有对艺术与人生关系的精深理解，这是一般艺术工作者无法达到的境界。鲁太师只是一个音乐职业者，有专业技能却未必能在哲学和人生的高度理解音乐，所以，孔子指点他，使之更好地理解音乐的特点和功能。

| 链接   3.25

3.24

仪封人[1]请见,曰:"君子之至于斯也,吾未尝不得见也。"从者见之[2]。出曰:"二三子何患于丧[3]乎?天下之无道也久矣,天将以夫子为木铎[4]。"

▍今译

仪地的封疆官请求孔子接见他,说:"贤德的人到了这个地方,我没有不见的。"孔子的随行弟子就介绍他见了孔子。他出来后,对孔子弟子们说:"你们何必忧虑你们没有官位呢?天下黑暗无道已经很久了,(该得到治理了,)天将会把你们先生当成凝聚民心的木铎的!"

▍注释

1 仪:卫国邑名。封:边界。仪封人:指仪这个边界地方的官员。

2 从者:随从孔子的弟子。见之:"使(让)……见之"的意思。

3 二三子:这里是称呼孔子弟子。"二三",表示约数,犹言"各位"。丧:失去,这里指没有官职。

4 木铎(duó):一种铜质木舌的铃子。古代召集群众宣布政教法令,或在有战事时使用。这里是用"木铎"比喻孔子将能起到凝聚人心的作用。

▍导读

仪封人的话很像是一个预言:孔子在世时,已经凭借他个人巨大的德行和人格魅力,凝聚了一大批优秀人物在他周围,大家共同进行哲学的思考和政治的探讨。而他死后,两千多年来,孔子已经成为一面旗帜:他代表着东方的文化,东方世界都受他思想的浸淫。"天将以夫子为木铎",两千多年了,这木铎一直在召唤着我们,凝聚着我们。

3.25

子谓《韶》[1]:"尽美矣,又尽善[2]也。"谓《武》[3]:"尽美矣,未尽善也。"

| 今译

夫子说舜乐《韶》:"美到极致了,也善到极致了。"说武王乐《武》:"美到极致了,但还不能说善到极致了。"

| 注释

1 《韶(sháo)》:传说上古虞舜时的一组乐舞,也叫《大韶》。虞舜是通过禅让得到帝位的,所以孔子认为这是"尽善"。

2 美:指乐舞的艺术形式,音调声容之美。善:指乐舞的思想内容,体现的道德价值。

3 《武》:周武王时的乐曲,也叫《大武》。武王的帝位是通过暴力推翻纣王而来,虽顺应天意民心,但毕竟经过征战,所以孔子说"未尽善",即还不是最高境界。

| 导读

尽美,是艺术的最高境界;尽善,是道德的最高境界;尽善尽美,是人生的最高境界。谁可以达到这样的境界?唯大圆满之唐尧虞舜。谁在赞美、追求这样的境界?孔子。

| 成语　尽善尽美

| 链接　3.23

3.26

子曰:"居上不宽,为礼不敬,临丧不哀,吾何以观之哉?"

今译

夫子说:"身居高位却没有宽容的肚量,行礼却又不能恭敬认真,参加丧礼却没有哀痛,我拿什么眼光来看他呢?"

导读

大德容众,大道容下。居上位有权势者最忌苛酷,为其手中有权,可以为所欲为。有权势而又苛酷,小民就没有生路了。

为礼不敬,临丧不哀,一切敷衍而无敬谨,一切随便而无虔诚,此何人哉?惫懒人也,怠惰人也,无心肝人也。此种人,孔子能怎么看他呢?我们能怎么看他呢?

居上宽,是说对下(黎民百姓下属)要有宽容心。

为礼敬,是说对上(天地祖宗鬼神)要有敬畏心。

临丧哀,是说对死者要有慈悲心。

孔子是给我们"安心"。为天地立心者,为百姓安心也。

里仁第四

4.1

子曰:"里仁¹为美,择不处²仁,焉得知³?"

▎今译

夫子说:"与有仁德的人为邻是件美事,选择居所而不去和仁德的人住在一起,哪里算得上是明智呢?"

▎注释

1　里:邻里,这里可以理解为动词,择居。仁:此指有仁德的人。

2　处:在一起相处。

3　焉:怎么,哪里,哪能。知:智。《论语》时代"智"皆写作"知"。

▎导读

"里仁为美"可以从多个层次来肯定。首先,与仁德文明的人住在一起,无形之中我们也会受其濡染,变得文明起来。此所谓近朱者赤,近墨者黑,"蓬生麻中,不扶而直"(《荀子·劝学》)。

其次,仁德文明的人是讲道理、善宽容的。和他们做邻居,会少一些邻里纠纷,即使有了,也好解决些。

再次，可以理解为"仁者安仁"，如同颜子之"其心三月不违仁"（6.7），亦如孟子所言："仁，人之安宅也。"（《孟子·离娄上》）里仁，安身安心于仁也。

所以，"里仁为美"，可以从高明处来理解，也可以从世故处来理解。孔子极高明而道中庸，高出尘世也深通世故。

这一章也讲了仁与智的关系，仁者自有智，智者必居仁，为下章"仁者安仁，知者利仁"之好注脚。

▎ **链接**　4.2；4.17；7.22；12.16；16.11

4.2

子曰："不仁者不可以久处约[1]，不可以长处乐。仁者安仁，知者利仁。"

▎ **今译**

夫子说："不仁的人，不能长久地安处于贫困之中，也不能长久地安处于安乐之中。仁德的人安于仁，智慧的人利于仁。"

▎ **注释**

1　约：贫困，俭约。

▎ **导读**

此章当与4.1章合看。可以看作孔子对4.1章观点的说明。

内心没有仁德的人不能长守穷困，因为"小人穷，斯滥矣"（15.2）。孟子说一般人，无恒产，即失恒心，一失恒心，即"放辟邪侈，无不为已"（《孟子·梁惠王上》），与孔子意思相同。

不仁者又不能长处安乐，因为他"饱暖思淫欲"，长处安乐，不仅消磨了他的意志和进取心,还会引出他的淫邪心。

内心没有定力,无论贫贱,无论安乐,都不可能使一个人真正达于和平宁静的幸福境界。

仁德的人安于仁,如一滴水之安于大海,如一只鸟之安于森林,一尾鱼之安于江湖。而智慧的人深察仁德的好处,所以,他也乐于实行仁德。

| 链接　4.1

4.3

子曰:"唯仁者能好[1]人,能恶[2]人。"

| 今译

夫子说:"只有仁德的人,才能(有资格、有能力)喜爱一个人,憎恶一个人。"

| 注释

1　好(hào):喜爱,喜欢。
2　恶(wù):厌恶,讨厌。

| 导读

这一章的关键词,是讲人之"好恶"。

仁者的好,是仁;仁者的恶,是义。

有仁义,方能好恶。无仁义,如何好恶?

仁者爱正义,必恨不正义。

不仁者未必恨不正义,也就未必爱正义。

仁者的爱憎是公正的。所以,只有仁者才有资格爱,尤其是有资格恨。被仁者所爱的人，必有可贵可爱之处（仁者以仁待天下，则天下之人皆有所可爱）；被仁者所恨的人，亦必有可恨之处（仁者以义则天下，则不义之人皆为所恶）。

不仁者的爱憎是私爱与私仇。所以，不仁者未必有真爱，但却常常有刻骨的恨。为不仁者所爱者，未必真可爱；为不仁者所恨者，更未必真可恨——恰恰相反，倒有可能是一个正直的人。

仁者之于爱恨，有三个逻辑层次。

第一，仁者有爱有恨，是为仁者的道德。爱恨乃道德的两面，无爱无恨是道德的麻木。

第二，仁者能爱能恨，是为仁者的能力。仁者有能力区分善恶美丑并予以爱恨。

第三，表达自己的爱恨，是为仁者的责任。仁者的爱恨是这个世界激浊扬清的能量，不可或缺。仁者的爱，是对善的鼓励；仁者的恨，是对恶的制约。在仁者的爱恨里，世间善恶此长彼消。

链接　4.4；15.28；17.18；17.24

4.4

子曰："苟志[1]于仁矣，无恶[2]也。"

今译

夫子说："如果有志于去实行仁德，就没有什么恶德了。"

注释

1　苟：假如，如果。志：立志。
2　恶：恶行，恶德。

导读

"仁远乎哉?我欲仁,斯仁至矣。"(7.30)有志于行仁,必在日常生活中拒绝恶行恶德。

"苟志于仁矣,无恶也。"意为,苟志于仁,可能仍有过失,但不会有恶德,不会有故意的恶行。

此章"恶"也可以读为"好恶"之"恶"。钱穆先生释曰:"此章恶字有两解。一读如好恶之恶,此紧承上章言。上章谓惟仁者能好人能恶人。然仁者必有爱心,故仁者之恶人,其心仍出于爱。恶其人,仍欲其人之能自新以反于善,是仍仁道。故仁者恶不仁,其心仍本于爱人之仁,非真有所恶于其人。若真有恶人之心,又何能好人乎?故上章能好人能恶人,乃指示人类性情之正。此章无恶也,乃指示人心大公之爱。必兼看此两章,乃能明白上章涵义深处。"

链接　4.3;7.30

4.5

子曰:"富与贵,是人之所欲也,不以其道得之,不处[1]也。贫与贱,是人之所恶也,不以其道得之,不去[2]也。君子去仁,恶[3]乎成名?君子无终食之间违[4]仁,造次必于是[5],颠沛必于是。"

今译

夫子说:"富与贵,是人们所想要的,不用正当的方法去获得,君子是不会安处其中的。贫与贱,是人们所厌恶的,不用正当的方法去摆脱,君子是不躲避的。君子离开了仁德,怎样去成就他的美名呢?君子是连吃一顿饭的工夫也不能违背仁的。在最紧迫的时刻也必与仁德同在,在流离困顿的时候也必与仁德同在。"

注释

1　处：安处其中。

2　去：避开，摆脱。

3　恶（wū）：同"乌"。相当于"何"。

4　终食之间：一顿饭的工夫。违：违背，离开。

5　造次：紧迫，仓卒，急迫。是：代词，指仁。必于是：必在仁中（而不离开）。

导读

君子与小人之区别，不在于要不要富贵。对于富贵的爱好与追求，君子小人是一样的。君子与小人的区别，只在于手段的不同。

夫子说："富而可求也，虽执鞭之士，吾亦为之。如不可求，从吾所好。"（7.12）又说："不义而富且贵，于我如浮云。"（7.16）对于富贵，要"以义得之"。孔子和子张都说过"见得思义"（16.10、19.1），也是这个意思。

链接　7.12；7.16；15.9；16.10；19.1

4.6

子曰："我未见好仁者，恶不仁者。好仁者，无以尚[1]之；恶不仁者，其为仁矣，不使不仁者加乎其身。有能一日用其力于仁矣乎？我未见力不足者。盖[2]有之矣，我未之见[3]也。"

今译

夫子说："我没见过爱好仁德的人，厌恶不仁的人。爱好仁德的人，是再好不过的了；厌恶不仁的人，他实行仁德，是因为他不愿意让不仁德的东西沾染自身。有哪怕仅仅在一天的时间里把自己的力量用于实行仁德的人吗？我还没见过力量不够的。这样的人大概会有，我没见过。"

注释

1　尚：超过。

2　盖：大概。

3　未之见：未见之，没看到过。

导读

好仁者，趋于仁；恶不仁者，避不仁。趋避之间，舍不仁而趋仁，弃不义而就义。"见善如不及，见不善如探汤。"（16.11）最是本章注脚。

孔子常发类似"我未见……"的叹息。这是在鞭策世人，也是在鞭策他的学生们。

链接　5.27；6.3；6.12；7.26；7.30；9.18；15.13

4.7

子曰："人之过也，各于其党[1]。观过，斯知仁[2]矣。"

今译

夫子说："人犯的错误，与他是哪一类人有关。观察一个人犯什么错误，就能知道他是什么样的人了。"

注释

1　党：类。

2　斯：代词，那。仁：同"人"。

导读

什么样的人犯什么样的错误，犯什么样的错误也就反映出他是什样的人。

孔子还是在教我们怎样观察、了解人。

┃ 成语　观过知仁

┃ 链接　2.10

4.8

子曰:"朝闻道,夕死可矣。"

┃ 今译

夫子说:"早上得知真理,即使晚上就死去,也可以。"

┃ 导读

夕死可矣,并非指不必再活,而是指人生已经圆满,死亦无憾。反过来,如尚未闻道,则死不瞑目,因为一生没有活个明白。

生命的价值在于追求真理,而未经思考的人生,不值一过。

┃ 成语　朝闻道,夕死可矣

4.9

子曰:"士志于道,而耻恶衣恶食者,未足与议也。"

┃ 今译

夫子说:"士是立志于求道行道的,既然如此,如果一个士人耻于衣服不好食物不好,就不值得与他谈论了。"

导读

探求真理,必要一份执着,受一番磨练,才能有所得。在这过程中,生活的艰苦必不可免。连"恶衣恶食"都不能忍受,还有什么毅力与心志去承受更大的打击与挫折?不能承受打击与挫折,不能忍受生活的艰苦,"志于道"便成一句空话。有其言而无其行,跟他谈论有什么意义呢?

成语　恶衣恶食

链接　4.11；8.7；14.2

4.10

子曰:"君子之于天下也,无适也,无莫¹也,义之与比²。"

今译

夫子说:"君子对于天下事,没有一定要这样,也没有一定不要这样,合理恰当就是。"

注释

1 适:适当,正确,表示肯定。莫:不适,没有,表示否定。无适无莫:即无可无不可,不一成不变。

2 义:宜,适宜。比(bì):靠近。义之与比:即努力追求合理适当。

导读

天下事,千变万化,无定形,无定势,如何能用条条框框去网罗?君子之在天地间,又哪能拘束于条条框框与夫僵死教条?故林放问礼之本,子曰大哉问(3.4)。礼之本者,义也。不知本之所在,徒步趋于种种主义主张规矩规定，只能一生慌张而无方向。知本之所在，即能知人之适莫趋避。义之与比者，与义同立也。《孟子·离娄下》："大人者，言不必信，行不必果，惟义所在。"正是本章好注脚。

▎**成语**　无适无莫

▎**链接**　2.4；9.4；13.20；15.37；18.8

4.11

子曰："君子怀德，小人怀土。君子怀刑[1]，小人怀惠。"

▎**今译**

夫子说："君子关心自己的德行修养，小人关心自己的土地田宅。君子在意法度，小人在意恩惠。"

▎**注释**

1　刑：指法度。

▎**导读**

君子致力于提高自己的道德水平；小人整天想的是提高自己的消费水平。君子做事，想的是合于法度和规矩；小人做人，总想占小便宜，得小实惠。

▎**链接**　4.9；8.7；14.2

4.12

子曰："放[1]于利而行，多怨。"

今译

夫子说:"依据私利而行动,便易多生怨恨。"

注释

1 放:通"仿",依据。

导读

据于私利而不合乎义,必会损害他人,必会招来怨恨,招来了怨恨是最大的不利,所以,求仁者总能得仁,求利者却未必得利。利害利害,利往往就是害,得利往往就是得害。

又,孔子说话,多从自己这一面说,所以,"多怨"也可以理解为自己心中多怨。那么此句意思为:追逐利益而行动,就常常会有怨恨。意思颇好。译文据此。

此章亦可以和4.4章对看:苟志于仁矣,无恶;放于利而行,多怨。恰成一副好对子。

链接 4.4

4.13

子曰:"能以礼让为国乎,何有?不能以礼让为国,如礼何?"

今译

夫子说:"能够以礼让来治理国家吗,那还会有什么问题呢?不能以礼让来治国,一卷礼书一套礼仪又能怎么样?"

导读

礼,为国之时,即是一国政治之法则,处理国事之准则,社会文明之通则,相当于现代政治之"宪法"。"宪法"作为万法之根本大法,超然具体事务之上,为一切事务的处理指明方向。若不能在实践中落实并以此为指针,则一堆条文岂不是摆设?

"以礼治国",就是依据为政以德的理念治国,而不是依据权力意志治国。这种思路,与今日之"依法治国"在逻辑上完全一致,毫无违拗。而今日"依法治国"之"法",主要乃是指"宪法"。今之"宪法",古之"礼法";今之"法制",古之"礼制";今之"依法治国",古之"以礼治国":都是明确国民相应的权利义务,并规定他人必须以此对待而不可随意处置。就这点而言,礼乃是对人基本权利的保护,使之免受无端意志的伤害和役使,这与今日法律对一般公民权利保障的基本功能亦颇一致。

礼,就其功能而言,就是实现对权力的屏障,使之不至于影响社会运作和个人生活。这是我们评价周礼以及儒家之礼时必须看到的。

这一点,通过与先秦法家"法治"的对比,可以看得更为清晰:法家的所谓"法治",其目标,正是要扫清一切障碍,为权力开道,最终建立一个权力通吃的社会,实行君主专制和独裁,强化国家的组织能力和调动能力,完成"战国"的目标。

| **成语** 　礼让为国

| **链接** 　11.26

4.14

子曰:"不患无位,患所以立。不患莫己知,求为可知也。"

| **今译**

夫子说:"不要发愁没有职位,要担忧用来立身的东西具备了没有。不要发愁没人了解自己,去追求具备那些值得别人了解你的东西吧。"

导读

这是孔子对士的告诫。士所关注者,在于"位",故往往急于求成,患得患失,浮躁功利以至于势利,故孔子告诫他们:最重要的是立身之本是否具备。

链接   1.1; 1.16; 14.30; 15.19

4.15

子曰:"参乎!吾道一以贯之。"曾子曰:"唯¹。"子出,门人问曰:"何谓也?"曾子曰:"夫子之道,忠恕而已矣。"

今译

夫子说:"参啊!我的思想有一个根本的东西贯穿始终。"曾子说:"是。"孔子出去后,别的弟子问(曾子):"你们说的是什么意思?"曾子说:"老师的思想,只是忠和恕罢了。"

注释

1 唯:与"诺"都是恭敬的应答词,有成语"唯唯诺诺",相当于"是是是"。

导读

"恕",就是"己所不欲,勿施于人"(12.2、15.24两见),这是一条黄金法则,世界上各民族都有类似的格言。将心比心,你所不愿遭遇到的,千万别强加给别人。那么"忠",就是"恕"的积极的一面:"己欲立而立人,己欲达而达人。"(6.30)

成语   一以贯之

链接   5.12; 6.30; 12.2; 15.3; 15.24

4.16

子曰:"君子喻于义,小人喻于利。"

▌今译

夫子说:"和君子讲义,同小人讲利。"

▌导读

要说服君子,告诉他义在哪里;要引导小人,告诉他利在哪里。以义要求、责难君子;以利鼓励、诱导小人。

这句话也可以翻译为:"君子被义说服,小人被利打动。"

▌链接　5.16

4.17

子曰:"见贤思齐[1]焉,见不贤而内自省也。"

▌今译

夫子说:"看到贤人,就要想着向他看齐;看到不贤的人,就应该自我反省(自己是否也有与他类似的毛病)。"

▌注释

1　贤:贤人。齐:平等,向……看齐,与……同等。

▌导读

在7.22中,孔子说"三人行,必有我师焉。择其善者而从之,其不善者而改之",与这一章的意思基本一致。向比我们强的人学习,这是常人能理解的,但孔子这里又提出了另一条学习方法:从不贤、不善的人那里,反观自身,看看这些人身上的缺点和毛病我自己身上有没有。

如果也有，那就赶紧改掉。

老子说："善人者，不善人之师；不善人者，善人之资。"善人，是不善人的老师。但不善人也有他的用处，那就是：不善人，是善人的镜子。

| 成语 见贤思齐

| 链接 4.1；7.22；16.11

4.18

子曰："事父母几¹谏，见志不从，又敬不违，劳而不怨。"

| 今译
夫子说："侍奉父母，（假如他们有什么不对的地方，）得委婉地劝说。看到自己的意愿没有被父母听从，仍然要恭敬不违，辛劳不怨。"

| 注释
1　几（jī）：委婉，轻微，含蓄。

| 导读
这是讲两害相权取其轻：父母有过错，这是一害，我们要劝谏。但若劝谏太直接，太冲撞，就有损于孝道，所以要委婉。假如父母不听劝告，我们因之失望、生气，那就更损于孝道，这又是一害。两害相权，前者轻而后者重：还有什么比损害了父母子女关系更大的危害么？

| 成语 劳而不怨

4.19

子曰："父母在，不远游。游必有方。"

今译

夫子说:"父母在世,(最好)不要离家远游。(一定要)远游,也必须有一定的方向和理由。"

导读

不远游,是因为要侍奉父母。

游必有方,是念及父母有担心、牵挂,故所游要有确定的地方,而不是随意漂泊,使父母无法把握自己的行踪。这个"方",也可理解为"原则",即游不是随心所欲随性不定,而是有一些不得已的理由。

成语　父母在,不远游

4.20

子曰:"三年无改于父之道,可谓孝矣。"

导读

见1.11。

4.21

子曰:"父母之年,不可不知也。一则以喜,一则以惧。"

今译

夫子说:"父母的年纪,不能不知道。一方面为他们高寿而欢喜,一方面为他们日益衰老而忧惧。"

导读

且喜且惧,这种感情,非深有体察者道不出。这里讲的,都不是道理,而是感情。孔子讲君臣,从义理上立论;讲父子,从感情上立论。

4.22

子曰:"古者¹言之不出,耻躬之不逮²也。"

| 今译

夫子说:"古代的人言语不轻易出口,他们以说得出却做不到为可耻。"

| 注释

1 古者:古代的人。
2 耻:以……为耻。躬:亲身,亲自,这里指自己的行动。逮:赶上。

| 导读

说之前,先考虑能否做到。这是对别人负责,也是对自己负责。这是诚信,也是自知。

孔子常常把一种理想的状态托之于古。理想的时代,是古代;理想的人,是古人……所以,读到孔子类似的话,不必当成孔子真认为古人真如此、古代真如此,而是孔子希望我们今人能如此。

| 链接　2.13;14.27

4.23

子曰:"以约失之者,鲜¹矣。"

| 今译

夫子说:"因为约束自己而失误的,是很少的。"

| 注释

1 约:约束,检束,谨慎节制。鲜:少。

导读

话不要多说,叫约;事不要过头,叫约。

约束自己,使自己行为有节制,就会减少失误。谨慎节制,是减少失误的根本途径。

4.24

子曰:"君子欲讷[1]于言而敏于行。"

今译

夫子说:"君子要在言语上谨慎迟缓,而在行动上敏捷勤奋。"

注释

1 讷:言语迟钝。这里指说话之前考虑周到,说话谨慎。

导读

见1.14。

成语　讷言敏行

链接　1.14;2.13;14.20;14.27

4.25

子曰:"德不孤,必有邻。"

今译

夫子说:"道德的人不会孤单,必有亲近他的人。"

导读

有德者，必"有朋自远方来"（1.1）。孟子说"得道多助"，甚至"多助之至，天下顺之"。有德者有天下，何况是有几个亲近他的人？

一个有道德的好人，总会有几个真心的朋友。

链接 1.1；4.1

4.26

子游曰："事君数¹，斯²辱矣；朋友数，斯疏矣。"

今译

子游说："事奉君主，如果过分热切，就会招致羞辱；对待朋友，如果过于热情，反而会被疏远。"

注释

1　数：屡次，多次。这里指过分殷勤而至烦琐。
2　斯：副词，就。

导读

凡事要有度。对人忠心耿耿，关怀备至，也要有分寸。劝谏别人，别人不听，就要适可而止，若喋喋不休，反而招人厌烦，被人疏远。

其实，人生在世，面对很多人，我们都有责任。但是，这些责任往往是有限责任。就仁义的施行对象、范围、程度言，仁可以过，义不可以过。仁可以无限，是之为"博爱"；但义一定是有限的，是之为"正义"。

链接 4.18；12.23；15.24

公冶长第五

5.1

子谓公冶长[1]:"可妻[2]也。虽在缧绁[3]之中,非其罪也。"以其子[4]妻之。

今译

夫子说公冶长:"可以把女儿嫁给他。他虽然被囚禁在监狱之中,但这不是他的罪过。"(后来)把自己的女儿嫁给了他。

注释

1　公冶长:姓公冶,名长,字子芝。孔子弟子。

2　妻:这里作动词用,使有妻。

3　缧绁(léi xiè):捆绑犯人用的长绳子。这里代指囚禁。

4　子:古时"子"兼指儿子和女儿,这里指女儿。公冶长此刻应该是在囚禁之中,故嫁女当是后来的事。下一章"以其兄之子妻之"亦当是后来的事。

导读

虽然被关在监狱里,但并不是他真有罪过——这能说明公冶长是冤枉的,但不能说明他是优秀的。因此,这不是把女儿嫁给他的充分理由。

充分理由是：公冶长同时还是一个品德很好的人。

孔子不计较一个人是否服过刑，主动把女儿嫁给对方，这正是孔子超越凡人的地方。超越凡人，就是超越凡人的观念。

这一章也可以看出：第一，孔子对致人冤狱的官方意志的蔑视。第二，孔子对于敢于反抗之人的肯定和鼓励。

> 链接　5.2

5.2

子谓南容[1]："邦有道，不废；邦无道，免于刑戮。"以其兄之子妻之。

> 今译

夫子说南容："国家有道的时候，他做着官而不被废弃；国家无道的时候，他也会避开刑戮。"（后来）便把哥哥的女儿嫁给了他。

> 注释

1　南容：姓南宫，名适（kuò），字子容。孔子弟子。

> 导读

从嫁女的角度讲，这条理由比上一章的理由要充分些：太平时总有官做，可以养活家小；乱世时能免于刑戮，亦可保全身而退。除了"爱情"，其他条件也够了。

此章和上一章，可以看出，孔子择婿，其条件很平实很务实。互看11.6。

> 链接　5.1；11.6；14.5

5.3

子谓子贱[1]:"君子哉若[2]人!鲁无君子者,斯焉取斯[3]?"

| 今译

夫子评论子贱,说:"君子啊这个人!假如鲁国没有君子,他从哪里得到这种品德的呢?"

| 注释

1 子贱:姓宓(fú),名不齐,字子贱。孔子弟子。宓,一作虙,《康熙字典》引皇甫谧云:"孔子弟子虙不齐,后人云济南伏生,即子贱之后,是知虙与伏古字通用,后误以为宓也。"

2 若:此,这,那。

3 第一个"斯",是代指子贱这个人。第二个"斯",是代指君子的品德。焉:哪里,怎么,怎样。取:取得,获得。

| 导读

鲁国是君子之乡。其先祖,有周公;在当代,有孔子。子贱生长于斯,受其熏陶,而有君子之德,不亦宜乎!

孔子是在夸子贱,也是在夸鲁国。对子贱的欣赏和对鲁国的热爱,融为一体。

5.4

子贡问曰:"赐也何如?"子曰:"女,器也。"曰:"何器也?"曰:"瑚琏[1]也。"

| 今译

子贡问夫子:"我端木赐是什么样的人呢?"夫子说:"你,是个器呢。"（子贡）问："什么样的器呢？"夫子说："瑚琏一样的器吧。"

注释

1　瑚琏：古代祭祀时盛粮食（黍稷）用的一种贵重的器具，很尊贵。

导读

"君子不器"（2.12），孔子在这里评价子贡是"器"，是有些贬低的，但接着他又说子贡是"瑚琏"这样尊贵的器，则又是给予安慰。

从"器"的境界说，子贡已是贵器、利器，可以以之工其事，立其功；从"不器"的高境界说，修养尚未成功，子贡仍须努力。

如果把这连续四章（5.1、5.2、5.3、5.4）放到一起，看作一次谈话，则更加有意思：孔子连夸三个学生，至子贡，则不言。子贡自问："赐也何如？"孔子径复曰："器也。"对照上一章说子贱为君子，14.5盛赞南容："君子哉若人！尚德哉若人！"方知孔子对子贡之严厉。

链接　5.8；6.8

5.5

或曰："雍也仁而不佞[1]。"子曰："焉用佞？御人以口给[2]，屡憎于人。不知其仁，焉用佞？"

今译

有人说："冉雍这个人，有仁德，却没口才。"夫子说："何必要口才呢？（能言善辩，）以伶牙俐齿抵触别人，常常被人憎恶。我不知道冉雍是不是具备仁德了，但哪里用得上什么口才呢？"

注释

1　雍：姓冉，名雍，字仲弓。孔子弟子。佞（nìng）：强嘴利舌，巧言花语。

2　御：触犯，冒犯。这里指辩驳对方，与人顶嘴。口给（jǐ）：嘴巧，嘴快话多。

导读

上一章孔子对子贡特别严厉，径称之为器，可能就是因为"子贡利口巧辞"，而"孔子常黜其辩"（《史记·仲尼弟子列传》）。

这个"或"评价冉雍：有仁德，无口才。孔子说，冉雍么，有仁德不一定，没口才也挺好。对冉雍来说，当务之急是提高德性，而不是锻炼口才。

人的某些能力不是要不要的问题，而是轻重缓急的问题。比如，专业技能很必要，一定要。但是，相比于专业技能，什么更重要？什么逻辑在先？答案：心智发育和认知能力，价值观和是非判断力。同样，口才很重要，必须有。但是，相对于口才，什么更根本，逻辑在先？——德性。这是另外一种"素以为绚兮"（3.8）——素在先，绚在后。

5.6

子使漆雕开[1]仕，对曰："吾斯之未能信[2]。"子说。

今译

夫子叫漆雕开去做官，（漆雕开）回答说："我对能不能做好官还没有信心。"夫子很高兴。

注释

1　漆雕开：姓漆雕，名开，字子开。孔子弟子。

2 "吾斯"句:"吾未能信斯"的倒装。斯:指做官的事。信:信心,自信。

导读

孔子为什么高兴?因为漆雕开一句话显示出他两个优点:一、他不汲汲于做官,不汲汲于追求富贵名利;二、他谦虚好学而有自知之明。

需要说明的是,孔子不反对做官,但反对汲汲于做官。做官是为了行其义,不是为了个人富贵。做官也可以是为生活所迫,但不是为了发财(参《孟子·万章下》)。

链接 6.9;8.12;11.25

5.7

子曰:"道不行,乘桴[1]浮于海,从[2]我者,其由与[3]?"子路闻之喜。子曰:"由也好勇过我,无所取材[4]。"

今译

夫子说:"我的道行不通了,我乘上木筏漂流到海外去吧。能跟随我的,可能只有仲由吧!"子路听了这话很高兴。夫子说:"仲由啊,比我还勇敢,(乘木筏漂大海他也真敢去啊,)可是我们无处去找扎木筏之材啊。"

注释

1 桴(fú):用竹或木编成当船用的水上交通工具,大的叫"筏",小一点的叫"桴"。

2 从:跟从,跟随。

3 其:大概,可能。由:仲由,即子路。与:同"欤",表疑问,与"乎"同。

4　材：制作木筏的木材。郑玄注："无所取材者，无所取于桴材。"

导读

子路忠诚，勇敢，孔子深知。所以，他说，当他道不行时，会有也只有子路一人依旧跟随着他。这句话对子路来说，确实是很高的褒奖。子路本来就最易沾沾自喜，尤其是得了老师一言两语的表扬，更是兴奋得晕三倒四。面对老师颁发的这么一块金光闪闪的大奖章，而且只他一份，别人都没有，他一下子高兴得都不知道自己是谁了。

孔子一看子路这样，也欣欣而乐，就取笑子路：还真有这样傻大胆的啊！可是你得告诉我：我们哪里去找制作木筏的木材呢？

乘桴浮于海，本来只是孔子的一句诗意叹息，被子路当了真。这正是子路的敦厚可爱处。孔子拿他取笑，亦责亦爱。师徒笑话之间，圣贤和煦气象，千载而下，读之如在目前！

链接　9.14

5.8

孟武伯问："子路仁乎？"子曰："不知也。"又问，子曰："由也，千乘之国，可使治其赋[1]也，不知其仁也。""求也何如？"子曰："求也，千室之邑[2]，百乘之家[3]，可使为之宰[4]也，不知其仁也。""赤[5]也何如？"子曰："赤也，束带[6]立于朝，可使与宾客言也，不知其仁也。"

今译

孟武伯问："子路仁吗？"夫子说："不知道。"他又问，夫子说："仲由啊，一个有一千辆兵车的国家，可以让他管理兵役和军政，至于他是否仁，我不知道呢。"孟武伯问："冉求怎么样？"夫子说："冉求嘛，一个一千户人口的邑，或一百辆兵车的封地里，可以让他担任总管，至于他是否仁，我不知道呢。"孟武伯问："公西赤怎么样呢？"夫子说："公西赤嘛，穿上礼服，站在朝廷之上，可以让他接待宾客，至于他是否仁，我不知道呢。"

注释

1. 赋：此指兵赋。治其赋：含有负责管理军政的意思。
2. 邑：古代居民的聚居点，相当于后世的城镇。
3. 家：指的是卿、大夫的采地食邑。
4. 宰：古代县长叫"宰"，大夫家的总管也叫"宰"。
5. 赤：姓公西，名赤，字子华。孔子弟子。
6. 束带：穿好礼服，扎好衣带。这里指穿上礼服去上朝。

导读

孔子不轻易以"仁"予人。他这三位弟子，与5.4所讲到的子贡一样，都是器——国家的有用人才，但是否达到了仁之境界，还难说。

链接　4.6；5.4；6.8

5.9

子谓子贡曰："女与回也，孰愈[1]？"对曰："赐也何敢望[2]回？回也闻一以知十，赐也闻一以知二。"子曰："弗[3]如也，吾与女，弗如也[4]。"

今译

夫子问子贡说："你与颜回相比，谁更强一些啊？"子贡回答："我么，怎么敢同颜回相比？颜回听到一件事，可以推知十件事，我呢，听到一件事只能推知两件事。"夫子说："不如他啊，我和你，都不如他啊。"

注释

1　孰：谁。愈：胜过，更好，更强。
2　望：比。
3　弗：不。
4　与：一般解释为同意、赞同，则此句意为：我同意你的观点，你是不如他。但这样理解，孔子的这句话对子贡就显得太生硬，若理解为"我和你都不如他"，是既夸了颜渊，也给了子贡面子。

导读

孔子最欣赏推重颜渊，子贡当然心知肚明。所以，当孔子问他与颜渊比，谁更强些时，他答曰："何敢望回？"这既是子贡谦虚，有自知之明；也是子贡聪明：他决不会自讨没趣。

孔子之所以拿这个问题来问子贡，是因为子贡在世俗功业上相当成功且富可敌国，而颜渊则不商不仕且家徒四壁。孔子很担心子贡自得于自己世俗的成功，而不知颜渊的境界才最值得追求也最难以企及。好在，子贡对此并不糊涂，他有足够的聪明可以获得世俗的成功，他也有足够的智慧认识到圣贤的境界。

成语　闻一知十

5.10

宰予昼寝。子曰："朽木不可雕也，粪土之墙不可杇[1]也。于予与何诛[2]？"子曰："始吾于人也，听其言而信其行。今吾于人也，听其言而观其行。于予与改是³。"

> **今译**

宰予大白天睡觉。夫子说："腐朽的木头不能再雕刻,落满浮土的墙壁也无法粉刷。对于宰予这个人,还能给他什么对他有用的批评呢?"又说："以前,我对于人,是听其言而信其行;现在,我对于人,是听其言而观其行。从宰予这里我改变了观察人的方法。"

> **注释**

1　粪土:《礼记·曲礼》载"为长者粪":"凡为长者粪之礼,必加帚于箕上,以袂拘而退;其尘不及长者,以箕自乡而扱之。"意思是:给尊长扫地,必须把扫帚放在箕上,用衣前下摆遮着扫,使尘土不会粘上尊长,箕口向着自己将尘扫入箕内。故,粪,乃室内之尘土。粪土之墙,即墙上有浮土,故不可涂抹。杇(wū):同"圬"。《说文》:"杇,所以涂也。"粉刷墙壁叫"杇",粉刷的工具也叫"杇"。

2　与:语助词。诛:谴责,责备,指责。

3　是:代词,此,这。

> **导读**

宰予和孔子讨论三年之丧,孔子恼火。宰予大白天睡觉,孔子也如此严厉。

孔子对子路很严厉,但我们能感觉得到他对子路的爱护。但孔子对宰予的严厉,却让我们感觉到他对宰予的苛刻。不知道孔子为什么对宰予如此,这可能是一个永远无法解开的谜了。

> **成语**　朽木不可雕　听其言而观其行

> **链接**　11.21;15.23;17.21

5.11

子曰:"吾未见刚者。"或对曰:"申枨[1]。"子曰:"枨也欲[2],焉得刚?"

▎今译

夫子说:"我没见过真正刚强的人。"有人回答:"申枨。"夫子说:"申枨啊,他有太多的欲望,怎么能刚强?"

▎注释

1 申枨(chéng):姓申,名枨,字周。孔子弟子。
2 欲:欲望。

▎导读

人,有欲望是正常的。但有些欲望是不正当的,或仅通过正当的手段不能实现的。对这类欲望,就需要调动我们自身的道德意志和精神力量加以节制。否则,我们就会被欲望控制而不能自拔,为了满足欲望就可能苟且,就可能被欲望牵着鼻子走,而不是被道德引领着走。人有欲望,就有破绽;人有欲望,就有软肋,就有致命处。欧阳修说:"智勇多困于所溺。"(《五代史·伶官传序》)人的堕落,就是从这种欲望开始的。我们常说某人被坏人拉下水,实际上,追根溯源,是被自己的欲望拉下水的。

孔子这里讲的刚,不是体格之刚、性格之刚,而是人格之刚、精神道德之刚。体格之刚可以抵御病菌的侵袭,人格之刚则可以抵御不当欲念的侵袭。

人格之刚,精神之刚——是,无欲则刚。

▎成语　无欲则刚

5.12

子贡曰:"我不欲人之加诸[1]我也,吾亦欲无加诸人。"子曰:"赐也,非尔所及也。"

> 今译

子贡说:"我不愿别人强加什么给我,我也愿意不强加什么给别人。"夫子说:"端木赐呀,这不是你所能做到的。"

> 注释

1 诸:"之于"的合音。

> 导读

子贡所说,即是一"恕"字。为什么孔子说这不是子贡能做到的?因为这不是简单的意愿问题,而是能力问题;不是"知"的问题,而是"行"的问题。知道了,不一定做得到。且细揣子贡此言,似乎这种"知",也非自家真切感知,而是有一种负气之感,甚或有轻佻之态。故孔子以"非尔所及也"一语截断,沮之哂之诫之待之。

> 链接　4.15;12.2;15.24

5.13

子贡曰:"夫子之文章[1],可得而闻也。夫子之言性与天道[2],不可得而闻也。"

> 今译

子贡曰:"夫子关于文献方面的学问,我可得听闻;夫子关于人性和天道的论述,我不得与闻呢。"

注释

1　文章：指礼、《诗》、《书》、史等各种古代文献中的学问。
2　性：人的自然本性。天道：天命，古代一般指自然和人类社会的吉凶祸福的关系。

导读

自然也好，人性也好，从事实的角度讲，都是极神秘而无实证的东西；从价值的角度讲，也很难阐发并唤起人们的普遍认同。孔子对这些玄虚而无实据的东西存而不论——至少是对大多数人闭口不谈——凭自己的悟性去领悟吧。

孔子重视人后天修炼而成的道德品性。而对于天赋的自然本性，他觉得不好谈，也不必谈。道德品性通向人道，自然本性通向天道。人道亲切，天道冷淡；人道迫切，天道迂远。人道者，仁道也，仁者爱人，当然要谈。而天地不仁，以万物为刍狗，何必多谈？怎能多谈？所以，孔子谈人道，不谈或少谈、慎谈天道。

值得注意的是，子贡这里并没有说孔子不言性与天道，只是他自己"不可得而闻"。孔子谈天道人性，与闻的范围很窄，窄到连子贡都没有资格听。子贡都没有资格听，谁还能有？唯有一个：颜渊。

5.14

子路有闻，未之能行，唯恐有[1]闻。

今译

子路听到某一道理，没有实行的时候，唯恐又听到新的道理。

注释

1　有：同"又"。

导读

别人的缺点是言而无行或少行，而子路的特点则是不仅说到做到，还要第一时间做到。孔子说："朝闻道，夕死可矣。"（4.8）这话要让子路说，一定是"朝行道，夕死可矣"。

"未之能行，唯恐有闻"，为什么？因为一件事还没做，又来了一件，他做不及。这是说子路行之唯恐不及的心理，并非真的不敢再有所闻。

链接 12.12

5.15

子贡问曰："孔文子[1]何以谓之文也？"子曰："敏而好学，不耻下问，是以谓之文也。"

今译

子贡问道："孔文子为什么被谥为'文'呢？"夫子说："聪敏而又爱好学习，向下位的人请教而不以为耻，所以谥他为'文'。"

注释

1　孔文子：卫国的执政上卿，姓孔，名圉（yǔ），字仲叔。"文"是他的谥号。《左传·哀公十一年》记载他与其女婿相争以至于大动干戈，还向孔子讨教如何用兵，惹得孔子愤怒离开卫国。因为孔文子私德有亏，所以子贡有此一问。

导读

该章的重点在于"敏而好学，不耻下问"八字。一般而言，聪敏人往往自恃聪明不愿下苦功夫，地位高的人大多以向地位低的人请教为耻。

所以，能做到聪明而又好学，位高而又不耻下问，是比较难得的，这是孔文子为什么谥为"文"的原因（谥法有以"勤学好问"为"文"者）。"敏而好学"的"而"，译成"而又"或"而且"，全文意思就明白晓畅了。

子贡之问，在于孔文子私德有亏，而孔子之答，则避开这一面，说孔文子的优点。子贡是孔子学生中特别聪慧的一个，依孔子一贯的因材施教做法，这"敏而好学"，也是对子贡的勉励吧。

▍**成语**　敏而好学　不耻下问

▍**链接**　16.9

5.16

子谓子产[1]："有君子之道四焉：其行己也恭；其事上也敬；其养民也惠；其使民也义。"

▍**今译**
夫子说子产："他具有四种君子的品德：他自身举止庄重谦恭；他事奉君主尊敬顺从；他对待人民仁爱慈惠；他支派人民合理恰当。"

▍**注释**
1　子产：姓公孙，名侨，字子产。郑国大夫，担任过正卿（相当于宰相）。春秋末期杰出政治家。他在执政时很得人民的拥护。孔子曾经向他请教，二人亲如兄弟（《史记·郑世家》《史记·仲尼弟子列传》《左传·昭公二十年》），孔子称他为"仁人""惠人"。

▍**导读**
这是说一个执政者的修养：自处、对上和对下。三者中，行己是根本，事上是身份，而养民和使民，则是执政者核心职责，故说两句：既说养民，亦说使民。

子曰："君子喻于义，小人喻于利。"（4.16）以利养民则利归下民，以义使民则义在君子。小民得利（惠），君子行义。

> **链接** 4.16

5.17

子曰："晏平仲¹善与人交，久而敬之。"

> **今译**
> 夫子说："晏平仲善于与人交往，相处越久，别人越尊敬他。"

> **注释**
> 1 晏平仲：姓晏，名婴，字仲。齐国国相，当时著名的政治家。死后谥号"平"，故称"晏平仲"。

> **导读**
> 与子产一样，晏子是孔子当世见过的政治家和学者。不同的是，子产欣赏孔子，晏子不喜欢孔子，甚至阻止了孔子在齐国的任职。但是，孔子一样给予晏子很高的评价。《孔子家语·辩政》载孔子夸奖晏子："晏子于君为忠臣，而行为恭敬。故吾皆以兄事之，而加爱敬。"
> 久而敬之，是真敬之矣。
> 久而使人敬之，是真有值得尊敬的美德了。

5.18

子曰："臧文仲居蔡¹，山节藻棁²，何如其知也³？"

今译

夫子说:"臧文仲为大乌龟盖房子,还雕梁画柱,他的智慧能怎么样呢?"

注释

1 臧文仲:鲁国大夫,姓臧孙,名辰,字仲。死后谥号"文"。孔子曾批评他"不仁""不知(智)"。居:居处,房子,这里用作动词。蔡:古人把大乌龟叫"蔡"。"居蔡"是指为大乌龟盖房子住。只有天子才能把做占卜用的大乌龟壳藏在如此豪华的房屋里。臧文仲也这样做,显然是越礼行为。

2 山节藻梲:天子的庙饰。山节:刻成山形的斗拱。藻梲(zǎo zhuō):彩绘水藻图案的梁上短柱。类似俗称的"雕梁画栋"。

3 此句意为"其知何如也?"

导读

《左传·文公二年》:"仲尼曰:'臧文仲其不仁者三,不知者三。下展禽,废六关,妾织蒲,三不仁也。作虚器,纵逆祀,祀爰居,三不知也。'"

其中"作虚器"就是指作室居蔡,有其器而无其用,故称虚器。朱熹:"当时以文仲为知,孔子言其不务民义,而谄渎鬼神如此,安得为知?"

而且,山节藻梲,也涉嫌僭越天子之礼制。

所以,概而言之,孔子为什么说臧文仲没有智慧?

一、孔子反对越礼行为,臧文仲越礼,孔子当然很反感。

二、孔子提倡以德治国,以德治民,以德养身,以德邀福,对占卜拜神之类持保留态度。

臧文仲把一切都寄托在龟壳上,弃德而佞龟,孔子自然认为他很愚蠢。

不过,《史记·仲尼弟子列传》又记:"孔子之所严事:于周则老子;于卫,蘧伯玉;于齐,晏平仲;于楚,老莱子;于郑,子产;于鲁,孟公绰。数称臧文仲、柳下惠、铜鞮伯华、介山子然,孔子皆后之,不并世。"或者孔子对臧文仲也并非一概否定。

| **成语**　山节藻棁

| **链接**　15.14

5.19

子张问曰:"令尹子文三仕为令尹[1],无喜色;三已[2]之,无愠色。旧令尹之政,必以告新令尹。何如?"子曰:"忠矣。"曰:"仁矣乎?"曰:"未知。焉得仁?""崔子弑齐君[3],陈文子[4]有马十乘,弃而违[5]之。至于他邦,则曰:'犹吾大夫崔子也。'违之。之一邦,则又曰:'犹吾大夫崔子也。'违之。何如?"子曰:"清矣。"曰:"仁矣乎?"曰:"未知。焉得仁?"

| **今译**

子张问夫子:"令尹子文几次担任令尹,没有喜悦的脸色;几次被罢免,也没有怨恨的脸色。(每次免职时)自己做令尹时的旧政,一定告诉新任的令尹。他怎么样呢?"夫子说:"忠诚啊。"(子张)说:"够得上仁吗?"(夫子)说:"不知道。(光你说的这些)哪里就能算是仁呢?"(子张又问:)"崔子杀了齐庄公,陈文子有四十匹马,舍弃不要,离开了他。到了另一国,说:'(这里的执政者)很像我国的大夫崔子啊。'离开了。再到另一国,又说:'(这里的执政者)很像我国的大夫崔子啊。'又离开了。他怎样呢?"夫子说:"清白啊。"(子张)说:"够得上仁吗?"(夫子)说:"不知道。(光你说的这些)哪里就能算得上是仁呢?"

注释

1　令尹：楚国的官职名，相当于北方诸国的国相。子文：是楚国著名的贤相。三仕：三是虚数，多次，几次；仕，做官，担任职务。

2　三已：多次被免职。

3　崔子：指齐国大夫崔杼（zhù）。他把齐庄公杀了。弑（shì）：臣杀死君主或子女杀死父母叫"弑"。

4　陈文子：齐国大夫。

5　违：离别，离开。

导读

孔子不愿以"仁"称许子文与陈文子，可能有两个原因：一、孔子历来不以"仁"轻许人；二、子文的行为可谓尽职尽责，陈文子的行为可谓清洁自爱，不同流合污，但这是个人修养。而"仁"，则是"爱人"，要推己及人，施惠于人，布德泽于天下万物。在这一点上，子文与陈文子尚有差距，至少子张说的这几点，都不是仁的充足条件。

5.20

季文子[1]三思而后行。子闻之，曰："再[2]，斯可矣。"

今译

（人们都说以前的）季文子三思而后行。夫子听到这事，（幽默地）说："考虑两次，就可以了嘛。"

注释

1　季文子：鲁国大夫，姓季孙，名行父。季平子（季孙意如）的祖父。"文"是他死后的谥号。

2　再：再次，第二次。

导读

季文子是一个极其谨慎小心的人，遇事总是反复思量。而季氏家族做大，他居功不小。钱穆说："季文子之为人，于祸福利害，计较过细，故其生平行事，美恶不相掩。"（《论语新解》本章释）故孔子并不赞赏季文子的这个禀性，如钱穆所说，"多思转多私"，祸福利害计较太深，总不能见义勇为。所以，孔子说，再思，可矣。想得太多，人便退缩，长此以往，人便委琐。人一委琐，便不足观。

遇事而思，有两个角度：一是考量其公共正当性，是为思其是非，这样的思，当然越周到越好。一是思量其个人得失，是为思其利害，这样的思，当然是越少越好。孔子此处反对的"三思"，当是反对这后一种思。

此章当与7.11、11.22、15.16参看，方不偏执。

成语　三思而后行

链接　7.11；11.22；15.16

5.21

子曰："宁武子[1]，邦有道，则知[2]；邦无道，则愚[3]。其知可及也，其愚不可及也。"

今译

夫子说："宁武子，在国家有道的时候，就聪明；当国家无道的时候，就愚拙。他的聪明，别人赶得上；他的愚拙，别人可就赶不上了。"

注释

1　宁武子：姓宁，名俞。卫国大夫。"武"，是他死后的谥号。

2　知：同"智"。

3　愚：本义是愚笨。这里指装傻。

导读

一般理解宁武子之"愚",一种如南容"免于刑戮"(5.2)之自保。程子所云:"邦无道能沈晦以免患,故曰不可及也。"(《四书章句集注》引)一种如蘧伯玉"卷而怀之"(15.7)之落落独立。

我以为宁武子既非南容也非蘧伯玉,他高于南容而不及蘧伯玉。首先他当然没有体现出蘧伯玉"独行其道"的人格风范,更多的仍然是依附体制得君行道；其次他也没有"沈晦以免患",乱局中只求自保而推卸责任。他处于两者之间。

朱熹云:"按《春秋传》,武子仕卫,当文公、成公之时。文公有道,而武子无事可见,此其知之可及也。成公无道,至于失国,而武子周旋其间,尽心竭力,不避艰险。凡其所处,皆智巧之士所深避而不肯为者,而能卒保其身以济其君,此其愚之不可及也。"(朱熹《论语集注》)

朱熹之意是：宁武子仕卫,事文公、成公。文公有道,得君行道；成公无道,国家危难,一般明哲保身之聪明人都避险而去,而宁武子不避艰险,为国支撑,若不识时务者。这种担当精神,孔子称人不可及也。朱子此解,最为通达。

成语　愚不可及

链接　5.2；8.13；14.1；15.7

5.22

子在陈¹,曰:"归与！归与！吾党之小子狂简²,斐然成章,不知所以裁³之。"

今译

夫子在陈国时,说:"回去吧!回去吧!我家乡的学生们志向远大而行为粗简,文采斐然可观,我不知道该怎样去裁剪他们呢。"

注释

1 陈:国名,妫(guī)姓。
2 吾党:我的故乡(鲁国)。古代五百家为一党。狂简:狂,指心气很高,志向远大;简,指行为简略而不够圆融。
3 裁:裁剪、指导的意思。

导读

《史记·孔子世家》:鲁"使使召冉求。冉求将行,孔子曰:'鲁人召求,非小用之,将大用之也。'是日,孔子曰:'归乎归乎!吾党之小子狂简,斐然成章,吾不知所以裁之。'"

孔子在陈不顺心,便想念故乡,想念故乡的那一帮朝气蓬勃才华横溢志向远大的学生。或许,裁剪他们,使之成材,才是他的真正使命。

孔子有此一叹时,正值季桓子病死、季康子即位。桓子临死,嘱康子召回孔子,而康子召冉求。孔子得知,故有是叹。

成语   斐然成章

5.23

子曰:"伯夷、叔齐[1]不念旧恶,怨是用希[2]。"

今译

夫子说:"伯夷、叔齐,不记过去的仇怨,怨恨因此就少了。"

注释

1　伯夷、叔齐：是殷朝末年一个小国的国君孤竹君的两个儿子，兄叫伯夷，弟叫叔齐。孤竹君死后，伯夷、叔齐兄弟二人互相让位，谁都不肯做国君。周武王兴兵伐纣时，他们曾拦车马进行劝阻。周灭殷后，他们耻食周粟，隐居在首阳山，采薇为食，终于饿死。

2　是用：即"用是"，因此。希：同"稀"，少。

导读

多有把"怨是用希"增字译成"（别人对他们的）怨恨因此就少了"的。但直接译为"怨恨因此就少了"其实更好。"求仁而得仁，又何怨？"（7.15）

内心中没有怨恨，没有对别人的不满，这是清洁自己的内心，保持内心的平静。怨恨者伤害最多的是自己，内心充满怨恨，会严重影响自己的心理健康和心灵平静，还会影响自己的判断力。

成语　不念旧恶

链接　7.15

5.24

子曰："孰谓微生高¹直？或乞醯²焉，乞诸其邻而与之。"

今译

夫子说："谁说微生高这个人直爽呀？有人向他讨点醋，（他不直言自己没有）却到他的邻居家去要了点醋给人。"

注释

1　微生高：《庄子》《战国策》中有一"尾生高"，鲁国人，以直爽、守信著称。传说他与一女子相约在桥下见面，女子没按时来，尾生高一直在约会处等候。后来，河水暴涨，尾生高不愿离开桥下，抱住桥柱子死守，终被淹死。这个尾生高，可能就是微生高。

2　醯（xī）：醋。

导读

乍一看，微生高这个人还真不错，自己没有，转向邻居家讨来给人。但细一想，就不对了：有就说有，没就说没，何必如此曲意讨好别人？所以，孔子说他不直爽。

做人做事，都不能太刻意，这样会显得太有心机；也不能太曲意，这样会变得很烦琐。长期烦琐，人必委琐。做人干净利索一点，洒脱一点，直率一点，是近乎君子的。

5.25

子曰："巧言、令色、足恭，左丘明[1]耻之，丘亦耻之。匿[2]怨而友其人，左丘明耻之，丘亦耻之。"

今译

夫子说："甜蜜花巧的话语，奉承讨好的脸色，过分矫情的恭敬，左丘明以之为耻，我孔丘也以之为耻。隐藏起怨恨，假装与人友善要好，左丘明以之为耻，我孔丘也以之为耻。"

注释

1　左丘明：春秋时鲁国人，担任过鲁国的太史（朝廷史官），据说《左传》即他所作。

2　匿：隐藏。

导读

巧言、令色、足恭,是人格的萎缩,是自我的奴化。至于"匿怨而友其人",则对人对己,都不公平。怨他,却又要强迫自己与之为友,这不是对自己不公平?与之为友,却又内心怨恨他,这不是对别人不公平?君子不屈己,亦不欺人。

链接 1.3

5.26

颜渊、季路侍[1]。子曰:"盍[2]各言尔志?"子路曰:"愿车马衣裘[3]与朋友共,敝之而无憾。"颜渊曰:"愿无伐[4]善,无施[5]劳。"子路曰:"愿闻子之志。"子曰:"老者安之,朋友信之[6],少者怀之。"

今译

颜渊、子路在孔子身边侍立。夫子说:"何不各自说说你们的志向?"子路说:"愿意把车马皮衣拿出来与朋友共同使用,用坏了也不遗憾。"颜渊说:"愿有善而不夸耀善,愿有功而不表白功。"子路说:"愿意听听老师的志向。"夫子说:"老人安顿他,壮年发展他,少年养育他。"

注释

1 季路:即子路。侍:服侍,在尊长身边站着随时听命。

2 盍(hé):何不。

3 裘:皮衣。

4 伐:夸耀,自夸。

5 施:表白。

6 这里的朋友,不能理解为字面意思,因为前面是老者,后面是少者，所以，中间的"朋友"，应该是"如我们这辈正当时之人"。而此处的"信"，读shēn，意思和读音都与"伸"相同，伸直、舒展，引申为使有作为。《周易·系辞下》："往者屈也，来者信也。"《孟子·告子上》："今有无名之指屈而不信，非疾痛害事也，如有能信之者，则不远秦楚之路，为指之不若人也。"《荀子·天论》："老子有见于诎，无见于信……有诎而无信，则贵贱不分。"信与屈、曲、诎对言，伸也。

导读

子路豪放慷慨，颜渊谦虚恭敬，孔子仁慈博爱。

程子曰："夫子安仁，颜渊不违仁，子路求仁。"

《论语集说》曰："子路求仁者也，故能克其私于衣服车马之间，而欲与朋友共之也；颜子不违仁者也，善不矜己，劳不加人，盖欲物我之靡间也；夫子安仁者也，老者则安之，朋友则信之，少者则怀之，盖欲无物而不得其所也。子路之志，仅能推之于朋友而已；颜子平物我之志，视子路则又宏矣，然亦有待于推也；至吾夫子，物各付物自然之施，则无所事乎推矣。"

5.27

子曰："已矣乎！吾未见能见其过而内自讼[1]者也。"

今译

夫子说："算了吧！我没见过能看到自身的错误而内心自我批评的人。"

注释

1　讼：责备，争辩是非。

导读

自己有错,自己能认识到,还能自己反省与自我批评,能做到这样的,必是大德之人。这样的人,岂是能常常见到的?

链接 4.6；6.3；7.26；7.30；9.18；15.13

5.28

子曰:"十室之邑¹,必有忠信如丘者焉,不如丘之好学也。"

今译

夫子说:"十户人家的小村邑,一定有如同我这样忠信的人,(只是)不如我这样爱好学习啊。"

注释

1 十室:十户人家。"十室之邑",极言其小。

导读

好学,则一切缺点可望改掉,一切不足可望弥补。
孔子之由凡人成为圣人,无他,好学而已。
人,有些优点可以轻松拥有,甚至天赋如此。
唯有好学,需要自家涵养得来。
这就是有成就之人非常少见的原因。

链接 2.4；2.15；5.15；9.19；16.9

雍也第六

6.1

子曰:"雍也可使南面¹。"

今译
夫子说:"冉雍啊,可以让他主持大局。"

注释
1　冉雍,字仲弓。孔子弟子。南面:就是面朝南。古代以坐北朝南为尊位、正位。所以,南面,即掌握大局坐镇一方的意思。

导读
这句话没头没尾,颇突兀。《史记·仲尼弟子列传》记此话的潜台词是:"孔子以仲弓为有德行,曰:'雍也可使南面。'"在孔子弟子中,以德行见长的有四人,冉雍是其一。主持大局,最重要的是价值观和方向感,有德行者才适合。

链接　6.2;6.6

6.2

仲弓问子桑伯子[1]。子曰:"可也,简[2]。"仲弓曰:"居[3]敬而行简,以临[4]其民,不亦可乎?居简而行简,无乃大[5]简乎?"子曰:"雍之言然。"

▎今译

仲弓问子桑伯子这个人怎么样。夫子说:"不错,为人简要。"仲弓说:"心存恭敬,办事简要,用这样的方法去对待人民,不也是可以的吗?(但是如果)心存草率而办事粗简,岂不是太简单化了吗?"夫子说:"你的话是对的。"

▎注释

1 子桑伯子:人名,其身世情况不详。
2 简:简约而不烦琐。
3 居:尽心,存心。
4 临:面临,这里是治理的意思。
5 无乃:岂不是,难道不是。大:同"太"。

▎导读

用简单的办法,把事情做得漂亮,这是最高境界。用简单的办法,敷衍了事,这是不负责任。看起来都是"简",本质却不一样——

简,从做事言:可以简捷;也可以简陋。
简,从做人言:可以简重;也可以简傲。

6.3

哀公问:"弟子孰为好学?"孔子对曰:"有颜回者好学,不迁怒¹，不贰²过。不幸短命死矣。今也则亡³，未闻好学者也。"

今译

鲁哀公问："你的学生中谁是好学的呢？"孔子回答："有一个叫颜回的，很好学，不迁怒，不贰过。不幸短命死了。现在就没有了，没听说有好学的人了。"

注释

1　迁怒：指自己不如意时，对别人发火生气；或受了甲的气，却转移目标拿乙出气。迁：转移。

2　贰：二，再一次，重复。

3　亡：同"无"。

导读

《论语》中"好学"，指纯粹出于对学问的爱好，好学者，好学问也。

学，"吾十有五而志于学"之"学"。如为出仕做官而学，或如今人为考各种证而学，都不是好学，而是好仕好利，或出于不得已。

故孔门之中，唯颜子一人不官不商，只为好学问而归孔子。

成语　不迁怒，不贰过

链接　6.7；9.20；9.21；11.7

6.4

子华¹使于齐，冉子为其母请粟。子曰："与之釜²。"请益³，曰："与之庾⁴。"冉子与之粟五秉⁵。子曰："赤之适齐也，乘肥马，衣轻裘。吾闻之也：君子周急不继⁶富。"

今译

子华被派出使齐国,冉求请求给子华的母亲一些小米。夫子说:"给他一釜。"冉求请求再增加些。夫子说:"那就再给他一庾。"冉求给了他五秉。夫子说:"公西赤到齐国去,乘坐肥马驾的车,身穿又轻又暖的皮衣。我听说过,君子周济急需的人,而不是使人变富。"

注释

1 子华:即公西赤。

2 釜(fǔ):古代容量名。六斗四升为一釜,古量约合今量之半,三斗二升,约是一个人一月的口粮。

3 益:增添,增加。

4 庾(yǔ):古代容量名。一庾合当时二斗四升。

5 秉(bǐng):古代容量名。一秉合十六斛,一斛合十斗。五秉,就是八百斗。

6 周:周济,救济。继:接济,增益。

导读

见6.5。

成语　肥马轻裘

链接　6.5

6.5

原思¹为之²宰,与之粟九百,辞。子曰:"毋³!以与尔邻里乡党⁴乎!"

今译

原思替孔子家做总管，（夫子）给他小米九百斗，（原思）推辞不要。夫子说："不要推辞！把这些送给你邻居和家乡的人们吧！"

注释

1　原思：姓原，名宪，字子思。孔子弟子。孔子在鲁国任司寇时，原思在孔子家做总管（宰）。

2　之：指代孔子。

3　之：指代原思。九百：九百斗。一说，指九百斛，则是九百石。不可确考。毋：不要，勿。

4　邻里乡党：古代以五家为邻，二十五家为里，五百家为党，一万二千五百家为乡。这里泛指原思家乡的父老乡亲。

导读

把这一章和上一章对照看，很有意思。从上一章看，孔子对公西华的母亲，显得很吝啬；而这一章，孔子对原宪的乡里乡亲，却又很大方。理由实际上还是"君子周急不继富"——公西华已经够奢侈的了，他肥马轻裘，难道养不活自己的母亲吗？再说，公西华出使齐国，来回最多也就一个月，母亲在家，即使全靠别人接济，一釜也已足够，冉求竟然给了五秉，太多了。所以孔子语带批评。

而原宪则是出了名的贫困，史载他常常家里揭不开锅，多年也不做一件新衣服。可是原宪推辞他觉得多得的报酬。孔子说，你若嫌多了，就把多余的给你穷困的父老乡亲吧！

这里孔子有两个意思：第一，孔子深知，原宪这样的穷人，一定有很多穷亲戚穷朋友，原宪做官了，他们对他一定有指望，希望得到他的接济。所以，原宪此时一定有来自这方面的压力，孔子多给他一些，就是为了这一部分的支出。此可见孔子体察人性亦体谅人性。第二，不排除孔子也想通过原宪周济一下与原宪一样贫穷的人。此可见孔子布施仁慈而不露痕迹。

> 链接　6.4

6.6

子谓仲弓曰："犁牛之子骍且角¹，虽欲勿用，山川其舍²诸？"

> 今译

夫子谈论仲弓，说："耕牛生的一个小牛犊，长着整齐的红毛和周正的硬角，虽然不想用它（作为祭祀时的祭品），山川之神怎么会舍弃它呢？"

> 注释

1　犁牛：耕牛。骍（xīng）：赤色。角：两角端正。周代崇尚赤色，祭祀用的牛，必须是长着红毛和端正的长角的牛，不能用普通的耕牛来代替。这里用"犁牛之子"比喻冉雍（仲弓）。据说冉雍的父亲是失去贵族身份的"贱人"，品行也不好。孔子认为，就像耕牛所产之子若符合条件，也可作祭祀用的牛一样，冉雍虽然出身不好，但德行才学都好，一定会被重用。

2　山川：指山川之神。其：表示反问的语助词，怎么会，难道，哪能。舍：舍弃。

> 导读

天生我材必有用。

人要担心的，是自己是否有足够的才华。不必太担心是否有机会。天不绝人，虽欲勿用，山川其舍诸？

> 链接　6.1；6.2；6.10

6.7

子曰:"回也,其心三月不违[1]仁,其余则日月至[2]焉而已矣。"

今译

夫子说:"颜回啊,他的心灵长期地不违背仁德,其余的学生么,只能在某些时间偶然想到仁德而已。"

注释

1　三月:泛指较长的时间,长期。违:离开。
2　日月:泛指较短的时间,偶尔。至:到来。

导读

偶尔仁德一两回,偶尔做一两件好事,人人可行。

长期地做好人做好事,心灵永远停留在仁德之境中,便是圣人。

注意两个词:违,离开。至,到来。

不违——不离开,此是安仁。安于仁德,不离仁德。

至——到来,此是欲仁。追求仁德,造访仁德。

不违,是已经安居于仁,不离开,颜渊是也。

至,是偶然到访,随时远离,其余是也。

链接　　6.3;9.20;9.21;11.7

6.8

季康子问:"仲由可使从政也与?"子曰:"由也果,于从政乎何有[1]?"曰:"赐也可使从政也与?"曰:"赐也达,于从政乎何有?"曰:"求也可使从政也与?"曰:"求也艺,于从政乎何有?"

今译

季康子问:"仲由,可以让他治理政事吗?"夫子说:"仲由果断勇敢,对于治理政事有什么问题呢?"(季康子)又问:"端木赐,可以让他治理政事吗?"(夫子)说:"端木赐通达事理,对于治理政事有什么问题呢?"(季康子)又问:"冉求,可以让他治理政事吗?"(夫子)说:"冉求,多才多艺,对于治理政事有什么问题呢?"

注释

1　何有:有何(疑问)。

导读

孔子不愿用"仁"等道德境界来推重他的弟子们,但他自信自己弟子们处理政务的能力,自己带出来的这群弟子,是治国安邦抚民的最佳人才。

链接　5.4;5.8

6.9

季氏使闵子骞为费[1]宰。闵子骞曰:"善为我辞焉!如有复我者,则吾必在汶上[2]矣。"

今译

季氏让闵子骞做费邑的行政长官。闵子骞(对来的人)说:"好好地帮我辞掉吧!如果再来找我,那我一定是在汶河以北(躲着)了。"

注释

1　闵子骞(qiān):姓闵,名损,字子骞。孔子弟子。费:季氏的封邑,在今山东省费县西北。

2　汶（wèn）：今山东省的大汶河。鲁国在汶水以南，齐国在汶水以北。水北为阳，称某水上，一般都是指某水之北。闵子骞说他要在汶上，即是暗示他宁愿逃离鲁国，跑到汶水以北的齐国去，也不愿帮季氏做事。

导读

季氏是鲁国大夫，权势很大，他把持了鲁国大权，连鲁国国君都要听他的，所以孔子很反感季氏。

闵子骞宁愿离开父母之邦（闵子骞是鲁国人），也不愿到季氏那里做官。这既是他自己的原则所在，也是他对老师立场的尊重。

链接　5.6；8.12；11.25

6.10

伯牛有疾[1]，子问之，自牖[2]执其手。曰[3]："亡之，命矣夫！斯人也而有斯疾也！斯人也而有斯疾也！"

今译

伯牛生了病，夫子去探望他，从窗户握着伯牛的手。说："要失去他了，这是命吧！这样的人竟有了这样的病啊！这样的人竟有了这样的病啊！"

注释

1　伯牛：姓冉，名耕，字伯牛。据说他患的是麻风病，为不治之症。

2　牖（yǒu）：窗户。

3　曰：钱穆《论语新解》："此曰字不连上文，孔子既退，有此言。"此提示甚好。

导读

《史记·仲尼弟子列传》说冉耕："孔子以为有德行。"有德的人却偏偏得不到上天的庇护，得此恶疾，奄奄一息。孔子深叹命运无常，悲不自胜，语不择辞。与9.22之"苗而不秀者有矣夫！秀而不实者有矣夫！"同是一叹也。

链接　9.22

6.11

子曰："贤哉，回也！一箪¹食，一瓢饮，在陋巷，人不堪其忧，回也不改其乐。贤哉，回也！"

今译

夫子说："贤德呀，颜回啊！一筒饭，一瓢水，住在陋巷里，别人受不了这种困苦忧愁，颜回却不改他快乐的心情。贤德呀，颜回啊！"

注释

1　箪（dān）：古时盛饭的竹器，圆形。

导读

箪食瓢饮，人不堪其忧者，耻恶衣恶食也；而不改其乐者，士志于道也。箪食瓢饮，乐在何处？不过仁者安仁而已。

注意，孔子用间隔反复的修辞，盛赞的是颜渊之"贤"，而中间所叙，则是颜渊贫中之"乐"。安贫乐道，则乐即是贤也，贤自然乐也。

成语　箪食瓢饮

链接　4.8；4.9；6.7；11.19

6.12

冉求曰:"非不说¹子之道,力不足也。"子曰:"力不足者,中道而废。今女画²。"

| 今译

冉求说:"我并非不喜欢老师的主义,是力量不够啊。"夫子说:"力量不够的话,是走到中途(力量用尽不得已)才放弃停止,可现在你是自己给自己画地为限(不愿前进)。"

| 注释

1 说:同"悦",喜欢,爱慕。
2 画:画线为界,固步自封,裹足不前。

| 导读

孔子不是批评冉求没有实现仁德的目标,而是批评他根本就没把仁德作为目标。做人做事须分清二者:

一、不能者与不为者。冉求此属不为者。其实,做好事需要看能力,做好人无须看能力,有愿力即可。把不具备做某件好事的能力看作不具备做好人的能力,甚至以此作为自己恶行恶德的借口,这是道德卸责。

二、人可以顺应自然做事,但不可顺应本性做人。顺应本性做人,最终一定懈怠急懒,不但成不了圣贤,往往倒成了禽兽。

现实中,很多人把顺应本性做人涂抹为顺应自然做事,文过饰非沾沾自喜,把道德的低下打扮为哲学的高超,这是对道德和哲学的双重出卖。

| 成语　中道而废

| 链接　4.6

6.13

子谓子夏曰:"女为君子儒!无为小人儒[1]!"

▎今译

夫子对子夏说:"你要做君子式的儒者!不要做小人式的儒者!"

▎注释

1　君子儒:指祖述尧舜宪章文武的儒者。小人儒:以六艺为技能而谋生之儒。

▎导读

君子儒者,仁以为己任,以推行大道为使命。
小人儒者,仕以为己求,以追逐名利为目标。
君子儒,担当道义;小人儒,职业儒而已。

▎链接　4.8;4.9;4.11

6.14

子游为武城[1]宰。子曰:"女得人焉耳[2]乎?"曰:"有澹台灭明[3]者,行不由径[4],非公事,未尝至于偃之室也。"

▎今译

子游任武城宰。夫子说:"你在这儿得到什么人才了吗?"(子游)说:"有个名叫澹台灭明的人,走路从来不抄小道,不是为公事,从不到我言偃的居室来。"

▎注释

1　武城:鲁国城邑名。

2 焉耳：犹言"于此"，在这里。

3 澹（tán）台灭明：姓澹台，名灭明，字子羽，武城人。后来成为孔子弟子。

4 径：小路，捷径。子游认为，走路不屑于抄小道，则为人做事也必不肯走邪路。

导读
澹台灭明后来也成了孔子的学生。
"行不由径"后来成了表示为人正直、不走捷径、不走邪道的成语。

成语　行不由径

6.15

子曰："孟之反不伐¹，奔而殿²，将入门，策³其马，曰：'非敢后也，马不进也。'"

今译
夫子说："孟之反不夸耀自己。败退时，他留在最后面御敌，将要进城门时，他鞭打了一下自己的马，说：'不是我勇敢而殿后，是马不肯快跑啊。'"

注释
1 孟之反：《左传》作"孟之侧"。《庄子》作"孟子反"。鲁国大夫。伐：夸耀功劳。

2 奔：败走。殿：殿后，即行军走在最后。鲁哀公十一年（公元前484年），齐国进攻鲁国，鲁迎战，季氏宰冉求所率领的右翼军队溃败。撤退时，孟之反留在最后做掩护。

3　策：鞭打。

导读

有功而不自夸，甚至加以掩饰，这是一种贵族风范。有功不难，有功而不自夸为难。颜渊曰："愿无伐善，无施劳。"（5.26）即此谓也。

链接　5.26

6.16

子曰："不有祝鲍¹之佞，而有宋朝之美²，难乎免于今之世矣。"

今译

夫子说："如果没有祝鲍那样的伶牙俐齿，却有着宋朝那样的俊美容貌，是难以在当今之世免遭灾祸的。"

注释

1　祝鮀（tuó）：姓祝，名鮀，字子鱼，卫国大夫。擅长外交辞令，能言善辩。

2　而：却。宋朝：宋国的公子朝，貌美而多次闹出绯闻，与卫灵公夫人南子有染。

导读

孔子叹时风不好。宋朝之美，以喻美质；祝鮀之佞，以喻巧言。光有美好之德，而无巧言令色，不足以容身于此衰败之世。孔子不是在说人生需要巧言令色，而是在骂衰世只好伶牙俐齿。这是孔子的愤激之辞。

理解本章的关键是，本章不是在说祝鮀和宋朝，只是借此二人说佞巧与美质。祝鮀宋朝，修辞而已。

成语　祝鮀之佞

6.17

子曰:"谁能出不由户?何莫由斯道¹也?"

今译

夫子说:"谁能走出屋外而不经过屋门呢?为何没人走正道呢?"

注释

1 何莫:为什么没有。斯道:这条路,指孔子所指出的仁义之道。

导读

这是孔子的叹息:天下无道久矣。

斯道有两个层次:一、伦理学层次,是价值的正当性,人当归正道;二、方法论层次,是路径的正确性,人当行正道。

成语　出不由户

链接　6.19

6.18

子曰:"质胜文则野¹,文胜质则史²。文质彬彬³,然后君子。"

今译

夫子说:"内在的品质胜过外在的文采,就会过分朴拙;外在的文采胜过内在的品质,就会浮夸虚伪。文采与品质配合恰当,然后才能成为君子。"

注释

1 质:质地,内在的品质、才能等。文:文采,外在的装饰,礼节的修饰和约束。野：朴拙无文。

2　史：掌文书的史官。长期掌文书，则不免过于注重修饰文辞而诚信不足。这里是指像"史"那样过分重视修饰。

3　彬彬：文质兼备融和恰当。

导读
君子有内在的充实，也当有外在的修饰。内心有仁德，行止有规矩。

文明文明，因文而明：美好之内质，以文彰明之。以文明质，是谓"文明"。

大学之道，在明明德。明明德者，文明其美德也。亦是"文明"。

成语　文质彬彬

6.19

子曰："人之生也直[1]，罔[2]之生也幸而免。"

今译
夫子说："人的生存依赖于正直；不正直的人生存，是侥幸避免了祸患。"

注释
1　直：正直。

2　罔（wǎng）：指不正直的人。

导读
正直而合乎正道，是生门。邪曲而走上邪道，是死门。

在生门中生，是常态。在死门中不死，是侥幸。

孔子此语，是事实，更是信念。

就事实言：事实确有如此的一面，比如，不贪腐，即无贪腐被抓之患。

就信念言：如果事实不如此，贪腐而大概率不被抓，甚至不贪腐而被贪腐者排挤打击，则需要这种信念。从世界变坏到人心变坏，就是我们失了这个信念。

此信念在，可以纠正世界的偏差。人心不坏，世界也坏不到哪里去。

此章当与6.17互看。

▎链接　6.17

6.20

子曰："知之者不如好¹之者，好之者不如乐之者。"

▎今译

夫子说："（对事业和学问而言，）掌握它的人不如爱好它的人；爱好它的人不如以它为乐的人。"

▎注释

1　好（hào）：喜爱。

▎导读

为什么有人比我们做得好、学得好？因为他爱好这项事业或学问。

为什么有人比爱好这项事业或学问的人还做得好、学得好？因为他从事业和学习中找到了快乐。

这个"之"是代词，我们可以代入比如知识、技能、职业、爱好等等。

也可以代入"世界"，则：认知世界，不如热爱世界；热爱世界，不如自己在这个世界活出精彩。

当然，孔子的意思，最可能的代入是"道"：认知道，不如热爱道；热爱道，不如与道浑然一体，乐在其中。

好之者，知者利仁；乐之者，仁者安仁！

6.21

子曰："中人以上，可以语¹上也；中人以下，不可以语上也。"

▎今译

夫子说："中人以上，可以告知他高深的道理和学问；中人以下，不可以和他们讲那些高深的道理和学问。"

▎注释

1 语：动词，告诉。

▎导读

人的悟性有深浅，见识有高低。阳春白雪，曲高和寡；对牛弹琴，自找无聊。孔子一生传播知识，宣扬大道。他对此肯定是体会极多，所以，其感慨也极深。

中人以上中人以下，主要是以追求、器量、眼界、胸襟论，非以天赋智商论。若以天赋智商论，则"柴也愚，参也鲁"（11.18），二人岂是中下之人？！

6.22

樊迟问知，子曰："务¹民之义，敬鬼神而远之，可谓知矣。"问仁，曰："仁者先难而后获，可谓仁矣。"

今译

樊迟问怎样才是智慧,夫子说:"致力于引导人民走向'义',尊敬鬼神而又远离它,不迷信,可以说是智慧了。"(樊迟又)问怎样才是"仁",(夫子)说:"仁德的人,首先付出艰苦的努力,然后收获成果,可以说是仁了。"

注释

1 务:从事于,致力于,专力于。如我们常说的"务农",即从事于农业的意思。

导读

既"敬"鬼神,为何又"远之"?因为"敬鬼神",是为了敬一种价值,而"远之",是因为不相信鬼神实有,不必也不能沉迷。不知敬畏神秘力量,是没有信仰;迷信鬼神实有,是缺少理性精神。既有信仰,又有理性,这就叫智慧。

孔子在回答问题时,往往是针对问话者自身的特点或缺点而作答,并不是给事物下定义。像他这里说到的"知"(智慧)、"仁"(仁德),都不是在下定义或做全面阐释,而是针对樊迟的个性弱点,做有针对性的阐释,其目的在于使樊迟认识到自身的不足而有所改正。

成语   敬而远之   先难后获

6.23

子曰:"知者乐水[1],仁者乐山[2]。知者动,仁者静。知者乐,仁者寿。"

今译

夫子说:"智慧的人爱水,仁德的人爱山。智慧的人像水一样活跃,仁德的人像山一样沉静。智慧的人像水一样欢快，仁德的人像山一样长寿。"

注释

1　知者乐水：水流动而不板滞，随物赋形，无所不到，与智者对万物无所不知相似。乐：与下文"乐山"之"乐"，都读yào，意指心中所好。

2　仁者乐山：山巍然屹立而不动摇，生长万物，庇护万物，与仁者博爱众生相似。

导读

孔子在说人的精神品格与自然的相通相近之处。

或者说，孔子是在用大自然的一些特点，来说明人性的优点。

这几句话，看起来是个判断，其实只是描摹。为什么它不是判断？因为这里没有定性定量分析。为什么说它只是描摹？因为它只是对某种生命状态的感知和表达。无是无非，无可无不可，无然无不然。你读这几句，点头称是，它就是了。你说它不是，它哪里不是呢？

说得出这样话的，是通达圆融的圣人。

不拘泥不计较而莫逆于心，如世尊拈花迦叶微笑，也需要我们的觉悟。

成语　智者乐水，仁者乐山　乐山乐水

链接　9.29；14.28

6.24

子曰："齐一变，至于鲁；鲁一变，至于道。"

今译

夫子说:"把齐国变革一下,便达到鲁国的境界;把鲁国变革一下,就能达到先王之道了。"

导读

鲁国的祖先是周公,周公是周代礼乐文化的制定者与践行者。齐国的先祖乃姜尚姜太公。故鲁尚仁信而齐尚功利,鲁崇礼义而齐务夸诈。所以,齐向鲁看齐,乃近于仁义;而鲁国不忘初心,即回归先王之道。

儒家思想产生于齐鲁,故孔子对齐鲁情有独钟。虽然不满其现状,但仍然认为齐鲁是当时诸侯国中相对较有希望的。

链接 5.3

6.25

子曰:"觚不觚,觚哉?觚哉[1]?"

今译

夫子说:"觚不像觚的样子,这是觚吗?这是觚吗?"

注释

1 觚(gū):古代酒具,容量为古制二升(或说三升),量不大,以戒人贪酒。大概孔子时,他见到的觚与古制的样式已有不同,让孔子联想到礼坏乐崩,"君不君,臣不臣,父不父,子不子",所以他大为感慨而不满。

导读

旧制不再,旧礼崩溃。

传统道德受到亵渎,周朝日薄西山——孔子实在有太多的不满和感慨，这一次，他对着一个不像样子的觚，潸然泪下。器具，就是文化啊，是价值观的呈现啊。

此章可与3.17互看。

▎链接　3.17

6.26

宰我问曰："仁者，虽告之曰'井有仁¹焉'，其从之也？"子曰："何为其然也？君子可逝²也，不可陷也；可欺也，不可罔³也。"

▎今译

宰我问道："一个有仁德的人，即使告诉他'井里有仁呢'，他也会入井追随吗？"夫子说："为什么会是那样的呢？君子可以有所追求，但不会因此陷溺；可以被欺骗，却不可能被愚弄。"

▎注释

1　"井有仁"一句，历来费解。有释"仁"为"人"，进而有释为"仁者"，则全句意为"井里掉进一个仁德的人"，这种解释不像话：难道井里掉进一个有仁德的人，仁者才去救；掉进去的若不是一个有仁德的人，或者在没有弄清他是否仁德的人之前，仁者就不去救吗？

钱穆《论语新解》："或本仁下有者字。或说：此仁字当作人。又一说：仁者志在救人，今有一救人机会在井中，即井有仁也。不言人而人可知。又分别井中之人为仁人或恶人，则大可不必。"备考。

其实，这一句可以直译为"如若仁道在井，则君子也入井以追随吗？"这样似乎更直接，意蕴也好。译文从之。

2　逝：赶去。

3　罔：诬罔，愚弄。

导读

朱熹《四书章句集注》曰："宰我信道不笃，而忧为仁之陷害，故有此问。"

宰我之问，意为：求仁而可使自己陷于危险吗？孔子之答，意为：仁者必有智，必有良知照彻，而不可被罔陷。

这段对话的价值还在孔子的"君子可欺"的观点。

有意思的是，孟子竟然也持这种观点。孟子："君子可以欺以其方。"（《孟子·万章上》）就是说，君子可以被人用正当的理由欺骗，用合情合理的骗局欺骗。

合情合理地相信别人，不仅是仁者，也不失为智者。他在被小人欺骗之前，已然站在小人无法企及的高处。

君子不怀疑正当的东西，不质疑合情合理的东西——因为，维护一个社会基本的信任底线，比防范受骗还要重要。

6.27

子曰："君子博学于文，约之以礼，亦可以弗畔[1]矣夫！"

今译

夫子说："君子广泛地学习文献，用礼来约束自己，也就可以不至于背离正道了吧！"

注释

1　畔：同"叛"。背离，违背，背叛。

导读

这一章的关键词是"博"和"约"。博学不易,博学之后能收束检点,收拾得住,更是难得。人生一世,读书,怕文无止泊;立身,怕收拾不住。其实,博多未必是优点,君子多乎哉?不多也!多学而识之,不如一以贯之。博学是为了眼界,约束是为了立身。孔子诫子路曰:"小人穷,斯滥矣。"弗畔之意,即是不滥之诫。不滥弗畔,收束学问,收拾身心,靠的是"礼"。博学于文,兴于诗也;约之以礼,立于礼也。此章可互看9.11。

成语   博文约礼

链接   9.11

6.28

子见南子[1],子路不说[2]。夫子矢[3]之曰:"予所否者[4],天厌之!天厌之!"

今译

夫子见了南子,子路很不高兴。夫子发誓说:"假如我做的是不正当的事,上天厌弃我!上天厌弃我!"

注释

1 南子:卫灵公夫人,行为淫乱,名声不好。她派人召见孔子,孔子虽不愿见她,但因依礼当见,只好去见了南子。

2 说:同"悦"。

3 矢:通"誓"。

4 予所否者:"予",我。"所……者",相当于"假如……的话"。

"否",不对,不正当。

导读

一个道德上的圣人去见了一个风流娘们,实在有些喜剧效果。这出喜剧,司马迁在《史记·孔子世家》中有生动的记录。这里是这出喜剧的尾声:直率忠诚的子路实在想不通——自己这么高尚的老师,怎么会去见一个名声不好的荡妇。于是他就把一副不高兴的脸色给孔子看。孔子心里正虚着呢,但没想到连自己的弟子都怀疑他,他真是跳进黄河也洗不清了!一急,便一点圣人的矜持样也没有了,说又说不清,还越说越不清。他只好指天发誓,请老天爷证明自己的清白。

子路直率可爱,孔子敦厚可亲。

6.29

子曰:"中庸[1]之为德也,其至矣乎!民鲜久矣。"

今译

夫子说:"中庸作为一种道德,是最高尚了!人民缺少它已经很久了。"

注释

1 中:折中,调和,无过无不及,不偏不倚。庸:平常,普通,常规常理。

导读

做事折中调和不偏激,做人平常普通有常识,"致广大而尽精微,极高明而道中庸"(《中庸》),这看似平常,其实极高。

一国之民,若做事不偏激,察物有常识,是何等的人民气质,民族气象!

惜乎! 民鲜久矣!

▌**成语** 中庸之道

6.30

子贡曰:"如有博施于民而能济众,何如? 可谓仁乎?"子曰:"何事于仁! 必也圣乎! 尧舜其犹病[1]诸! 夫仁者,己欲立而立人,己欲达而达人。能近取譬[2],可谓仁之方也已。"

▌**今译**

子贡说:"如果有一个人广泛地给人民施舍而能周济大众,怎么样呢? 可以说是行仁吗?"夫子说:"这哪里是行仁的事呢! 这是圣人有位之人才能做的事啊! 尧、舜也对你说的这些感到为难吧! 行仁么,自己想要有所建树的就也帮助别人建树,自己想要通达的也去帮助别人通达。能从身边切近的事务中发现仁道、实行仁道,可以说是实行仁的方法啊。"

▌**注释**

1 病:忧虑,犯难,感到为难。
2 能近取譬:"近",指身边切近的事实。"譬",此指浅显的事例中包含的深刻道理。

▌**导读**

子贡行商而家财万贯,所以,他能说"博施于民而能济众"的话。

但是,家财万贯也不可能周济天下。人无数,事无限,即便有权位有意愿之尧、舜,也做不到博施广济。所以,孔子说要"能近取譬",

也就是说，要行仁，无须好高骛远，从身边做起，从小事做起，就是实行仁道的途径。

行仁，首先还不是能力问题，而是心愿问题。与孝道一样，"论心不论迹"。把行仁之事说得大了，反而让人无从着手了。

成语　博施济众　能近取譬

链接　4.15；12.2；12.23；15.24

述而第七

7.1

子曰:"述而不作¹,信而好古²,窃比于我老彭³。"

| 今译

夫子说:"传述而不自作,尊信并喜爱古代,我把自己比作我的老彭。"

| 注释

1 述:传述,阐述。作:独创,自作,妄作。

2 信:一般译为"相信",疑不确,我译为"尊信",即以"尊崇而诚信"的态度对待古代文化,客观公正,秉笔实录,不因个人的好恶而增删。

3 窃:私下,私自。老彭:指彭祖。"老彭"前加"我",表示孔子对"老彭"的尊敬与亲切,如同说"我的老彭"。一说,"老彭"指老子和彭祖两个人。

| 导读

这两句话还可以交叉理解:因信而述,好古不作。因为尊信,所以诚信传述;因为好古,所以不自作主张。"不作",不仅有自谦自抑,还有以诚待古之虔诚在。

孔子把自己当作古代文化的传承者，所以他说他在"述"。但实际上，他还是文化的开创者，所以他决非"不作"。"不作"只是孔子面对伟大古代文化时的谦虚和虔诚。他如同这种池子：上面的水都流进他这个池子，而下面的水又都从他这个池子流出。柳诒徵《中国文化史·孔子》："孔子者，中国文化之中心也。无孔子则无中国文化。自孔子以前数千年之文化，赖孔子而传；自孔子以后数千年之文化，赖孔子而开。"

成语　述而不作　信而好古

7.2

子曰："默而识¹之，学而不厌²，诲人不倦，何有于我哉³？"

今译

夫子说："默默地记住所见所闻所学的知识，学习而永不满足，教导别人而不知倦怠，（这三方面）对我有什么困难呢？"

注释

1　识（zhì）：牢记，记住。

2　厌：通"餍"。本义是饱食。引申为满足，厌烦。

3　一般译者，先认定这是孔子的谦虚之辞，所以，都译为"这几条我做到了哪些呢？"但《论语》中的"何有"，都是"不难"之辞，如6.8中连续三个"何有"都是"不难"之意，且7.34中孔子明确说自己做到了"为之不厌，诲人不倦"，所以，我还是将它译如上。事实上，孔子在道德修养的境界及学习所得的成果上，确是谦虚的；但他对自己学习的态度、刻苦的程度及为师的敬业上，倒是客观的，并不刻意自谦的。

导读

"默而识之",即是指对知识的默记。知识的积累往往就在这种不言不语的默记中,常年坚持不言不语的默记,就会有不知不觉的收获。这"默而识之"的,还不仅指书本知识,而是泛指,甚至更主要是指在日常生活中随机的对各种碰到的知识的默记。这是讲学习的方法。

"学而不厌",不懈学习而不觉厌烦,这是说学习的态度与毅力,更是说乐之好之。乐之好之,当然不厌。

"诲人不倦",教导学生而不知疲倦,这是讲为师之道。诲人者,传道也。诲人不倦,即"居之无倦,行之以忠"(12.14)。

成语 默而识之 学而不厌 诲人不倦

链接 7.33;7.34;12.14

7.3

子曰:"德之不修,学之不讲,闻义不能徙[1],不善不能改,是吾忧也。"

今译

夫子说:"品德没有修养好,学问没有讲习透,听到义不能跟从,缺点错误不能改正,这些都是(或译才是)我所忧虑的啊!"

注释

1 徙(xǐ):本义是迁移。这里指改变自己而跟从之。

导读

孔子忧"德之不修,学之不讲",其结果定是德可修,学可进。孔子忧"闻义不能徙,不善不能改",最后也定会从义而向善。一个人追求什么，并坚持下去，定会或多或少得到什么。

《论语》无"苦"字，却有15个"忧"字。盖"苦"，是对生活的被动承受与感受；而"忧"，则往往是主动承揽与担当。于是，你是什么，你便忧什么；你忧什么，也最终决定你会成为什么。忧无聊之事，便是无聊之人；忧琐屑之事，便是琐屑之人；忧小巧之事怀土怀惠，便是小人；忧恶衣恶食，便是未足与议之人；忧无关紧要之事，便是无关紧要之人。而孔子，忧学忧德忧不善不义，便成圣人。

| 链接　7.4；7.19

7.4

子之燕居[1]，申申如也[2]，夭夭[3]如也。

| 今译

夫子在家闲居，齐整而安详，和悦而愉快。

| 注释

1　燕居：闲暇无事的安居。
2　申申：齐整安详的样子。如也：像是……的样子。
3　夭夭：和悦愉快的样子。

| 导读

孔子心中有天下事，孔子心中又无纤芥事。
上一章讲孔子之忧，这一章又讲孔子无忧。
君子坦荡荡，心宽而体胖。

| 链接　7.3；7.19；7.38

7.5

子曰:"甚矣！吾衰也！久矣！吾不复梦见周公[1]！"

今译

夫子说:"太糟了！我老了！好久了！我没再梦见周公了！"

注释

1　周公：姓姬，名旦。周文王（姬昌）的儿子，周武王（姬发）的弟弟，周成王（姬诵）的叔叔，西周王朝礼乐的制定者，鲁国的始祖。

导读

"天下之无道也久矣"（3.24），"上失其道，民散久矣"（19.19），"中庸之为德也，……民鲜久矣"（6.29），而"丘之祷久矣"（7.35）。故，衰者，世道衰微也；衰者，亦己力衰竭也。然，不梦周公，是体力衰竭；叹恨不梦周公，则心力犹壮。终身心中有周公，吾们于此见孔子之志；衰而叹不梦周公，吾们于此见孔子志之坚韧，老而不辍也。

链接　3.24；6.29；7.35；19.19

7.6

子曰:"志于道，据[1]于德，依于仁，游于艺[2]。"

今译

夫子说:"托志于道，安命于德，寓心于仁，游身于艺。"

注释

1　据：立身依据。

2　游：在玩习中陶冶的意思。艺：六艺，指礼（礼节），乐（音乐），射（射箭），御（驾车），书（听说读写），数（算术）。孔子用这六个方面的知识技艺来培养教授学生。

导读

道德与艺术的人生。美与善的人生。

道德而又自由的人生。高尚而又逍遥的人生。

本章所列道德仁艺，以及其次序，乃中国人安身立命之本。则中国人安身立命之生命依据，既不在神仙，也不在皇帝，更不在权势财富，而在自家的道德仁艺。道德仁艺，不仅给我们形上的寄托，还给我们形下的安顿。

读这样的话，第一要从有字处读，知道我们的人生依据是什么。

第二要从无字处读，知道我们的人生依据不是什么。

链接　8.8

7.7

子曰："自行束脩以上¹，吾未尝²无诲焉。"

今译

夫子说："自己主动送来贽礼就比如这十条干肉以上的，我从来没有不教诲的。"

注释

1　自行：自己主动去做。脩（xiū）：干肉。束脩，是捆在一起的一束干肉。每束十条。古代人们常用来作为见面的薄礼。以上：自此而上。

2　未尝：未曾，从来没有。

导读

束脩并非孔子规定的礼物,更不是学费(无论礼物还是学费,孔子都不可能规定只收干肉)。孔子可能当时正好看到有人带来一束干肉,指以为例说明自己对诚心求学者不吝教诲而已。孔子的办学经费并非来自学费,而是来自赞助,来自诸侯(如鲁昭公、卫灵公)、大夫(如季氏)等贵族甚至包括富有的学生(如子贡)的赞助。

束脩后来成为学生拜见老师所带薄礼的专有名词。

链接 15.39

7.8

子曰:"不愤[1]不启,不悱[2]不发。举一隅不以三隅反[3],则不复也。"

今译

夫子说:"不到他苦思冥想而仍领会不了的时候,不去开导他;不到他内心有所表达而又不会表述的时候,不去启发他。(如同案几,)告诉他一个角,他不能因此推知另外三个角,便不去教他了。"

注释

1 愤:苦思冥想而不得的样子。

2 悱(fěi):急于表达而说不出的样子。

3 隅(yú):角落,角。举一反三,比喻从已知的一点,去推知更多的知识。

导读

古希腊哲学家柏拉图有一个著名的"催生婆"理论:老师不是把

知识由外向内向学生灌输，而只是启发学生，让他们把自己内心中已发生的感知和认知表达出来。这就如一个催生婆，孩子是产妇肚里有的，而不是催生婆的。催生婆的职责是把产妇肚子中已有的孩子催生出来。

孔子有教无类并诲人不倦，这个"不复"，不是不教，而是等待。等待也是教：教他学会自己思考。《孟子·告子下》："教亦多术矣，予不屑之教诲也者，是亦教诲之而已矣。"

本章可与17.20互看。

成语 不愤不启 不悱不发 举一反三

链接 17.20

7.9

子食于有丧者之侧，未尝饱也。

今译

夫子在有丧事的人旁边吃饭，未曾吃饱过。

导读

此章与下一章（7.10）可见孔子的慈悲之心。我们换一个角度思考一下：假如在一个或一群悲伤的人旁边，我们大吃大喝，旁若无人，我们顾及别人的感受了吗？对别人的不幸和悲伤感同身受，是一个人内心仁德的基本特征之一。

链接 7.10；9.10；《乡党第十》篇

7.10

子于是日哭，则不歌。

今译

孔子在那一天吊丧哭泣过，就不再唱歌了。

导读

这种行为，是出自孔子内心的慈悲，也是一种礼节。实际上，所有的礼节以及由此而约定俗成的礼仪，其内在根据，就是对他人的尊重，对他人处境的理解，以及与周围环境的和谐。

链接　7.9；9.10

7.11

子谓颜渊曰："用之则行，舍¹之则藏，唯我与尔有是夫！"子路曰："子行²三军，则谁与³？"子曰："暴虎冯河⁴，死而无悔者，吾不与也。必也临事而惧，好谋而成者也。"

今译

夫子对颜渊说："用我，则行道于世；不用我，则藏道于身。只有我和你能够做到这样吧！"子路说："老师您如果统帅三军（去作战），那么，您要谁去帮您呢？"夫子说："下车无依打老虎，弃船无凭蹚过河，死了都不知后悔的莽撞人，我不和他在一起。（我要他帮忙的人）必须是遇事知道害怕而谨慎，善于谋划而最后把事情做成的人。"

注释

1　舍：不用，舍弃。

2　行：古代"行"字语义丰富，用法很活。这里犹言指挥，统帅。

3　与：在一起，共事。

4　暴虎冯河：一说徒手搏虎叫"暴虎"。一说"暴虎"谓下车搏虎，无所凭依。此说与"冯河"之不依赖船只对应，似更允当。徒步过河叫"冯（píng）河"。比喻那种有勇无谋，冒险行事，而往往导致失败的人。

导读

"用之则行，舍之则藏"当从两个层次理解。

第一，显示出一种潇散的道家风范。君子处世，当然求用，但不可求之时，当有一种掉头不顾的洒脱。否则，孜孜以求，执着窒碍，吃相难看，气质不好。

第二，藏，是收敛，是不在其位不谋其政；也是藏智藏才藏主义，甚至是藏自己，藏德藏名藏行迹。人生在世，当有所用有所藏。朱熹说："若他人，用之则无可行，舍之则无可藏。唯孔子与颜渊，先有此事业在己分内，若用之，则见成将出来行；舍之，则藏了。它人岂有是哉！"（《朱子语类》卷三十四《论语十六·述而篇》）

此章，孔子用"用行舍藏"夸颜渊，用"临事而惧"望子路，皆用心拳拳，师爱昭昭也。

此章也颇有现场感。孔子老是夸奖颜渊，还常常顺便埋汰其他弟子，在孔子，当然是以此警诫二三子；在其他弟子，当然也已经习以为常。但子路是大师兄，脸上挂不住，又耿直，一听孔子这话，就说："那您若是要带兵打仗，要谁去帮衬您？"他的意思呢，也就是要老师一个表扬，讨一个面子。假如孔子顺着他，给他一个顺水人情，说："行军打仗么，当然要带你啦！"子路也就一定心满意足了。但孔子就是不给他满足，不给他面子，反而给他一顿抢白：像你这样匹夫之勇，死都不知道怎么死的，谁稀罕你！

看孔门师徒斗嘴,很有意思。然孔门中只有子路一人敢尔。

成语 用行舍藏 暴虎冯河 死而无悔 临事而惧 好谋而成

链接 11.2;15.16

7.12

子曰:"富而可求也,虽执鞭之士[1],吾亦为之。如不可求,从吾所好。"

今译

夫子说:"财富如果是可以求得的,就是去当一名手拿皮鞭的市场守门卒,我也干了。如果不可求,我还是做我所爱好的事。"

注释

1 执鞭之士:当时有两种人拿皮鞭:一种是市场的守门人,执鞭以维持秩序;一种是为天子、诸侯外出时执鞭开路、让行人让道的差役。孔子这里讲的是求财,应为市场守门人。

导读

"可求"与"不可求",不是从能力上着眼,而是从职责上着眼。比如一个人做了官,从能力上讲,他可以求富,做官还可以成为他求富的方便之门。但从职责上讲,官之职责在于服务于国家国民,而不能用于求自己的富贵。

而孔子,"十有五而志于学",他选择了将传承文化作为自己的使命。有了这样的使命,财富当然就"不可求"了。

链接 4.5;7.16;15.9;19.1

7.13

子之所慎,齐¹、战²、疾³。

今译

夫子小心谨慎对待的事情是:斋戒、战争、疾病。

注释

1 齐:同"斋"。古代在祭祀之前,必要有一番身心清洁的工夫,比如不喝酒,不吃荤,不与妻妾同房,沐浴净身,等等。

2 战:战争。

3 疾:疾病。

导读

祭祀必要恭敬,身心不洁肮脏,怎能说得上恭敬?所以要严格地斋戒。

战争关系国家兴亡,人民死伤。老子说:"兵者不祥之器,非君子之器,圣人不得已而用之。"战争,就是一件屠杀天下生灵的凶器。手里拿着这样的凶器,怎能不慎?

疾病,关系一个人的生死,怎能不慎?孔子生病,不随便吃药。别人送来的药,他更是不随便吃。爱惜自己的生命,推广到爱惜别人的生命,这也就是仁了。

斋,是对神灵的敬畏;战,是对生灵的敬畏;疾,是对自己生命的敬畏。

7.14

子在齐,闻《韶》,三月不知肉味,曰:"不图为乐之至于斯也。"

今译

夫子在齐国听到《韶》乐,陶醉得三个月都吃不出肉的滋味,说:"没想到欣赏音乐竟然能达到这么迷人的境界。"

导读

一个人是否懂艺术,一个重要的指标,是看他是否能被艺术感动、陶醉。相反,假如一个人有很多音乐知识,但却从不被音乐感动,他其实是不懂音乐的。

《世说新语》中载有一个叫桓子野的人:"每闻清歌,辄唤奈何?!"这个桓子野每次听到动人的音乐,便只能感慨万端地说两个字:奈何?!他被感动得无话可说,无可奈何。这"奈何"两个字,就能证明他懂音乐。

在他之前,还有一个人被音乐感动得无可奈何,那就是孔子。

听了一曲《韶》乐,三月不知肉味。真是深陷其境而不能自拔啊!

如此热爱艺术并被艺术陶醉感动的人,怎么可能是一个不苟言笑严肃得可怕的人呢?他是一个时时流露真性情的可亲可爱的人啊。

成语　　三月不知肉味

链接　　7.32;8.8;8.15

7.15

冉有曰:"夫子为卫君[1]乎?"子贡曰:"诺[2],吾将问之。"入曰:"伯夷、叔齐何人也?"曰:"古之贤人也。"曰:"怨乎?"曰:"求仁而得仁,又何怨?"出曰:"夫子不为也。"

今译

冉有问道:"夫子赞成卫君吗?"子贡说:"嗯,我去问问他。"(子贡)

进屋去问（孔子）："伯夷、叔齐是什么样的人呢？"（夫子）说："古代的贤人啊。"（子贡）问："（他们）有怨恨吗？"（夫子）说："他们追求仁德而得到了仁德，还有什么怨恨呢？"（子贡）走出屋来（对冉有）说："老师不赞成（卫君）。"

注释

1 为：赞成，帮助。卫君：指卫灵公的孙子卫出公，姓蒯（kuǎi），名辄（zhé）。他的父亲蒯聩，是灵公所立的世子，谋杀卫灵公的夫人南子未成，被灵公驱逐，逃到了晋国。卫灵公死后，蒯辄被立为国君。这时，晋国的赵简子率军又把蒯聩送回卫国，形成父亲同儿子争夺君位的局面。

2 诺：应答声。

导读

蒯聩、蒯辄父子争位，与古代伯夷、叔齐两兄弟互相让位，形成鲜明的对比。孔子赞扬伯夷、叔齐的"礼让为国"，自然就不赞成蒯聩、蒯辄父子争位了。

成语　求仁得仁

7.16

子曰："饭¹疏食，饮水，曲肱而枕之，乐亦在其中矣。不义而富且贵，于我如浮云。"

今译

夫子说："吃粗粮，喝冷水，弯起胳膊当枕头，乐趣就在其中了。用不义的手段得到的富与贵，对于我如同浮云。"

注释

1　饭：作动词，吃。

导读

真正幸福的生活都是简单、单纯的。物质的简朴正好减轻了精神的负担，使之轻松自如。

那些愿意在简朴的物质条件中生活的人，才能真正体验到生活的快乐与丰富。不义而富且贵——一个"不义"，做贼心虚和道德上的自责，会把我们的心境破坏殆尽。

这一段说得极高尚而极优美，极感性而极哲学。

成语　饮水曲肱　乐在其中　富贵浮云

链接　4.5；7.12；15.9；19.1

7.17

子曰："加¹我数年，五十以学，亦²可以无大过矣。"

今译

夫子说："再增加我几年寿命，学到五十岁，也就可以没有大的错误了。"

注释

1　加：增添，增加。

2　钱穆先生《论语新解》此章下："此亦字古文《论语》作易，指《周易》，连上句读。然何以读《易》始可无过，又何必五十始学《易》。孔子常以诗书礼乐教，何以独不以《易》教，此等皆当另作详解。今从《鲁论》作亦。"当从。

导读

学习，是为了认知世界，更是为了认知自己，减少自己的过错：事实认知上的过错和价值认同上的过错。夫子所谓"无大过"者，价值判断无大过也。

7.18

子所雅言[1]，《诗》《书》、执礼，皆雅言也。

今译

夫子所讲雅言的地方，读《诗》，读《尚书》，主持礼仪时，都用雅言。

注释

1　雅言：相对于各地方方言而言，如同今日的普通话。西周的政治中心在今陕西地区，该地区的语言即为西周官方语言，叫"雅言"。平时讲话，孔子用的可能是鲁国的地方方言，但在诵《诗》《书》和行礼（主持仪礼，当司仪）时，则用雅言。

导读

孔子鲁人，日常说话当是鲁方言，但读经讲经，或在官方场合，必用雅言，这是对文化的尊重，是为人的庄重，也是对政治权威的认同：天下一家的理想，就在这雅言之中。

7.19

叶公[1]问孔子于子路，子路不对[2]。子曰："女奚[3]不曰：其为人也，发愤忘食，乐以忘忧，不知老之将至云尔[4]。"

今译

叶公向子路问孔子是什么样的人,子路不回答。夫子说:"你为什么不说:他的为人啊,发愤忘食,乐以忘忧,不知老之将至,如此而已。"

注释

1　叶(shè)公:姓沈,名诸梁,字子高,楚国大夫。他的封邑在叶城(今河南省叶县南三十里有古叶城),故称叶公。

2　不对:不回答。对,应答之意。

3　女:同"汝"。奚:何,为什么。

4　云尔:如此而已,罢了。

导读

这是孔子对自己的描述,从中可见孔子的艺术人格。

作为大思想家,一个有着终极关怀的哲人,他是忧患深广的。

但作为一个日常的人,他又无时不是快乐的(参7.4)。

乐观、开朗、幽默、风趣、和蔼、平等——和这样的人在一起,就叫"如坐春风"吧。

发愤忘食:人做事,敷衍了事之外,尚有三种着力的境界——尽力、努力和竭力。尽力者,职业感;努力者,责任感;竭力者,使命感。孔子发愤乃至忘食,乃是竭力于自家使命者。

乐以忘忧:忘忧与"仁者不忧"之"不忧",都不是"无忧",忧国忧民忧天下,岂能无忧?所以,忘忧,不忧,只是对"忧"的超越。

不知老之将至:古人五十为老,孔子此时已老。是孔子不仅超越忧患,还超越有时而尽的年寿。

成语　发愤忘食　乐以忘忧　不知老之将至

链接　6.23;7.3;7.4;7.37;9.29;14.28

7.20

子曰:"我非生而知之者,好古,敏以求之者也。"

今译

夫子说:"我不是生下来就懂得知识的人,而是爱好古代文化,勤奋地追求知识的人。"

导读

孔子告诉我们他为什么有那么多的知识:

一、好学;二、勤学。

如此而已。岂有他哉?

成语　生而知之

链接　7.1;9.15

7.21

子不语怪、力、乱、神。

今译

夫子不谈论怪异、勇力、悖乱、神奇之事。

导读

一切非常态的东西,孔子都不谈。孔子只要我们懂常识。

一切太玄妙太神秘缺乏根据的东西,孔子也不谈。孔子要我们有理性。

孔子担心侈谈这类东西,会让人走火入魔,不仅胡说八道,还会胡作非为。

侈谈这类东西的结果是：不相信自己的命运由自我的德行决定，反而把它付之于一些不可知的东西。这不仅是道德卸责，还会引起道德堕落。所以——孔子讨论常态的东西而不谈变异的东西——常态的东西是普遍适用的知识，我们必须掌握；变异的东西只是特例，不具备知识的普遍性。

孔子只谈论人的品德而不谈论人的勇力——德行是根本的，可以养成的，是决定一个人价值的关键。勇力是末节的，且往往是天生的，与一个人的最终价值关系不大。

孔子谈论合理的东西而不谈论混乱有悖常理的东西——合理的东西是我们判断的依据和前提，是我们一切知识的基础。有悖常理的东西虽然在某时、某地偶然存在，但恰恰是反知识反常识的，过多地谈这些东西会损害我们的正常思维。

孔子谈论人力而不谈神奇——人的品行、行为、意向决定人的命运，而不是所谓的神奇、神力。人力实在而决定权在己；鬼神玄虚、无实据而决定权在他——不仅与人之幸福互不关涉，相信神力，还有碍人类的道德自我提升。

知道该相信什么，不相信什么，这也是智慧，甚至，是智慧的起源。

▎**成语**　怪力乱神

7.22

子曰："三人行，必有我师焉。择其善者而从之，其不善者而改之。"

▎**今译**

夫子说："三个人在一起走路，其中必定有可以为我师法的人。选择其中比我强的人跟他学习,对其中比我差的人就(反省自己是否有类似的毛病)加以改正。"

导读

见4.17。

成语　三人行,必有我师　择善而从

链接　4.1；4.17；16.11

7.23

子曰:"天生德于予,桓魋¹其如予何?"

今译

夫子说:"天在我身上生了仁德,桓魋能把我怎么样?"

注释

1　桓魋(tuí):宋国的司马(主管军事行政的长官)。本名向魋,因是宋桓公的后裔,又称桓魋。公元前492年,孔子周游列国,从卫国去陈国时,经过宋国,桓魋率兵来阻拦。当时,孔子正在大树下同弟子们演习周礼,桓魋砍掉大树,扬言要杀孔子。孔子离开时,弟子们催促他快些走,他在途中说了这番话(见《史记·孔子世家》)。

导读

知者不惑,仁者不忧,勇者不惧。
身负天命者,自有天相;天赋仁德者,自有天佑。
此章当与9.5同看。

链接　9.5；9.29；14.35；14.36；14.39

7.24

子曰:"二三子以我为隐乎?吾无隐乎尔。吾无行而不与二三子者,是丘也。"

今译

夫子说:"诸位以为我有什么隐瞒吗?我没有什么隐瞒啊。我没有什么行为不是同你们在一起的,那就是我呀!"

导读

孔子的话有两层意思:一、圣人的思想、品德,就体现在他的日常平凡生活中,看他如何为人处世办事。学问自在其中,何必拘泥于"言传"?二、圣人一举一动,莫非示范于人,聪明人自可从中领会,此即"身教"。

链接 7.25

7.25

子以四教:文、行、忠、信。

今译

夫子从四个方面教育学生:历史文献的学习、自身行为的示范、对人的忠诚、做人的信义。

导读

孔子教育学生,既有文献的学习,更有自身的行为示范,以及在自己日常行为中处处体现出来的忠诚与信义(参7.24导读)。

链接 7.24

7.26

子曰:"圣人,吾不得而见之矣,得见君子者斯[1]可矣。"子曰:"善人,吾不得而见之矣,得见有恒[2]者斯可矣。亡而为有,虚而为盈,约而为泰[3],难乎有恒矣。"

今译

夫子说:"圣人,我不能见到了,能看到君子就可以了。"夫子说:"善人,我不能见到了,能看到有节操的人,就可以了。没有却装有,虚亏装充实,穷困装奢华,这样的人,难以保持节操了。"

注释

1 斯:就,乃,则。

2 恒:此指固定不变的操守。

3 亡:同"无"。盈:丰满,充实。约:穷困。泰:《玉篇》:"泰,侈也。"

导读

孔子这儿感慨的,是他的寂寞,是他的无友。世间总是君子少而小人多,俗人众而廉士寡。所以,曲子高了和者寡,境界高了同道少。大德之人,必大孤独。

有恒者:有恒之事,须要两方面的价值:一、事有恒之价值;二、人有恒之心性。有些事,不过煞有介事,琐事杂事,于事业于心性无益,这种事,多一事不如少一事;有价值的事,才值得做,甚至做成事业,这就需要做事的人有恒的心性。

7.27

子钓而不纲[1],弋不射宿[2]。

今译

夫子只用竹竿钓鱼,而不用网捕鱼;只射飞着的鸟,不射夜宿的鸟。

注释

1　纲:本义是提网的长绳,这里指用网捕鱼。
2　弋(yì):系有绳子的箭,用来射鸟。宿:指夜宿的鸟。

导读

圣人以人道推及鸟兽之道,爱人而及物,所谓"恩及于禽兽"(孟子语)也。

钓鱼,是鱼儿主动上钩。且所钓之鱼,总是有限。

网鱼,是鱼别无选择而置之死地。且往往是一网打尽,赶尽杀绝。

射飞着的鸟,是给鸟以逃生的机会。

射夜宿的鸟,则是出其不意。于鸟而言,没有逃生的机会;于人而言,机心尤其歹毒。

人类为自己的生存,不可能不杀生。

但人类有灵魂,有爱心,杀生要有其道,要有节制,有游戏规则。尤其不能在滥杀、虐杀中培育恶的种子。人类性情中的残忍,往往是在被虐杀的动物的鲜血中汲取营养的。因此,反对虐杀,既是保护相对于人类显得弱小无助的动物,也是保护人类灵魂的善。

商汤网开三面(亦作网开一面),孔子钓而不纲、弋不射宿,这正是我们祖先体现人类博爱精神的典范。

其实,今天的危机,最严重的,还不是物种的灭绝,而是来自伟大传统的某些人类精神、灵魂的消亡。那种"民吾同胞,物吾与也"的伟大博爱,在今天浮躁功利至上的社会里,还有多少人拥有?

成语　弋不射宿

7.28

子曰:"盖有不知而作¹之者,我无是也。多闻,择其善者而从之;多见而识之,知之次²也。"

今译

夫子说:"有一种自己还没搞明白就创作学说的人,我没有这种毛病。(什么叫知呢?)多听,选择其中好的去跟随(,这是最高的知);多看并记在心里,这是次一等的知了。"

注释

1 作:"述而不作"之"作"。"述而不作",是既已知之尚且不作,何论"不知而作"。

2 知之次:次一等的知。

导读

多闻,是多听不同观点和意见;择,是判断而后选择。这是"耳顺"。多闻择善,需要的是价值判断力。

多见,是多看事实与现象;识之,是"多学而识之"(15.3),需要的是对知识的记忆力。

就学问而言,价值第一,知识其次;学习也好,教育也罢,其核心价值,乃是完善自我,然后才是认识世界。

就能力而言,判断力优先,记忆力次之。孟子说"是非之心,智之端也",则智慧的核心是判断是非而非认知事实。

所以,多闻择善,因有判断抉择,故是上一等的智;多见而识,因囫囵吞枣细大不捐,是次一等的知。

次一等不是不需要,也不是不重要,是相比较之下,有轻重缓急。

> **成语**　择善而从

> **链接**　2.17；7.1；7.29

7.29

互乡¹难与言。童子见，门人惑。子曰："与²其进也，不与其退也，唯何甚？人洁己以进，与其洁也，不保³其往也。"

> **今译**
> 互乡这个地方的人很难与他们讲道理。一个童子却受到孔子的接见，弟子们都疑惑不解。夫子说："我们要赞许他的进步，不赞成他的后退，何必做得太过分？人家清洁自己以求进步，就要赞许他的清洁，而不要老盯着他以往的行为。"

> **注释**
> 1　互乡：地名。现在已不可确知是什么地方。
> 2　与：赞许，赞成，肯定。下同。
> 3　保：守。引申为追究，纠缠，盯着。

> **导读**
> 肯定并鼓励人现在的进步，不纠缠人过去的错误，这是圣人胸怀的一种表现。

7.30

子曰："仁远乎哉？我欲仁，斯仁至矣。"

今译

夫子说:"仁离我们远吗?我想要仁,仁就来了。"

导读

行善也就是一念之间的事。

一念为善,则为善人。

一念为恶,则为恶人。

链接 4.4；4.6；9.31

7.31

陈司败¹问:"昭公知礼乎?"孔子曰:"知礼。"孔子退,揖巫马期²而进之,曰:"吾闻君子不党,君子亦党乎?君取³于吴为同姓,谓之吴孟子⁴。君而知礼,孰不知礼?"巫马期以告。子曰:"丘也幸,苟有过,人必知之。"

今译

陈司败问孔子:"鲁昭公知礼吗?"孔子说:"知礼。"孔子走了。(陈司败)向巫马期作了个揖,让他走到跟前,说:"我听说君子是不偏袒别人的,难道君子也偏袒别人吗?鲁君从吴国娶的夫人是同姓,(为了遮丑,不敢叫她真姓名,只好)称她为'吴孟子'。鲁君如果知礼,谁不知礼呢?"巫马期把这些话告诉孔子。夫子说:"我真幸运,假如有过错,人家一定会知道。"

注释

1 陈司败:司败,一说是官名,一说是人名。

2 揖:拱手行礼,作揖。巫马期:姓巫马,名施,字子期。孔弟子。

3 取：同"娶"。

4 吴孟子：鲁昭公夫人。春秋时，国君夫人的称号，一般是用她出生的国名加上她的姓。吴孟子姓姬，便应称"吴姬"。但是，吴国与鲁国都是姬姓（吴国是周文王的伯父太伯的后代，鲁国是周文王的儿子周公姬旦的后代），按照周礼的规定，同姓是不能通婚的。为了掩人耳目，鲁昭公不称她为"吴姬"，而称"吴孟子"（"孟子"可能是昭公夫人的字，见《左传·哀公十二年》）。所以陈司败批评指责鲁昭公"君而知礼，孰不知礼"。

导读

鲁昭公娶同姓之女，显然是违背周礼的。但孔子却说他"知礼"，让陈司败抓住把柄，揶揄了一番。

孔子为何说鲁昭公知礼？我的理解是：

在对别国的官员谈到自己国家已故国君的不足时，适当的遮掩和维护，本来就是礼的一部分；

在面对自己恩人（鲁昭公曾两次帮助过孔子）的缺点被人指责时，有出于感恩的掩饰和保护；

在面对一个人无损于他人的缺点和失礼时，有出于宽容的遮掩和爱护。

很多时候，不管不顾地说出事实，显示你的方正，并不难。难在，作为一个有血有肉有爱有恨的人，这个世界有很多你需要管顾、需要呵护、需要珍惜的东西。

面对艰难的世道和脆弱的人性，不惜牺牲自己的声誉，给他人以慈悲宽容，这才是大慈大悲的情怀！

一己的羽毛，显示的是自己的皓皓之白，君子当然加意维护。

但是，当情境需要我们用自己的羽毛去覆盖和遮护他人血污斑斑的伤口时，一己的羽毛，又有什么不可以污秽！

再看看这位"吴孟子"的遭遇。

鲁昭公二十五年（公元前517年）被"三桓"赶出国门，先奔齐，再逃晋，流亡在外八年后，于公元前510年死在晋国乾侯（今河北成安县，亦言河北魏县）。这八年，吴孟子留在鲁国，茕茕孑立顾影自怜。昭公死后，虽然贵为君夫人，但因为丈夫与"三桓"的生死之仇，她在鲁国的境遇其实是哀哀无告人命危浅。她孤苦伶仃青灯自照三十四年后，才于哀公十二年（公元前483年）去世。死后，当权的季康子（季孙肥）既不讣告诸侯，也不返哭祖庙，竟然不行丧君夫人之礼。只有当时回国不久的孔子，抱69岁衰病之身前去吊唁，算是给了这个可怜女人一丝安慰。

▎**成语**　君子不党

7.32

子与人歌而善¹，必使反²之，而后和³之。

▎**今译**

夫子同别人一起唱歌，（如果）认为别人唱得好，就一定让他再唱一遍，然后自己唱和他。

▎**注释**

1　善：动词，"认为……好"。
2　反：反复，再一次。
3　和（hè）：跟随着唱，应和，唱和。

▎**导读**

这一章不仅见出孔子喜爱音乐，还见出他为人随和，乐闻人善，好学善学（参7.14导读）。

> 链接　7.14；8.8；8.15

7.33

子曰:"文,莫¹吾犹人也。躬行君子,则吾未之有得。"

> **今译**
>
> 夫子说:"在文化知识方面,大概我和别人差不多。在实践中做一个君子,那我还没有做到。"

> **注释**
>
> 1　莫:推测之辞。大概,或者,也许。

> **导读**
>
> 孔子谦虚之辞。
>
> 但孔子比别人高也可能正在这一点:虽然他自谦"躬行君子"还没做到,但他时时以此为念,终身践行。时时以此为念,其实已经是时时躬行。"我欲仁,斯仁至矣。"躬行之时,其实已然到达。

> 链接　7.2；7.30；7.34

7.34

子曰:"若圣与仁,则吾岂敢?抑为之不厌,诲人不倦,则可谓云尔¹已矣。"公西华曰:"正唯弟子不能学也。"

> **今译**
>
> 夫子说:"讲到'圣'与'仁',那我怎么敢当?只不过努力修养而

不厌倦，教育别人而不疲倦，仅可以这样说罢了。"公西华说："这正是弟子不能学到的啊。"

| 注释

1 云尔：这样，如此。

| 导读

公西华知道，他们这些学生比不上老师的，正是这种精神，正是这种态度。圣人，亦是磨砺以成，切磋琢磨，终身不怠。

| 成语　诲人不倦

| 链接　7.2；7.33

7.35

子疾病[1]，子路请祷。子曰："有诸？"子路对曰："有之。诔[2]曰：'祷尔于上下神祇[3]。'"子曰："丘之祷久矣。"

| 今译

夫子病重，子路请求为他祈祷。夫子说："有这种做法吗？"子路回答说："有的。诔文上说：'为您向天地上下的神灵祈祷。'"夫子说："哦！我的祈祷已经持续很久了。"

| 注释

1 疾病：病重，重病。

2 诔（lěi）：当作"讄"，古代为生者向鬼神祈福的祷文。诔，乃是哀悼死者的。

3 神祇（qí）：古代称天神为"神"，地神为"祇"。

导读

祸福无门,唯人自招。天道无亲,唯德是辅。孔子一直在修养自己的德行,这不就是一直在祈祷吗?反之,"获罪于天,无所祷也"(3.13)。

如果一直在做好事,不需要临时的祈祷;如果坏事做多了,祈祷也没用。

为什么孔子说"丘之祷久矣"?敬于事,忠于人,即是祷于神祇。久,即是"恒"。

子路因忠诚孔子而疑神疑鬼;孔子因心底无私而自求多福。

链接　3.13

7.36

子曰:"奢则不孙¹,俭则固²。与其不孙也,宁固。"

今译

夫子说:"奢侈就会显摆,节俭又显得寒碜。与其显摆,宁可寒碜。"

注释

1　孙:同"逊"。不孙:不谦恭,不含蓄,犹言显摆。
2　固:固陋,寒酸,寒碜。

导读

寒碜只损害自己的形象,且贫而不逮者时时而有。

显摆则伤害别人的感情,且富而骄狂者往往如此。

所以,寒碜有时是"称家之有亡"(《礼记·檀弓》)而已,而显摆则不免以富骄人。

7.37

子曰:"君子坦荡荡,小人长戚戚。"

| 今译

夫子说:"君子坦荡心胸宽广,小人局促常在忧愁。"

| 导读

君子心底无私天地宽。
小人机心太多世界窄。

| 成语　君子坦荡荡,小人长戚戚

| 链接　7.19;9.29;14.28

7.38

子温而厉,威而不猛,恭而安。

| 今译

夫子温和又严肃,威严而不凶狠,恭谨又安详。

| 导读

《论语》中不少章节都谈到了孔子的气质(如7.4、《乡党第十》篇),这是一种圣人的气质,高贵而又平和,典雅而又朴实,威严而又亲切。这是充沛的内在修养的自然外露。

| 成语　威而不猛

| 链接　7.4;7.6;7.19;7.37;《乡党第十》篇;19.9

泰伯第八

8.1

子曰:"泰伯,其可谓至德也已矣。三以天下让¹,民无得而称焉。"

今译

夫子说:"泰伯,他可以称得上是最高品德的人了。三次以天下相让,人民简直不知该怎样称赞他。"

注释

1 泰伯:周朝祖先古公亶(dǎn)父有三个儿子:长子泰伯(又称太伯),次子仲雍,三子季历(即周文王姬昌的父亲)。传说古公亶父见孙子姬昌德才兼备,日后可成大业,便想把王位传给三子季历,以便季历将来再传给姬昌。泰伯体察到了父亲的意愿,就主动把王位的继承权让给三弟季历。而季历则认为,按照惯例,王位应当由长兄继承,自己也不愿接受。于是,便有了泰伯"三让"之事。第一次让,泰伯离开国都,避而出走;第二次让,在父亲古公亶父去世时,泰伯故意不返回奔丧,以避免被众臣拥立接受王位;第三次让,发丧之后,众臣议立新国君,泰伯在荆蛮地区断发纹身,表示永不返回。这样,他的三弟季历只好继承王位。

导读

泰伯让出王位，然后才有了文王、武王，才有了彬彬之盛的周王朝，人民才得以摆脱商纣王的暴政。所以，在孔子看来，这泰伯之"让"，不仅让出了风格，而且让出了几百年的功业，让出了人民几百年的福祉，这不是"至德"么？

8.2

子曰："恭而无礼则劳，慎而无礼则葸[1]，勇而无礼则乱，直而无礼则绞[2]。君子笃[3]于亲，则民兴于仁；故旧不遗，则民不偷[4]。"

今译

夫子说："态度恭敬而没有礼来限定就会劳倦；行为谨慎而没有礼作规范就会退缩；刚强勇猛而没有礼来约束就会作乱；直率坦诚而没有礼来节制就会说话尖刻。君子如果厚待亲族，老百姓就会按仁德来行动；君子如果不忘故旧，老百姓的人情就不会淡薄。"

注释

1　葸（xǐ）：拘谨，胆怯，退缩。
2　绞：说话尖刻。
3　笃（dǔ）：诚实，厚待。
4　偷：淡漠。

导读

这章与17.8很相似："好仁不好学，其蔽也愚；好知不好学，其蔽也荡；好信不好学，其蔽也贼；好直不好学，其蔽也绞；好勇不好学，其蔽也乱；好刚不好学，其蔽也狂。"其中"绞""乱"甚至重复。17.8章说"学"的重要，这章说"礼"的不可或缺。

| **成语**　故旧不遗

| **链接**　17.8

8.3

曾子[1]有疾，召门弟子曰："启予足！启予手[2]！《诗》云：'战战兢兢，如临深渊，如履薄冰[3]。'而今而后，吾知免夫！小子[4]！"

| **今译**

曾子病了，召集他的弟子们来，说："看看我的脚！看看我的手！（它们都是好好的！）《诗》中说：'战战兢兢，如临深渊，如履薄冰。'从今以后，我知道（这一保护身体不受毁伤的漫长过程可以结束了），我可以免于担惊受怕了！小子们！"

| **注释**

1　曾子：曾参，孔子弟子。《论语》成书时，后世门生记其言行，尊称为"子"。康有为认为《论语》多为曾子门徒所辑。

2　"启予"二句：指掀开被子看看手和足。《孝经》认为，人的身体包括皮肤头发，都是从父母那里得来的，应保护好不使受伤，这是孝的基础。所以，曾子死之前，让他的弟子们看看他的手，看看他的足，以证明完好无损，显示他的孝心。

3　"战战兢兢"句：引自《诗经·小雅·小旻（mín）》。曾参借用这句话，表明自己一生为了显示孝道，处处小心谨慎，避免身体受损伤。

4　小子：弟子们。

| **导读**

《孝经·开宗明义第一》记孔子的话："身体发肤，受之父母，不敢

毁伤，孝之始也。立身行道，扬名于后世，以显父母，孝之终也。夫孝，始于事亲，中于事君，终于立身。"可见，避免身体受伤，只是孝道的比较基础的层次，它可能源于父母对孩子身体受伤的担忧和牵挂。因此，曾子这里说的对身体的珍爱，固然是行孝道的人必须注意的问题，但是，它并非人生的最高境界，也不是孝道的最高境界。我们还须记得孔子的"杀身成仁"和孟子的"舍生取义"，这才是"立身行道"的最高境界，也是孝道的最高境界。

| **成语**　战战兢兢　如临深渊　如履薄冰　而今而后

| **链接**　2.6；8.4；19.17；19.18

8.4

曾子有疾，孟敬子问[1]之。曾子言曰："鸟之将死，其鸣也[2]哀；人之将死，其言也善。君子所贵乎道者三：动容貌，斯远暴慢矣；正颜色，斯近信矣；出辞气，斯远鄙倍[3]矣。笾豆之事[4]，则有司存[5]。"

| **今译**

曾子病了，孟敬子去探望他。曾子说："鸟之将死，其鸣也哀；人之将死，其言也善。君子所重视的道德有三方面：端肃容貌，就可以远离粗暴无礼了；端正脸色，就易于被人信任了；和顺言辞和口气，就可以避免粗野和悖理了。至于礼仪的程序和操作，自有有关人员在办。"

| **注释**

1　孟敬子：姓仲孙，名捷，鲁国大夫。问：看望，探视。
2　也：句中语气助词，舒缓语气。
3　动，正：都是动词，根据上下文，我们分别译为端肃（动用）、端正（动用）。出辞气，指言辞得体，口气和顺，古代汉语动词用法很活，应根据上下文来全面理解。鄙：粗野。倍：同"背"，悖，指背离，悖情。

4　笾（biān）：古代一种竹制的礼器。豆：古代一种盛食物的器皿。笾、豆，都是古代祭祀和典礼中的用具。笾豆之事：指祭祀或礼仪方面的具体事务。

5　有司：有关人员，专职人员。存：在。

导读

君子的要务，在于提升内在修养而不是局局于礼仪之细节，那自有专职的人员操办。而内在修养，则无法委之他人。

成语　人之将死，其言也善

链接　8.3

8.5

曾子曰："以能问于不能，以多问于寡。有若无，实若虚，犯而不校[1]。昔者吾友尝从事于斯矣。"

今译

曾子说："以自己的多能却能向才能不足的人请教，以自己的多知却能向知识不多的人询问。有学问却好像没有，很充实却好像空虚，被人冒犯也不计较。从前我的朋友曾经做过这样的事情。"

注释

1　校（jiào）：计较。

导读

这个"吾友"——曾子的朋友是谁？历来注家都认为是指颜渊。颜渊是孔子最得意的学生，但这个儒家的"复圣"，在曾子的描述里，倒很有些道家的风范。

颜、曾相比，颜渊是自发的自然境界，曾子是自觉的道德境界。颜渊似不用力，而臻于化境；曾子是千锤百炼，亦自百炼成钢。

成语 犯而不校

8.6

曾子曰："可以托六尺之孤[1]，可以寄百里之命[2]，临大节而不可夺[3]也。君子人与[4]？君子人也！"

今译

曾子说："可以把年幼孤儿托付给他，可以把国家命运委托给他，面临安危存亡的紧要关头而志向不变。这是君子一类的人吗？正是君子一类人啊！"

注释

1 六尺之孤：孩子死去父亲，叫"孤"，曾子是指尚未成年而登基即位的年幼君主。古代的"尺"短，西汉一尺是23.1厘米，身长"六尺"，合现在的138.6厘米，约当15岁的孩子。

2 寄：寄托，委托。百里：指方圆百里的一个诸侯国。命：指国家的政权和命运。

3 夺：改变。

4 与：同"欤"。语气词。

导读

曾子入世极深，道德极高。如果说道家一类的人物追求个人的自由与适性，那么儒家中曾子这一派人物则推崇社会的责任与正义。孟子的浩然之气，已悄然孕育在曾子胸中。

成语   六尺之孤   托孤寄命   大节不夺

链接   8.7；14.2；19.1

8.7

曾子曰："士不可以不弘毅[1]，任重而道远。仁以为己任，不亦重乎？死而后已，不亦远乎？"

今译

曾子说："士不可以不心胸广阔、意志坚定，（因为他们）责任重大，道路遥远。把实现'仁'看作自己的任务，这不是责任重大吗？承此重任到死才放下，这不是路途遥远吗？"

注释

1   弘：广大，开阔。毅：坚强，果断，刚毅。

导读

这是中国从古至今对知识分子自身责任与随之而来的自身价值的最高体认。孔子的伟大，在于改造了传统的作为社会阶层的"士"，使之成为社会价值的承担者，道义的弘扬者。曾子的这几句话，是对经过孔子重新赋予使命的"士"之道德属性的最经典概括。

另外，在这连续几节中，曾子都谈到死的问题，有些议论甚至是直接以死亡作背景的——"而今而后（死），吾知免夫"，"人之将死"，"死而后已",这在儒家思想中是罕见的。孔子回避死的问题(11.12),曾子则是不断地主动谈论死,可见死始终萦绕于曾子心中挥之不去。可以说曾子思想是在孔子"朝闻道,夕死可矣"以及"杀身成仁"的基础上,直接以死亡为出发点。但死亡意识并没有使曾子像道家那样认识到人生的虚无,从而无可无不可;而是体会到人生的短暂和促迫,从而以时不我待的急迫感承担人生的责任,这是先秦儒者面对死亡的气概。

成语　任重道远　死而后已

链接　4.9;4.11;8.3;8.4;8.6;14.2;19.1

8.8

子曰:"兴于《诗》,立于礼,成¹于乐。"

今译

夫子说:"在《诗经》中觉醒(人生),在礼制中建立(人生),在音乐中完成(人生)。

注释

1　兴:兴起,开始,有"醒来"之意。《诗经·卫风·氓》:"夙兴夜寐。"立:建立。成:完成,达到。

导读

孔子说《诗》可以"兴观群怨"(17.9)。兴即是人生的觉醒,是人生的开始。

"礼"是人行为的准则,是文明的生活和文明的人生的保证。遵循这种准则,方可立足于世。

音乐陶冶人的性情,且使人崇高而不僵硬,纯洁而不刻薄,严格而不苛酷。

所以,《诗》、礼、乐可以看作人生修养的三境界,人格养成的三阶段,与终身不可须臾离之的生命滋养。

▎**链接**　2.2;7.6;7.32;8.15;16.13;17.9

8.9

子曰:"民可使由之,不可使知之。"

▎**今译**

夫子说:"百姓可以让他们听从指引而行事,却没办法做到让他们都明白为什么要这样。"

▎**导读**

很多人拿这一句话来指责孔子鼓吹愚民。

首先,这是历史的局限性:那时代,教育不能普及,民智不可能大面积开发;政权不能开放,人民不可能大面积参政。在此情形之下,孔子有这样的言论,固然不必赞扬,也似乎不必上纲上线大加挞伐。《史记·滑稽列传》载西门豹言:"民可以乐成,不可与虑始。"《史记·商君列传》:"民不可与虑始,而可与乐成。论至德者不和于俗,成大功者不谋于众。"可见这类思想在那时的精英阶层中颇为流行。他们都不过是说明一个事实而已。

但是,孔子一生从事教育开启民智,显然不会主张愚民。屈原《离骚》"众不可户说",其中的"不可"二字,显然不是主观不愿意,而是客观情势不可能。孔子这句话,正可以这样理解。这不仅符合语法,也符合主张"有教无类"并终身"诲人不倦"、深知开启民智之难的孔子的口吻和心情。

8.10

子曰:"好勇疾¹贫,乱也。人而不仁²,疾之已甚³,乱也。"

> **今译**

夫子说:"好勇而恨贫穷,就容易作乱。他人不仁,如果我们恨得太过分,也会引发祸乱。"

> **注释**

1　疾:厌恶,憎恨。

2　人而不仁:这是一个主谓结构,不是一个独立的句子。"人"是主,"不仁"是谓,译如上。

3　已甚:太过分。

> **导读**

好勇,却又不能安受贫穷,那就容易铤而走险。所以,孔子说,"勇而无礼则乱"(8.2)。

但后一句更有意味:对不仁的人,恨得太过分,也是祸乱。我们可以理解为:天下的很多祸乱,是由绝对道德主义者惹出的。绝对道德主义者,国家主义者,宗教上的原教旨主义者,是这个世界灾难的几大根源。

可以这样说,因为极端痛恨不仁的人而惹出的世界灾难,往往反而大于不仁的人给世界带来的灾难。

> **链接**　8.2

8.11

子曰:"如有周公之才之美,使骄且吝,其余不足观也已。"

今译

夫子说:"(一个人)假如有周公那样的才能和天赋,只要骄傲而且吝啬,别的也就不值得一看了。"

导读

骄,以气凌辱人。吝,以财刻薄人。

人既骄且吝,其他可知。

8.12

子曰:"三年学,不至于谷¹,不易得也。"

今译

夫子说:"学三年,心意不转到要官做求俸禄上去,是难得的啊。"

注释

1　谷:谷子,小米。古代官吏以谷子来计算俸禄。这里以"谷"代指做官及其俸禄。

导读

见5.6。

链接　5.6;6.9;11.25

8.13

子曰:"笃信,好学,守死,善道¹。危邦不入,乱邦不居。天下有道则见²,无道则隐。邦有道,贫且贱焉,耻也;邦无道,富且贵焉,耻也。"

今译

夫子说:"坚定信正道,努力学正道,宁死而自守,依道而自善。危险的国家不进入,混乱的国家不居住。天下有道,就现身行道;天下无道,就隐身守道。国家有道,而自己贫贱,是耻辱;国家无道,而自己富贵,也是耻辱。"

注释

1 守死:守之以死,以死守之。善道:善,动词,有修缮意,维护。有以道自善的意思。

2 见:同"现"。出现,出来。

导读

"笃信,好学,守死,善道",是讲一个人的"体","危邦不入"以下,是讲一个人的"用"。

"体"需"内圣";"用",于帝王,当然是"外王",于一般人,则是"中庸"。此章即指一般人之"中庸"。

"中庸"者,"中用"也。"危邦不入,乱邦不居",因为这样的邦国,不中用,不但不能让我们施才济世,且足以使我们折戟亡身,故不居不入。不居不入者,不与无道同流也。"有道则见",与道同现也。"无道则隐",与道同隐,隐以修道也。

邦有道,中我之用,而我亦以中用之才用之,一则施惠于民,一则荣耀自身。此时,若我一事无成,只能说明自己无用,无能,甚至无道,故是耻辱。邦无道,不中我之用,若亦富且贵,必是同流合污,巧取豪夺,堕落失道,故亦是耻辱。

成语 笃信好学 守死善道 危邦不入 乱邦不居

链接 5.21;14.1;15.7

8.14

子曰:"不在其位,不谋其政。"

| 今译
夫子说:"不在那个职位上,就不要过问那个职位的政事。"

| 导读
孔子说的是"不谋其政",不是"不谋政"。孔子长期处于失位状态,一直在谋政,谋天下万世之政。所以,孔子的意思,只是不去越俎代庖谋他人主管之政。行政是有秩序的,各有其职守。越俎代庖,体系必乱。君子虽志在行其义,亦讲究名分。名分本身,亦是义。不宜即不义。

此处的"政",是指相应职位之具体政务,而非全局性方针、政策、法令等重大政治决策。

| 成语　不在其位,不谋其政

| 链接　14.26

8.15

子曰:"师挚之始[1],《关雎》之乱[2],洋洋乎盈耳哉!"

| 今译
夫子说:"从太师挚开始演奏,到演奏《关雎》乐章结束,多么美妙啊,那盈耳的乐曲!"

| 注释
1　师:指太师,乐师。鲁国的乐师名挚(zhì)。始:乐曲的开端,即序曲。古代奏乐，开端一般由太师演奏，故说"师挚之始"。

2 《关雎》：《诗经》的第一篇。乱：乐曲结尾的一段，由多种乐器合奏。

| 导读

孔子又一次被音乐感动了。难怪他说人生是在音乐中完成的（8.8）。

| 链接　7.14；7.32；8.8

8.16

子曰："狂而不直，侗而不愿¹，悾悾²而不信，吾不知之矣。"

| 今译

夫子说："狂妄而不正直，幼稚而不老实，平庸无能而不守信用，我不知道这种人怎么会这样呢。"

| 注释

1　侗（tóng）：幼稚无知。愿：谨慎，老实，厚道。
2　悾悾（kōng）：平庸无能的样子。

| 导读

人之天性，优点与缺点往往如一枚硬币的两面，其缺点处往往隐藏着相应的优点，如狂者往往爽直，无知者往往老实，平庸者往往守信。所以皆有可取之处。

若狂而不直，侗而不愿，悾悾而不信，则缺点全在，优点全无，我们不知道这种人能怎样了。

可与17.16对看。

| 链接　17.16

8.17

子曰:"学如不及,犹恐失之。"

| 今译

夫子说:"学习就好像赶不及,(赶上了)还怕失去它。"

| 导读

孔子在说一种学习的心态和姿态。好学者,其心如此。

| 链接　4.8；5.14

8.18

子曰:"巍巍乎！舜禹之有天下也,而不与¹焉。"

| 今译

夫子说:"多么崇高伟大啊！舜、禹拥有天下了,而不坐江山哦。"

| 注释

1　与:参与、占有的意思。

| 导读

舜和禹——受天下之祸而不享天下之福；担天下之责而不收天下之利；任天下之重而不擅天下之权:这才是真正的天下之王。《道德经》曰:"太上,不知有之。"说的就是这种至高的境界吧。

这与"打江山坐江山"的强盗哲学形成鲜明对比。黄宗羲《原君》说后世的这种强盗君主是:"以君为主,天下为客；凡天下之无地而得安宁者,为君也。是以其未得之也,屠毒天下之肝脑,离散天下之子女,以博我一人之产业,曾不惨然。曰:'我固为子孙创业也。'其既得之也,敲剥天下之骨髓，离散天下之子女，以奉我一人之淫乐，视为当然。曰：'此我产业之花息也。'然则为天下之大害者，君而已矣。"

从此章至8.21共四章，孔子都在谈尧、舜或禹，集中地体现了孔子的历史观以及把历史当作当代史——至少是当作当代镜子的史学态度。需要特别指出的是，孔子这种处理历史的方式是出于一种政治信仰，他的目的，是通过对历史的理想化叙述，建构一种建立在道德、正义、公平基础上的政治观。

| 链接　　8.19；8.20；8.21

8.19

子曰："大哉！尧之为君也！巍巍乎，唯天为大，唯尧则[1]之。荡荡[2]乎，民无能名[3]焉。巍巍乎，其有成功也。焕[4]乎，其有文章[5]。"

| 今译

夫子说："伟大呀！尧做君主的风采！多么崇高啊，只有天为大，只有尧法天。他的恩德多么广大啊，人民不知该用怎样的言辞称赞他。多么崇高啊，他成就的功业。多么光辉啊，他制定的礼乐典章制度。"

| 注释

1　则：效法，取法。
2　荡荡：广博无边。
3　名：动词，用言语去形容，赞美。
4　焕：光辉，辉煌。
5　文章：指礼乐典章制度。

| 导读

这里的"天"，是指不变的道：自然之道和人道，也是仁道。天子

的意思，就是上法天，下安民。天之道下而到人间政治，就是典章制度，就是礼乐法则。礼乐法则、典章制度这人间的一切成文法或习惯法，都取法于天道之自然法。

> 链接　8.18；8.20；8.21

8.20

舜有臣五人而天下治。武王曰："予有乱臣[1]十人。"孔子曰："才难，不其然乎？唐虞之际[2]，于斯[3]为盛。有妇人[4]焉，九人而已。三分天下有其二，以服事殷。周之德，其可谓至德也已矣。"

> 今译

舜有贤臣五人便天下大治。周武王说："我有治理国家的大臣十人。"孔子说："人才难得。难道不是这样么？在唐尧、虞舜时代以及周武王时期人才最盛。然而（十位中）还有一人是他妻子邑姜，所以大臣实际上也只有九人而已。天下三分，（周文王）已经占有了其中之二，他却仍然服侍殷纣王。周朝的道德，可以说是最高的了。"

> 注释

1　乱臣："乱"的原义是"理丝"，在这里是治理的意思。"乱臣"，指能治理国家的大臣。

2　唐虞之际：尧舜之时。"唐"，尧的国号。"虞"，舜的国号。

3　斯：代词。指周武王时代。

4　妇：与夫对言，为人妇者。此指武王妻邑姜，因是夫妇，故不归大臣之数。

> 导读

本章孔子说了三个问题：一、人才难得；二、夫妇之间不是臣属关系，妻者齐也，虽然"天子无妻"，但妻也不归臣子之列；三、政治以德不以力，三分天下有其二，仍然遵循规则，这就是德。参见8.18。

链接　8.18；8.19；8.21

8.21

子曰："禹，吾无间¹然矣。菲²饮食而致³孝乎鬼神，恶衣服而致美乎黻冕⁴，卑宫室而尽力乎沟洫⁵。禹，吾无间然矣。"

今译

夫子说："对于禹，我没有什么可挑剔的了。菲薄自己的饮食，却拿（丰盛的祭品）孝敬鬼神；穿衣服很简朴，却把祭服礼服做得极华美；他住的宫室低矮狭小，却尽力兴修水利，开挖田间水道。对于禹，我没有什么可挑剔的了。"

注释

1　间（jiàn）：本义指空隙。这里用作动词，含有挑剔、批评、非议等意思。

2　菲（fěi）：菲薄，不丰厚。

3　致：致力，努力去做。

4　黻冕（fú miǎn）：祭祀时穿的礼服，叫"黻"；官职在大夫以上的人戴的礼帽，叫"冕"。

5　卑：低矮，简陋。洫（xù）：田间的水道。

导读

参见8.18导读。补充：黄宗羲《原君》："有生之初，人各自私也，人各自利也。天下有公利而莫或兴之，有公害而莫或除之。有人者出，不以一己之利为利，而使天下受其利；不以一己之害为害，而使天下释其害。此其人之勤劳，必千万于天下之人。夫以千万倍之勤劳，而己又不享其利，必非天下之人情所欲居也。故古之人君，量而不欲入者，许由、务光是也；入而又去之者，尧舜是也；初不欲入而不得去者，禹是也。"

> **成语**　菲食卑宫

> **链接**　8.18；8.19；8.20

子罕第九

9.1

子罕言利。与命与仁。

| 今译

夫子很少谈到财利。他赞服天命和仁德。

| 导读

这是讲人之行为动机或出发点：谋利、听从天命和出于仁德。

出于谋利，当然可以。但对孔子来说，富而不可求，不是客观情势不可以，而是他另有人生出发点：那就是天命所在，仁德所系。他命中注定只能是求仁。

"富与贵，是人之所欲也，不以其道得之，不处也。贫与贱，是人之所恶也，不以其道得之，不去也。"（4.5）——这是"罕言利"。

"君子去仁，恶乎成名？君子无终食之间违仁，造次必于是，颠沛必于是。"（4.5）——这就是"与命与仁"！

董子曰："正其谊不谋其利，明其道不计其功。"（《汉书·董仲舒传》）可为注脚。

| 链接 4.5

9.2

达巷党人¹曰:"大哉孔子!博学而无所成名²。"子闻之,谓门弟子曰:"吾何执?执御³乎?执射乎?吾执御矣。"

今译

达那个里巷的人说:"真伟大呀孔子!知识学问很广博,可惜没有成就名声的用武之地啊。"夫子听到这话,对本门弟子们说:"我从事什么职业呢?从事于驾车吗?从事于射箭吗?我还是从事于驾车好了。"

注释

1 巷党:里巷的意思。达巷党人,即达那个里巷的人。或说此达巷党人即项橐。《汉书·董仲舒传》:仲舒对策曰:"此亡异于达巷党人,不学而自知也。"孟康注云:"人,项橐也。"

2 所:有场所、依凭之意。无所成名:没有地方(东西、机会)让他成就名声。

3 执:专做,专门从事。御:六艺中地位较卑且易于操控者,孔子取以自谦。

导读

朱熹、杨伯峻都解"博学而无所成名"为"无一技以成其名",盖受下文"何执"引导而致。但如果这样,党人意思即是"可惜孔子无一技以成名",这与前面"大哉孔子"之赞叹不合。其实,这里的"无所成名",并非指孔子本人技艺不足而耽误成名,而是惋惜孔子不得机会而难以成名。

孔子是一个有多种专业职能的人(见9.6、9.7)。但他超越了这些专于一隅的技术,而去追求终极真理,以及全人类的幸福。正是这种终极关怀而不是他的多才多艺,使他成为圣人。

且孔子并无凭一技成就自己的意愿。孔子说过"君子不器"（2.12）。在孔子看来，士人应当追求仁德，追求价值，追求正义。因此，士最可贵的，是他的价值判断力，而不是他的技术。

▎链接　2.12；9.6；9.7；19.4

9.3

子曰："麻冕¹，礼也；今也纯，俭²，吾从众。拜下³，礼也；今拜乎上，泰⁴也。虽违众，吾从下。"

▎今译

夫子说："用麻布做礼帽，是合乎礼的；现在呢大家都用丝绸做，（虽不合礼，但）这样比较节俭，我就从众了。（臣子拜见国君，）先在堂下跪拜行礼，（然后升堂再跪拜一次，）才是符合礼的；现在则直接在升堂时行一次跪拜礼（就算了），这是高傲轻慢的表现。虽然违背众人，我还是赞成先在堂下行跪拜礼。"

▎注释

1　麻冕：用麻布制成的礼帽。

2　纯：黑色的丝绸。按说丝绸比麻布贵，但制礼帽要求很高，用麻布做，费工费时；用丝绸做，可省很多工时。两者比较，还是用丝绸做节俭。

3　拜下：按照传统古礼，臣见国君，先在堂下跪拜，到堂上再跪拜一次。

4　泰：轻慢，骄奢。

▎导读

孔子并不固执地维护一切古礼。比较节省工时的丝绸礼帽，虽然违背古礼，他赞成。可是拜见国君，从两次改为一次，他就不赞成——主要还不是这样对国君不够尊重，重要的是这样的做法放纵了人的傲慢。

赞成不赞成，不在形式，而在背后体现的价值。这就是孔子看重的"礼之本"。

> 链接　3.17

9.4

子绝四：毋意，毋必，毋固，毋我。

> **今译**
>
> 夫子杜绝了四种缺点（，从而做到）：不凭空想象，不绝对肯定，不固执拘泥，不自以为是。

> **导读**
>
> 杜绝了四种缺点后即是"通达"。知识融会贯通，处事不粘不滞，为人宽容仁慈。

> 链接　2.4；4.10；13.20；15.37

9.5

子畏于匡[1]，曰："文王既没，文不在兹[2]乎？天之将丧斯文也，后死者不得与于斯文[3]也；天之未丧斯文也，匡人其如予何[4]？"

> **今译**
>
> 夫子在匡地受到围困拘禁，他说："文王已经死了，周代的文化遗产不都是在我这里吗？上天若要毁灭这种文化，我就不可能承继到这种文

化了；上天若不要毁灭这种文化，匡人能把我怎么样？"

▎注释

1　畏：此处是拘囚的意思。公元前496年，孔子从卫国去陈国时，经过匡地。匡地曾遭受鲁国阳货的侵扰暴虐。孔子的相貌很像阳货，匡人以为是仇人阳货来了，便将他包围，拘禁了五天，想杀他。后来弄清真情，才放了他们。匡：今不详何处。一说即河南省长垣市西南十五里的匡城。

2　兹：这，此。这里指孔子自己。

3　后死者：孔子自称。与：给予。于：介词。与于斯文：即"把斯文给予……"。

4　如予何：把我如何，能把我怎么样。予：我。

▎导读

孔子是以传承古代文化自命的。他认为这是他的历史使命，他承担了这一使命，肩负起沉重的责任。而这项工作的伟大也给了他对自我的肯定：我既是文化的传承者，我就是负有"天命"的人。负有"天命"的人，凡夫俗子焉能加害？类似的逻辑是："天生德于予，桓魋其如予何？"（7.23）

这种思路看起来真是没有逻辑。但天下伟大人物和伟大事业就是常常出现得没有逻辑。孔子不受桓魋与匡人之害，与夫苏格拉底之被雅典法庭判毒死，耶稣之被罗马总督钉上十字架，谁合乎逻辑？也许，他们的逻辑和常人的逻辑不同，常人的逻辑是：某事必然发生，于是某事发生。而孔子苏格拉底耶稣们的逻辑是：某事必须发生，然后某事发生。为何某事必须发生？孔子必须不死，方可人间传道；苏格拉底耶稣必须死去，方可显示救赎。必然发生者，客观规律也，既无主意也无主义也，常人也；必须发生者，主观意志也，有主义亦有主意也。主义者何？于孔子则天命，于苏格拉底则真理，于耶稣则耶和华也。主意者何？自家生命之自由意志也。

> 链接　7.23；14.36

9.6

太宰[1]问于子贡曰："夫子圣者与？何其多能也？"子贡曰："固天纵[2]之将圣，又多能也。"子闻之，曰："太宰知我乎？吾少也贱，故多能鄙事[3]。君子多乎哉？不多也。"

> **今译**
> 太宰问子贡道："孔老先生是圣人吧？怎么这样多才多艺呢？"子贡说："本来就是上天使他成为圣人，又使他多才多艺的！"夫子听到后，说："太宰了解我吗？我少年时贫贱，所以会许多卑贱的技艺。出身高贵的君子们这类技艺会的多吗？不多啊。"

> **注释**
> 1　太宰：官名，不知何人。
> 2　纵：让，使。
> 3　鄙事：低下卑贱之事。

> **导读**
> 孔子说这番话时，内心是很感慨的。正因为他"少也贱"，为了养活自己，他不得不学会了很多"鄙事"。而那些养尊处优的君子为什么技能"不多"呢？因为他们无须自己谋生。
>
> 在孔子时代，"圣"有两种含义：一指"圣知"，即具有广博的知识和多项才能；二指德行高尚。后世关于"圣"字，偏于后者，"圣人"也

就指大德之人。孔子显然不以多能为贵,他显然认为一些专业才能是只要学习就会拥有的,并不难得也并不珍贵。君子之道,在于修身养性,在于培养仁义道德,在于培养价值上的判断力。

链接 2.12;9.2;9.7;13.4;19.4

9.7

牢[1]曰:"子云:'吾不试[2],故艺。'"

今译

牢说:"夫子说:'我没有被任用做官,所以(为了谋生而)学会了多种技艺。'"

注释

1 牢:不知何人。估计是此人对孔门弟子转述此语,弟子笔之《论语》。

2 试:用。引申为被任用,做官。

导读

见9.6。

9.8

子曰:"吾有知乎哉?无知也。有鄙夫问于我,空空如也,我叩其两端而竭[1]焉。"

今译

夫子说:"我有知识吗?没有知识啊。有一个乡下人来问我,我空空如也哪有现成答案。(我从他那些问题的)正反两方面去思考追问,去叩问启发,把问题穷究不已,直到最后(终有所得)。"

▎注释

1 端:事物的两端,正反两方面。竭:穷究。

▎导读

空空如也,有两种理解:一种认为是这个鄙夫空空如也,一种是承接"无知",孔子自称空空如也。今从后一种解释。

值得注意的是:孔子在此明确告知人们他是无知的,这与后来苏格拉底(苏格拉底比孔子晚八十多年)说的"我比别人多知道的一点点,就是我知道我是无知的"完全一致。

孔子也好,苏格拉底也罢,他们并不是在脑子里贮存了所有问题的答案,而只是贮存了解答问题的方法,以及一个逻辑出发点或价值立足点。这样,面对无穷之疑问,而有无穷之回答。

其实,像《论语》这类文化元典,之所以被称为"超文本"或"全息文本",蕴含着天地人的所有密码,并非它们提供了所有问题的完整答案,而是——它们提供了思考问题的逻辑起点,以至于后世人们思考任何人生问题,都必须经由这个逻辑起点。我们也可以把这个逻辑起点称为"逻辑元点","文化元典"之所以是"元典",就是因为它们是逻辑"元点"。

空空如也,正是因为空,才空纳万境。

▎成语 空空如也

9.9

子曰:"凤鸟[1]不至,河不出图[2],吾已矣夫!"

今译

夫子说:"凤鸟不飞来,黄河不出图,我(这一生也)将要完了!"

注释

1 凤鸟:传说中的神鸟。古代传说,凤鸟出现,预示着天下太平,"圣王"将要出世。

2 图:传说上古伏羲时代,黄河中有龙马驮着"八卦图"出现。图的出现,是"圣人受命而王"的预兆。

导读

凤鸟不至,河不出图,圣人大道不行。孔子感慨万端。

成语　河不出图

链接　7.5

9.10

子见齐衰[1]者,冕衣裳者与瞽者[2],见之,虽少,必作[3];过之,必趋[4]。

今译

夫子遇见穿丧服的人,戴礼帽穿礼服的人和盲人,只要见到他们,即使他们年轻,孔子也一定站起身来;经过他们面前的时候,一定恭敬地迈小步快快走过。

注释

1 齐衰(zī cuī):古代用麻布做的丧服。

2 冕衣裳者:穿着礼服的人。瞽(gǔ)者:盲人。

3　作：站起身来。表示同情和敬意。
4　趋：小步快走。表示同情和敬意。

▎导读

对待不幸的人或弱势群体，圣人内心一片仁慈，行为一派恭敬。此章应与《乡党第十》篇同看，都是写圣人做派和气质。

▎链接　7.9；7.10；《乡党第十》篇

9.11

颜渊喟[1]然叹曰："仰之弥[2]高，钻之弥坚[3]。瞻之在前，忽焉在后。夫子循循然善诱[4]人，博我以文，约我以礼，欲罢不能。既竭吾才，如有所立卓尔[5]，虽欲从之，末由[6]也已。"

▎今译

颜渊感叹着说："（老师的）道，抬头仰望，越望越觉得高大雄伟；努力钻研，越钻研越觉得难以吃透。看着好像在前面，忽然又像在后面。夫子善于一步一步地诱导人，用文化典籍来丰富我的知识，用礼节来约束我的行动，（跟他学习）想停止是不可能的。我已经竭尽了我的才力了，好像有一个非常高大的东西立在前面，虽然很想攀登上去，却没有途径。"

▎注释

1　喟（kuì）：叹气，叹息。
2　弥：更加，越发。
3　钻：深入钻研。坚：本义是坚硬，坚固。这里引申为艰深而难以吃透。

4 循循然：一步一步有次序地。诱：引导，诱导。

5 卓尔：高大直立的样子。

6 末：没有，无。由：途径。

导读

"博我以文"：以文使我识见广博眼界广大。"约我以礼"：以礼使我正道直行进退有据。一大一正，合起来就是"正大"。"正大"是人格培育的目标，而"博约"乃是达成目标的教育手段。此章可互看6.27。

颜渊体验到了孔子的学问境界和道德境界。他感觉到了有这样一种深广博大的境界，自己却由于学力不足而不能到达，心有余而力不足，他怎能不着急？颜渊之所以"好学"，就是因为他看到了老师的境界，并努力到达。

成语 仰之弥高 钻之弥坚 循循善诱 欲罢不能

链接 6.27；11.4

9.12

子疾病，子路使门人为臣¹。病间²，曰："久矣哉！由之行诈也！无臣而为有臣，吾谁欺？欺天乎？且予与其死于臣之手也，无宁死于二三子之手乎！且予纵不得大葬³，予死于道路乎？"

今译

夫子病重，子路让同门作为夫子家臣（以准备后事）。夫子的病好转一些后，（发现了这一情况，）说："很久了啊！仲由干这种欺骗人的事！没有家臣，却要装作有家臣，我欺骗谁呢？欺骗上天吗？况且，我与其让家臣料理我的死丧，难道不是更愿意让你们的手来料理吗？而且，我即使不能以大夫之礼来隆重安葬，难道我就会死在路上无人安葬吗？"

▍注释

1　臣：指家臣。古代，诸侯死，才能有"臣"治丧礼。孔子时，大夫一般也有了家臣治丧，在人死之前即开始准备工作。孔子此时已经不做官了，没有家臣。但是子路却要安排门人去充当孔子的家臣，准备以大夫之礼来安葬孔子。

2　间（jiàn）：本指间隙。这里指病轻些的时候。

3　大葬：指按葬大夫的礼节来安葬。

▍导读

路途之中，孔子病重，作为大弟子的子路，必须考虑治丧问题。而学生如何给老师治丧，于周礼无据。情急之下，子路以孔子曾是鲁国大夫，并且实际上孔子离开鲁国之时，并没有明确被免去职务，于是想以大夫之丧礼来对待孔子，也是情有可原。

但问题是，孔子此时确实并不在职，所以也就"无臣"，这一点，谁也不能否定，所以孔子责骂子路："欺天乎？"

更重要的是，明明是一帮孔子的学生，却偏偏要装扮成孔子的"家臣"。以大夫之礼，当然需要家臣；但以情，难道在孔子心中，学生还不如臣亲密吗？所以孔子动情地骂子路："我与其在家臣的料理下死去，宁愿在弟子们的料理下死去！"——你们是我弟子，不是臣！孰亲孰疏，你们分不清吗？！

我们可以想象孔子说这话时，一定已经老泪纵横。

还有一个问题：如果给孔子治丧的是臣，那孔子的身份就是大夫；而如果给孔子治丧的是学生，孔子的身份就是"人师"。孔子的心里：我是人师，不是大夫！孰轻孰重，你们还分不清吗？

后来，孔子去世时，子路、颜渊已死，子贡主持大局，决定弟子们以学生身份，以父子之礼治丧孔子，其伏笔，即在此。

> **链接** 7.5；7.35

9.13

子贡曰："有美玉于斯，韫椟[1]而藏诸？求善贾[2]而沽诸？"子曰："沽之哉！沽之哉！我待贾者也。"

> **今译**

子贡说："有一块美玉在这里，是把它放入柜子里收藏起来呢？还是找一个识货的商人卖掉它呢？"夫子说："卖它呢！卖它呢！但我要等到合适的人才出手啊。"

> **注释**

1　韫（yùn）：收藏起来。椟（dú）：柜子。后以"韫椟"表示怀才未用。

2　贾（gǔ）：商贾，商人。又可理解为通"價"（价）。善贾，既可释为识货的商人，又可释为好价钱。下文"待贾"就是"等一个好价钱"。但等着卖一个好价钱，语义粗鄙，不取。

> **导读**

这是孔子和他最善言辞的弟子子贡之间的一次心照不宣的谈话，双方都用譬喻作暗语。说白了，他们说的就是：

子贡说："夫子您怀抱才德，是一直隐居在家呢，还是出去做官呢？"

夫子说："做官啊做官啊，我在等那个值得共事的人呢。"

对话之时，应该在阳货专权之时。此时舆论都认为孔子应该出来挽救鲁国的局面，连阳货都这样认为，故子贡有此疑问。

但是，孔子在等一个值得共事的人，阳货显然非其人。

▎**成语**　韫椟而藏　善贾而沽（待价而沽）

▎**链接**　17.1

9.14

子欲居九夷¹。或曰："陋，如之何？"子曰："君子居之，何陋之有？"

▎**今译**

夫子想到九夷地方去住。有人说："那里很落后，怎么办呢？"夫子说："君子居住到那里，那里还落后什么？"

▎**注释**

1　九夷：我国古代称东部的少数民族为夷。至于"九夷"，或说是指九个不同部族；或说是对东部夷族地区的总称；或说即"淮夷"，散居于淮水、泗水之间的一个部族。

▎**导读**

落后就是人的落后。

君子住到那里，教化那里的人。那里的人教化好了，也就自然不落后了。

同时，君子不就是传道的吗？君子的职责不就是传播文化吗？把先进的文化、文明推广到落后地区，是君子的职责之一。

当然，孔子说欲居九夷，与他说要"乘桴浮于海"（5.7）一样，都是失意失望之辞，并非真要成行。

▎**链接**　5.7

9.15

子曰:"吾自卫反鲁¹,然后乐正,《雅》《颂》各得其所²。"

▎今译

夫子说:"我自卫国返回鲁国,然后整理订正了乐曲,使《雅》《颂》各得其所。"

▎注释

1 反:同"返"。鲁哀公十一年(公元前484年)冬,孔子从卫国返回鲁国,结束了他十四年的周游列国生涯。

2 《雅》《颂》:《诗经》篇章分《风》《雅》《颂》三大类。此言《雅》《颂》而不及《风》。《论语集释》引包慎言《敏甫文钞》:"《诗》有六义:曰《风》,曰赋,曰比,曰兴,曰《雅》,曰《颂》。而其被之于乐,则《雅》中有《颂》,《颂》中有《雅》,《风》中亦有《雅》《颂》。《诗》之《风》《雅》《颂》以体别,乐之《风》《雅》《颂》以律同,本之性情,稽之度数,协之音律,其中正和平者则俱曰《雅》《颂》焉云尔。"又引皇疏:"孔子去鲁后,而鲁礼乐崩坏。孔子以鲁哀公十一年从卫还鲁,而删诗书,定礼乐,故乐音得正。乐音得正,所以《雅》《颂》之诗各得其本所也。《雅》《颂》是诗义之美者,美者既正,则余者正亦可知也。"

▎导读

孔子爱好古代文献,传授古代文化,删《诗》《书》、定礼乐是其重要贡献之一。

▎成语　各得其所

▎链接　2.2

9.16

子曰:"出则事公卿,入则事父兄,丧事不敢不勉,不为酒困,何有于我哉?"

| 今译

夫子说:"在外从政事奉公卿,在家闲居侍奉父兄,办理丧事不敢不勤勉尽力,喝酒也不失态,(这些事)对我有什么困难呢?"

| 导读

"出则事公卿,入则事父兄,丧事不敢不勉,不为酒困",钱穆《论语新解》:"孔子幼孤,其兄亦早亡,此章未必在早年,则不专为己发。"甚是。孔子实际上是以此指点身边人。这些要求,也平实无有高论,不过是"能近取譬",要人从身边小事做起。

大人往往小心,圣贤常常庸行。

9.17

子在川上曰:"逝者如斯夫!不舍昼夜。"

| 今译

夫子在河边说:"消逝的一切就像这河水一样啊!日夜不停地流去。"

| 导读

逝去的——孔子指什么呢?

有人说这只是一句平常普通的感慨:感慨时光流逝。

即便是这样,随着时光一起流逝的不是有很多美好的东西吗?壮志,雄心,青春,朋友和亲人,友情和亲情……这是诗人的孔子。

另一方面,对时光流逝的敏感,不是生命意识的觉醒吗?认识到生命短暂，终将结束，定会唤起另一种意识：奋发努力，早建功业。少壮不努力，老大徒伤悲。这是哲人的孔子。

此时孔子大约已到暮年。虽然经过不懈努力，他已成为人伦的典范和学问的泰斗，但他梦想建立的政治功业，却远远不能实现。并且，希望越来越渺茫。这是政治家的孔子。

> **成语** 逝者如斯　不舍昼夜

9.18

子曰："吾未见好德如好色者也。"

> **今译**
> 夫子说："我没见过爱慕德行像爱慕美色（那样热切）的人啊。"

> **导读**
> 《史记》：孔子"居卫月余，灵公与夫人同车，……使孔子为次乘，招摇市过之"。或者孔子此言，专为卫灵公此事而发。若如此，孔子从普遍人性立论，不专主针对卫灵公。对卫灵公，可谓婉而多讽，留足面子。
> 孔子所叹，亦世之常态，普遍如此。

> **成语** 好色之徒

> **链接** 15.4；15.13

9.19

子曰："譬如为山，未成一篑[1]，止，吾止也。譬如平地，虽覆一篑，进，吾往[2]也。"

今译

夫子说:"譬如堆土成山,只差一筐土便堆成时,停止了,那是我自己停止的呀。譬如平地起山,即使才倒下第一筐土,可是继续堆土,那是我自己坚持往前的呀。"

注释

1 篑(kuì):装土用的竹筐子。
2 往:继续去做的意思。

导读

进为我进,止亦我止,成败在己不在人。

差一步,不达;走一步,出发。人生就在这一步之遥。

从此以下四章(9.19、9.20、9.21、9.22)可以放在一起看:9.19说人生应当自己负责,"成败在己不在人"。9.20、9.21举颜渊为例,说明这个道理。

但颜渊最后早死,未能自家开宗立派开枝散叶,这是什么?这是天命。孔子在说什么?孔子在说"成败在天不在己"。

到底成败在天不在己,还是成败在己不在人?话说到这个程度,其实不再是纠结,而是通达。你是纠结还是通达,就看你心胸次第。

其实,虽然成败最后有天意,但努力并坚持努力,是我们的责任。想通这一点,即是"不怨天,不尤人"(14.35)——不怨天意之折断我们,亦不悔自家之心血付出。既然是天意折断我们,我们亦因此问心无愧。

人生岂能求必达,只求自家曾出发。

成语 未成一篑 为山止篑

链接 9.20;9.21;9.22

9.20

子曰:"语之而不惰者,其回也与!"

今译

夫子说:"听我说话而始终不懈怠的,大概只有颜回吧!"

导读

与上章同看,颜渊即是坚持到最后而不止者。不惰者,不止也。

链接

6.3;6.7;9.19;9.21;9.22;11.7

9.21

子谓颜渊,曰:"惜乎!吾见其进也,未见其止也。"

今译

夫子谈到(死去的)颜渊,叹息说:"真可惜呀!我只看到他学习不断进步,从来没见他停止学习。"

导读

孔子最欣赏的学生就是颜渊。颜渊的最大优点就是勤奋好学,守死善道,矢志不移。他的死,是孔子最大的痛。这接连三章(9.20、9.21、9.22)都是孔子哀痛心情的体现,在第11篇中,从第7章至第11章,也都在哀叹颜渊的死,可参看。

进、止二词,即9.19之进、止。故当同看。

链接

6.3;6.7;9.19;9.20;9.22;11.7

9.22

子曰:"苗而不秀者有矣夫!秀而不实者有矣夫!"

今译

夫子说:"只长苗而不开花有过的啊!只开花而不结果有过的啊!"

导读

这是孔子悼惜颜渊。

颜渊就如同茁壮的苗,可还没开花就夭折了。又如同鲜艳的花,还没结果就凋谢了。

孔子是想让颜渊来传承他的思想和学问的。但颜渊早早就死了,孔子伤心欲绝,故有这样的叹息。

成语　苗而不秀　秀而不实

链接　9.19;9.20;9.21;11.7;11.8;11.9;11.10;11.11

9.23

子曰:"后生可畏,焉知来者之不如今也?四十、五十而无闻焉,斯亦不足畏也已。"

今译

夫子说:"年轻人是值得敬畏的,怎么知道将来的人不如现在的人呢?(但如果到了)四十岁、五十岁还默默无闻,那也就不值得敬服了。"

导读

成材要趁早。

成语　后生可畏

链接　17.26

9.24

子曰:"法语之言[1],能无从乎?改之为贵。巽与之言[2],能无说乎?绎[3]之为贵。说而不绎,从而不改,吾末如之何也已矣!"

今译

夫子说:"符合道理的话,能不听从吗?(听了然后)改变自己才是可贵的。顺耳好听的话,能不让人高兴吗?但只有加以分析鉴别(有所取舍),才是可贵的。如果只高兴而不分析鉴别,只耳听而不改正,我实在没有什么办法啊。"

注释

1　法语之言:指符合礼法规范的正确的话。法:法则,规则,原则。

2　巽(xùn):通"逊",谦逊,恭顺。与:赞许,称赞。巽与之言:指那种顺耳好听的、恭维称道的话。

3　绎(yì):本义是抽丝。引申为寻究事理,分析鉴别以便判断真假是非。

导读

知道理易,行道理难,是谓知易行难。

天下尽有法语之言巽与之言,只缺入耳入心的人。

9.25

子曰:"主忠信,毋友不如己者,过则勿惮改。"

导读

本则与1.8内容重出。

链接　1.8

9.26

子曰:"三军可夺¹帅也,匹夫²不可夺志也。"

今译

夫子说:"三军可以改换它的主帅,一个男子汉,不可以强迫他改变志向。"

注释

1　三军:军队的通称。夺:改变,改换。
2　匹夫:普通的人,男子汉。

导读

志向的可贵不在于大小,而在于坚定。

不为自己的懈怠而改变,亦不为外力的强迫或外在的诱惑而改变。

匹夫不可夺志,是孔子对个体人格独立的认知与肯定,是对自由意志的弘扬与赞美。

9.27

子曰:"衣敝缊¹袍,与衣狐貉者立,而不耻者,其由也与!'不忮不求,何用不臧²?'"子路终身诵之。子曰:"是道也,何足以臧?"

今译

夫子说:"穿着破旧的丝棉袍子,同穿着狐貉皮袍子的人在一起站着,而不觉得羞惭的人,大概只有仲由吧!(《诗经》上说:)'不嫉妒,不贪求,为何不好?'"子路终身都念诵这两句诗。夫子说:"仅仅这样做怎么能好呢?"

注释

1 衣:作动词,穿。敝:破旧,坏。缊(yùn):乱麻、旧棉絮。
2 "不忮"二句:出自《诗经·邶风·雄雉》。忮(zhì):嫉妒别人。求:贪求财物。何用:用何,因何,为什么。臧(zāng):好,善。

导读

子路最无小人之心,最无虚荣心,所以,他能穿着破衣旧衫站在一群衣着华贵的人中间,而且坦然自若。

这需要足够的精神力量,有这种精神力量,才有这种自信。

而精神力量,又来自对精神的信仰。在一个普遍信仰物质财富和艳羡世俗成功的人群中,一个有着精神信仰,从而具有精神力量的人,是鹤立鸡群的。

子路是孔门弟子中最具有肉体力量的人,他武艺高强。他那么推崇勇敢,并为自己的勇气自豪。

但同时,在他的内心深处,他又是那么信仰精神力量。他出身是卞之野人,但他最有贵族气象。

此章可以参看上一章之"匹夫不可夺志",都是对个体独立人格和自由意志的赞美。

此章中孔子的形象也很有趣:他先夸子路——既不嫉妒又不贪,他凭这点就会好。

受到夫子的夸奖,子路马上得意起来了:他整天念叨着那两句古诗,像是在给自己做广告。孔子马上又来告诫他：既不嫉妒又不贪，光凭这点哪会好？

> **成语**　不忮不求

> **链接**　9.26

9.28

子曰："岁寒，然后知松柏之后凋也。"

> **今译**
> 夫子说："天冷了，然后才知道松柏是最后落叶的。"

> **导读**
> 最后关头，才知道谁是真正英雄。
> 人之意志、品质、才能，在最困难的时候，才得到真正的检验。

> **成语**　岁寒松柏　松柏后凋

9.29

子曰："知者不惑，仁者不忧，勇者不惧。"

> **今译**
> 夫子说："智慧的人不迷惑，仁德的人不忧愁，勇敢的人不畏惧。"

> **导读**
> 知者不惑，是因为他的智慧使自己明理，足以解惑；仁者不忧，是因为他的仁德使自己无私，足以忘忧；勇者不惧，是因为他的勇敢来自

正气，足以镇邪。

这三句话反过来说也很有道理：智者惑，仁者忧，勇者惧。

其实，这一章与6.23一样，都不是判断，而是描摹，孔子不是在证明一个事实，他只是在描摹一种境界；他不是在证明一个实在而未明之事物，而是在证信一种高远的境界、一种含蕴的气质、一种浑浩的气象。

▍**成语**　勇者不惧

▍**链接**　6.23；9.5；14.28

9.30

子曰："可与共学，未可与适道[1]。可与适道，未可与立。可与立，未可与权[2]。"

▍**今译**
夫子说："能够一起学习的人，未必能一起达到道的境界。能够一起达到道的境界的人，未必能一起立身于道中。能够一起立身于道中的人，未必能与他一起灵活运用道。"

▍**注释**
1　适：往。这里含有达到、学到的意思。道：指真理。
2　权：权变，随机应变。

▍**导读**
孔子这里说了四种层次：一起学习的人；一起学到了道的人；一起立身于道的人；能灵活运用道的人。

每上一层，就会淘汰一批人，到了最后，可能只剩孔子一个人。

学识越深，身边的同伴越少。

曲高自然和寡。德高自然孤独。

这一章其实还是孔子的自传，可与2.4同看。

孔子独处高绝的道德学问之巅，寂寞深深。

另，第9篇连续五章（9.26、9.27、9.28、9.29、9.30）都是在叹美独立人格与自由意志。26章讲坚定，27章讲独立，28章讲品质，29章讲呈现。30章则讲独立人格自由意志之不易建立。

▎链接　2.4；9.26；9.27；9.28；9.29；9.30

9.31

"唐棣之华，偏其反而。岂不尔思？室是远而[1]。"子曰："未之思也，夫何远之有？"

▎今译

（古诗说：）"唐棣树的花呀，翩翩地摇呀。难道我不想你？你住的远呀。"夫子说："还是没有真正想念啊，哪是什么遥远不遥远的问题呢？"

▎注释

1 "唐棣"四句：古诗。唐棣（dì）：又作棠棣，树木名。华：同"花"。偏其反而：唐棣之花在风中翩飞翻舞。偏：同"翩"。反：通"翻"，翻动。而：语助词，没有实际意义。岂不尔思：即"岂不思尔"。尔：你。室：居住之处。

▎导读

古人很浪漫，多情而且深情。孔子盯着这几句诗，默念着这几句诗，他更浪漫。他说，你要是真想，你就千万里千万里地去追寻呀！嫌远，还不是真思念嘛。

孔子心中是有诗的。

当然,也许孔子此时并无浪漫的念头。他只是由此及彼地想到了对道的追求。于是,他说:

仁远乎哉?我欲仁,斯仁至矣(7.30)。

求爱和求道,爱人和爱知识、爱道德,其道理是相通的。

▌ **链接** 7.30

乡党第十

10.1—10.5

孔子于乡党，恂恂如也，似不能言者；其在宗庙朝廷，便便[1]言，唯谨尔。

朝，与下大夫言，侃侃如也；与上大夫言，訚訚如也；君在，踧踖如也，与与[2]如也。

君召使摈，色勃如也，足躩如也；揖所与立，左右手，衣前后，襜如也；趋进，翼如也[3]；宾退，必复命曰："宾不顾矣。"

入公门，鞠躬[4]如也，如不容。立不中门，行不履阈[5]。过位[6]，色勃如也，足躩如也，其言似不足者。摄齐[7]升堂，鞠躬如也，屏气似不息者。出，降一等[8]，逞颜色，怡怡如也。没阶，趋进，翼如也。复其位[9]，踧踖如也。

执圭[10]，鞠躬如也，如不胜。上如揖，下如授。勃如战色，足蹜蹜如有循。享礼，有容色。私觌[11]，愉愉如也。

今译

孔子在本乡本里时，恭顺温和谦逊，好像不会说话一样；他在宗庙里，朝廷上，说话清楚、明白，只是很严谨慎重，不放肆。

上朝的时候，同下大夫谈话时，温和快乐的样子；同上大夫谈话时，正直恭敬的样子。国君在，恭敬而心里不安的样子，行步安详的样子。

君主召见他让他去接待外宾，他面色庄重，步履加快。向两旁的人作揖，向左边的人作揖时，拱手向左，向右边的人作揖时，拱手向右，礼服（随着他的动作）一俯一仰，很整齐；快步向前时，好像鸟儿舒展翅膀。外宾辞别以后，一定回来向国君报告说："客人已经不再回头了。"

走进朝廷的门，小心而恭敬的样子，好像无地自容一样。不站在门的中间，走路时脚不踩门槛。经过国君的座位，面色庄重，脚步加快，说话（小心翼翼）好像气不足似的。提起衣服下摆走上殿堂，小心而恭敬的样子，屏住气，好像不呼吸一般。走出来，下一级台阶，面色舒展，怡然和悦的样子。走完了台阶，便疾步向前，好像鸟儿舒展了翅膀。回到自己的席位上，显出恭敬而内心不安的样子。

（出使外国行礼的时候，）拿着圭玉，恭敬小心好像力量不足，举不起来。向上举，好像作揖；向下拿，好像交给别人。面色庄严战战兢兢，脚步紧张而小心，好像踩着一条看不见的线在走。献礼时，便满脸和悦。以私人身份会见外国君臣时，和悦轻松的样子。

注释

1　恂恂（xún）：恭顺的样子。便便（pián）：坦率和悦的样子。

2　侃侃：温和快乐的样子。訚訚（yín）：正直而恭顺的样子。踧踖（cù jí）：恭敬谨慎的样子。与与：谦恭安详的样子。

3　摈：通"傧"，导引宾客。勃如：庄重、矜持的样子。躩（jué）如：行走端正的样子。所与立：和他一起在场的人。左右手：向左右两边拱手作揖。衣前后，襜如也：礼服俯仰之间，整齐不乱。襜（chān）如：整齐的样子。趋进，翼如也：快步向前时如鸟舒展双翼。

4　鞠躬：这里指小心恭敬。

5　阈（yù）：门限，门槛。

6　过位：经过国君的空位。

7　摄齐（zī）：提起衣服下摆。齐：衣下摆的缝，此指下摆。

8　出，降一等：朝见国君之后出来，走下第一级台阶。

9　没阶：走完最后一级台阶。复其位：回到自己的座位。

10　圭：玉器，大臣出访他国时，手持国君之圭作为信物。

11　觌（dí）：见。私觌：以私礼见。

导读

本篇导读俱见以下10.27。

成语　侃侃訚訚

10.6

[君子¹]不以绀緅饰。红紫不以为亵服²。当暑，袗絺绤³，必表而出之。缁衣羔裘，素衣麑裘，黄衣狐裘。亵裘长，短右袂。必有寝衣⁴，长一身有半。狐貉之厚以居。去丧，无所不佩。非帷裳，必杀之。羔裘玄冠不以吊。吉月，必朝服而朝。

今译

[君子]不用（近乎黑色的）天青色和铁灰色镶边。红色紫色不用来做贴身内衣。在暑天，穿着粗的或者细的葛布单衣，但一定加外套，并使它露在外面。黑衣配紫羔裘，白衣配小鹿皮裘，黄衣配狐皮裘。（因为颜色相近而般配。）贴身皮袄较长，右边的袖子较短（，这样，做事方便）。一定要有睡衣，长度约合身长的一又二分之一。用较厚的狐貉皮做坐垫。丧服满了以后，什么东西都可以佩戴。不是朝服和祭服，用整幅布做的裙子，一定裁去剩余的布料。不穿戴着紫羔皮裘和黑色礼帽去吊丧。正月初一，一定要穿着上朝的礼服去朝贺。

注释

1 此"君子"二字疑是衍文。因为整个《乡党第十》篇的主语都是省略的,这省略的主语就是"子"或"孔子"。

2 绀緅(gàn zōu):指两种近于黑色的颜色。古时祭服为黑色,所以孔子不用近于黑色的绀緅色来做饰边。红紫:红色是表示贵重的颜色,紫色近于红色,所以这两种颜色都不用来做内衣。这些做法都是为了表示尊敬而不敢亵渎。

3 袗(zhěn):单,此处作动词用,穿单衣的意思。绤(chī):细葛布。绤(xì):粗葛布。

4 寝衣:即睡衣。

10.7—10.26

齐,必有明衣[1],布。齐必变食,居必迁坐。

食不厌精,脍不厌细。食饐而餲[2],鱼馁而肉败,不食;色恶,不食;臭恶,不食;失饪,不食;不时,不食;割不正,不食;不得其酱,不食;肉虽多,不使胜食气。唯酒无量,不及乱。沽酒市脯,不食。不撤姜食,不多食。

祭于公,不宿肉[3]。祭肉,不出三日。出三日,不食之矣。

食不语,寝不言。

虽疏食菜羹,瓜祭[4],必齐如也。

席不正,不坐。

乡人饮酒,杖者出,斯出矣。

乡人傩,朝服而立于阼阶。

问人于他邦,再拜而送之。

康子馈药,拜而受之,曰:"丘未达,不敢尝。"

厩焚。子退朝，曰："伤人乎？"不问马。

君赐食，必正席先尝之。君赐腥，必熟而荐[5]之。君赐生，必畜之。侍食于君，君祭，先饭。

疾，君视之。东首，加朝服，拖绅。

君命召，不俟驾行矣。

入太庙，每事问。

朋友死，无所归，曰："于我殡。"

朋友之馈，虽车马，非祭肉，不拜。

寝不尸，居不客。

见齐衰者，虽狎必变。见冕者与瞽者，虽亵必以貌。凶服者式[6]之。式负版者。有盛馔，必变色而作。迅雷风烈，必变。

升车必正立，执绥。车中不内顾，不疾言，不亲指。

今译

斋戒沐浴时，一定有洁净的浴衣，是用布做的。斋戒时，一定改变平常的饮食，又改变日常的居处（不与妻妾同房）。

饭食不嫌精致，鱼肉不嫌精细。饭食霉烂发臭，鱼烂了、肉腐了，不吃；颜色变坏了，不吃；气味不好了，不吃；烹调不好，不吃；不按时，不吃；切割得不方正的肉，不吃；没有调味的酱醋，不吃。席上肉多，不贪吃而让它败坏胃口。只有酒不限量，但不至于醉乱。买来的酒和肉干，不吃。（吃完了，）姜不撤去，但也不多吃。

参加国家的祭礼，分得的祭肉不过夜。自家祭肉留存不超过三天。如果过了三天，便不吃它了。

吃饭睡觉的时候，不说话。

即使是粗食、菜汤和瓜果的祭祀，祭的时候也一定如斋戒一样恭敬。

坐席摆的方向不合礼制，不坐。

举行乡人饮酒礼后，要等老人都离去，自己才走出去。

乡里迎神驱鬼，穿着朝服站在东边台阶上。

托人向外国朋友送礼问候，向受托者拜两次送行。

季康子赠送药品给他，他拜而受之，（事后又）说："我对这药性还不了解，不敢试服。"

家里的马棚失火，先生从朝廷回来，急问："伤人没有？"并不问马。

鲁君赐予食品，一定端正座位先尝一尝。鲁君赐予生肉，一定煮熟了敬献祖先。鲁君赐予活物，一定畜养着。陪鲁君吃饭，鲁君饭前举行祭礼的时候，自己先吃饭（不吃菜）。

病了，鲁君来探问。他头朝东卧，身上盖着上朝服，拖着大带。

鲁君召唤，不等待车马驾好，立即徒步先行。

进入周公庙助祭，每件事情都去询问他人。

朋友死亡，若没有人收殓，他说："丧葬由我来料理。"

朋友有赠品，除了祭肉，即使是车马这样珍贵之物，也不行礼。

睡觉时不像死尸一样（四肢直挺），平日闲坐，也不像做客人一般拘谨。

看见穿丧服的人，即使是平时很随便的人，也一定要改变态度（表示同情）。看见戴礼帽的人和盲人，即使是平时很亲热的人，也一定有礼貌。在车中遇着服丧服的人，便把身体微向前俯，手扶车前横木（表示同情）。遇见背负国家图籍的人，也手扶车前横木示礼。有丰盛的肴馔，一定改变神色先站起来。遇见疾雷或者大风，一定改变神态。

上了车一定端正地站着，拉着扶手带。在车里不回头看，不高声说话，不用手指指点点。

注释

1　齐：即斋。明衣：浴衣。

2　饐（yì）：馊臭。餲（ài）：变味。

3　祭于公，不宿肉：古代的大夫、士有助祭之礼，即他们带着自己家的肉去助天子的祭祀，当天清晨宰杀牲畜，然后带去祭祀，第二天又举行"绎祭"（再祭），然后才允许各人把自己带来的祭肉带回家，这样祭肉至少已有一两天了，故不能再存放一夜。下文"祭肉，不出三日"也是担心时久变质，不卫生。

4 瓜祭：《鲁论语》作"必祭"。古文有"探下文而省例"（俞樾《古书疑义举例》），"疏食菜羹"的"祭"因"瓜"后的"祭"字而省略了。

5 腥：生肉。荐：进奉（祖先）。

6 式：车前横木，此指凭倚车轼，表示恭敬。

| **成语**　食不厌精，脍不厌细　迅雷风烈

10.27

色斯举矣，翔而后集，曰："山梁雌雉！时哉！时哉！"子路共之[1]，三嗅而作[2]。

| **今译**

人的脸色稍有不对，野鸡就展翅高飞了。飞翔了一阵之后又落在树上，（夫子）说："山梁上的雌野鸡！识时务呀！识时务呀！"子路于是给野鸡供食，野鸡嗅了几次，没有吃，飞走了。

| **注释**

1 共：供。子路闻孔子赞叹野鸡，乃供食之。

2 三嗅而作：子路投食喂养，雉三嗅之，不敢食而起飞。

| **导读**

此《乡党第十》篇原不分章，后人分为若干章，我则将这若干章归

置为四个部分。理由是：

第一部分（10.1—10.5）的内容和第三部分（10.7—10.26）的内容，都是第三者的陈述语气，省略掉的主语都应是孔子。以往一般的译文都加上"孔子"二字，我以为加不加"孔子"二字意思并无变化，我谨依原文，依旧把它省略了。这两大部分都是在向我们客观地描述孔子在不同场合下的行为做派，以彰显孔子的圣人气质。

第二部分（10.6）开头有"君子"二字，与全章的叙述角度大不相同，但若删去"君子"二字，则主语依然可以看成"孔子"，其基本内容又可与全篇浑然一体。所以，我以为这二字乃是衍文。翻译时保留但加上方括号。

第四部分（10.27）在这一篇中最为不伦不类，整个叙述语气和上文极不相同，而且语义也含混而难以索解。我以为这是衍文，或从其他篇章中某处窜入该处，并且前后有脱落。这一章注家纷纭。考虑到读者的兴趣及阅读心理，只以前人注释中较为平易者为准，姑注译如上。

这一篇对孔子的描述显然是亲眼所见亲耳所闻的孔门弟子作的。所以真实而虔诚，甚至有些琐碎。但正因为其琐碎，令我们愈相信其真实性。

总的来看，孔子是一个温柔敦厚有圣人气象的人物。他的思想是中庸而不偏激的；他的性格是温良恭俭让而略显拘谨的；他的行为是循礼而不狂狷的。至于他的一些具体言行，比如穿衣吃饭，以及在不同场合下的神情与做派，可能只是他个性使然，不一定是他有意识这样或那样，以便给当时人及后来人垂范的。因此，后人也不必揣摸其用意（因为很可能他并无用意）并加以模仿。但是，他既是内在修养极深的人，他的言行就必有其道德上的根基与意义，他的弟子们也正是从这一点来理解他们老师的一言一行、一举一动，并虔诚地记录在案，让后来者一方面据此了解他们的老师，与他们一起敬爱并追随他们的老师，另一方面也想把它作为我们的行动指南和行为规范的。

先进第十一

11.1

子曰:"先进于礼乐¹,野人²也。后进于礼乐,君子³也。如用之,则吾从先进。"

▍今译

夫子说:"先学习礼乐(后做官)的人,往往是在野的人。(先有了官职)而后学习礼乐的人,常常是卿大夫的子弟。如果要选用他们,我将选用先学习礼乐的人。"

▍注释

1 "先进"句:指先学习礼乐方面的知识并有所进益,然后再去做官,"后进"反之。

2 野人:这里指庶民,没有爵禄的平民。与世袭贵族相对。

3 君子:这里指有爵禄的贵族,世卿子弟。

▍导读

在野之人,无所凭依,只能先进于礼乐。贵族子弟,有所依仗,往往是后进于礼乐。

孔子赞成前者,是因为学习并掌握礼乐是做官的前提条件。前提还不具备，怎么先做官了？

　　当然，那时普遍存在的大约是后者：卿大夫子弟承袭父兄庇荫，不学而先授官。照这种做法，做官的前提条件就是"出身"了。

　　孔子虽然主张"亲亲"，但也讲究"任人唯贤"。

｜链接　　11.25；19.13

11.2

　　子曰："从我于陈、蔡者¹，皆不及门²也。"

｜今译

　　夫子说："跟着我在陈国、蔡国受磨难的弟子们，现在都不在我的门下了。"

｜注释

1　"从我"句：公元前489年，孔子周游列国，率领弟子们从陈国去蔡国。途中，楚国派人来聘请孔子，孔子准备去楚国。陈、蔡大夫怕孔子到楚国受重用后于己不利，便一起派人把孔子围困在郊野。孔子和弟子们断粮七天，许多人饿得不能行走。后由子贡去楚国告急，楚昭王派兵前来迎接孔子，才获解救。当时随从孔子的弟子有子路、子贡、颜渊等。公元前484年，孔子返回鲁国后，子路、子贡等先后离开了他而各奔前程，颜渊病死。想起他们，想起那过去的岁月，已届暮年的孔子常常感慨万千。

2　不及门：不在门下了，离开自己了。

｜导读

　　孔子怀念旧人，很感人。

他大概也在怀念那一段风尘仆仆磨难重重而又满怀希望与热情的时光与年华吧。但一切都逝去了。

▌链接　9.17；11.3

11.3

德行：颜渊，闵子骞，冉伯牛，仲弓。言语：宰我，子贡。政事：冉有，季路。文学：子游，子夏[1]。

▌今译

德行优秀的：颜渊，闵子骞，冉伯牛，仲弓。擅长言语的：宰我，子贡。通晓政事的：冉有，季路。精通文献的：子游，子夏。

▌注释

1　钱穆《论语新解》："此下非孔子语，乃记者因孔子言而附记及之，以见孔门学风先后之异。若记孔子语，则诸弟子当称名，不称字。"当从。

▌导读

此章应与上章合一。上章为孔子怀旧，此章则弟子承接孔子之言，附记当时孔门彬彬之盛。孔门的弟子各有所长。他那里是一个一流人才库。这里提到的十个人，后世把他们称为"孔门十哲"。

▌链接　11.2

11.4

子曰："回也非助我者也，于吾言无所不说。"

今译

夫子说:"颜回不是能对我有助益的人,(因为他)对我所说的话,没有不心悦诚服的。"

导读

可能是由于对老师的过分崇拜和虔诚(9.11),也可能是由于天性的恭顺,更可能是由于德性的浑厚淳朴,颜渊从来不违背孔子(2.9),从来不对孔子的意见有质疑和反诘,甚至连进一步的提问都不大有。孔子是提倡"教学相长"的,学生的进一步疑问与反诘可以促使老师对自己的观点和思想进行进一步的思考和补充,从而有所进益。孔子学生中,像子路就常常反诘老师,子贡、樊迟、冉求等一大批弟子也是不断地向老师提各种各样的问题,老师回答了,若他们不满意或不明白,他们也一定要探问到底,所以,他们与孔子在一起,往往变教与学为自由交谈与对话,师生在各种观点和思想及思想方法的碰撞中,互有收益,互有长进。这就是"教学相长"(《礼记·学记》)。这一章是《论语》中孔子唯一批评颜渊的一次。由此我们也可以知道,孔子是希望弟子们反复诘问的,并非常有意识地从学生的诘问中完善自己观点,深入自己的思考。

链接 2.9;9.11

11.5

子曰:"孝哉闵子骞[1]!人不间于其父母昆[2]弟之言。"

今译

夫子说:"真孝顺呀闵子骞!人们不会挑剔他父母兄弟(称赞他孝)的话。"

注释

1　孔子称弟子，例直呼其名，唯此处闵子骞例外。大约闵子骞视孔子为师，而孔子以闵子骞为友，如《水浒传》中智真长老与鲁智深。

2　间：挑剔，找毛病。昆：兄。

导读

闵子骞做到了让人无可挑剔。

做事，问心无愧易，使人无疑难。孟子曰："有不虞之誉，有求全之毁。"做事而能让他人也无可挑剔，无话可说，是难得的。

链接　6.9；11.3；11.13；11.14

11.6

南容三复白圭[1]，孔子以其兄之子妻之。

今译

南容一天到晚反复诵读关于"白圭"的诗句，孔子便把自己哥哥的女儿嫁给了他。

注释

1　南容：即南宫适（见5.2注释）。三复：多次重复。白圭：指《诗经·大雅·抑》中的句子："白圭之玷，尚可磨也（白圭上的斑点污点，还可以磨掉）；斯言之玷，不可为也（言语中的错误，是不能收回的）。"大意是说话一定要小心谨慎，否则悔之无及。

导读

南宫适的最大优点就是谨慎，谨言慎行。5.2记孔子评价南宫适是："邦有道，不废；邦无道，免于刑戮。"处无道之邦，而可以免于刑戮，就是他言语谨慎，14.3章："子曰：'邦有道，危言危行；邦无道，危行言孙。'"把这两章结合起来看，当可以更好地理解南宫适为什么反复念叨"白圭之玷，尚可磨也；斯言之玷，不可为也"。

孔子自己一生谨慎，所以他也喜欢谨慎的人。在一个人权没有保障的乱世，谨慎确实是必要品质。把自己的侄女嫁给这样的人，也是图一个安全吧。

成语　三复斯言

链接　5.2；14.3

11.7

季康子问："弟子孰为好学？"孔子对曰："有颜回者好学，不幸短命死矣！今也则亡。"

今译

季康子问："（你的）弟子中谁是爱好学习的呢？"孔子回答："有一个叫颜回的很好学，不幸短命死了！如今便没有好学的人了。"

导读

见6.3。

链接　6.3；6.7；9.20；9.21

11.8

颜渊死，颜路请子之车以为之椁¹。子曰："才不才，亦各言其子也。鲤²也死，有棺而无椁。吾不徒行以为之椁。以吾从大夫之后³，不可徒行也⁴。"

今译

颜渊死了，颜路请求孔子用自己的车给颜渊做个椁。夫子说："不管有才无才，总都是为了自己的儿子。我儿子孔鲤死时，就只有棺而没有椁。我不能（卖掉车）步行来给颜回买椁。因为我过去当过大夫，是不可以步行的。"

注释

1 颜路：姓颜，名无繇（yóu），字路，颜渊的父亲。孔子弟子。椁（guǒ）：古代有地位的人，棺材有两层：内层直接装殓尸体，叫"棺"；外面还套着一层套棺，叫"椁"，合称"棺椁"。"颜路请子之车以为之椁"当是以此车之木料为椁，而非一般理解之卖车筹款。当时乘车，是一种身份，绝非可以市场买卖。

2 鲤：孔鲤，孔子儿子。

3 从大夫之后：跟从在大夫们的后面。此是自己曾是大夫（孔子任鲁国司寇，是主管治安与司法的行政长官）的谦虚的表达方法。按礼大夫出门要坐车，否则为失礼。

4 按，此章疑点极多：一、孔子不至于为颜渊办椁的能力都没有。二、弟子中亦当有能办愿办者，下章言门人厚葬可证。三、春秋之时，木料当非紧缺贵重之物。疑当时风俗以特定人物所乘车之木料为椁乃一特殊恩遇，颜渊为孔门第一高徒，道德学问最高，颜路请孔子车料为颜渊椁，当是一种荣耀或作为孔门第一弟子身份之确认。

钱穆《论语新解》："本章极多疑者。……窃谓孔子距今逾两千五百年，此等细节，岂可一一知之。所知者，伯鱼卒，孔子已年七十，不为办椁。翌年，颜渊死，孔子亦不为办椁，此则明白可知者。若上举诸疑，琐碎已甚，岂能必求答案。有志于学者，不宜在微末处骋才辨，滋枝节。"

导读

那么一个杰出的儿子死了,做父亲的一定悲痛欲绝。情急之中向做老师的孔子提出这种过分而不合情理的要求,也可以理解。

这样一个杰出的学生死了,做老师的也一定万分悲痛。何况孔子早就把颜渊视同自己的儿子(11.11)。

但悲痛之中,孔子还是拒绝了颜路的要求。说出来的理由有二:一是自己从大夫之后不可徒行,试想,孔子为鲁"国老",不时要朝见鲁君,从大夫之后徒行,成何体统。何况孔子老迈,风烛残年,以老迈之龙钟步履,随大夫之辘辘车声,于理固其不可,于情又将何堪。第二个理由,是孔鲤也是有棺无椁。这条理由不独是孔子视颜渊如子,更是考虑到颜家的经济状况。儒家虽然提倡厚葬,但要求"称家之有无"(《礼记·檀弓》),颜渊家十分贫穷,老父还在,死时厚葬,是不应该的。若拆了老师的车去办椁,家里也定会倾其所有来陪葬,这是陷死者颜渊于不义了。孔子爱护颜渊,怎能让他死后担此恶名?

链接
9.5;9.20;9.21;9.22;11.7;11.9;11.10;11.11

11.9

颜渊死,子曰:"噫!天丧予[1]!天丧予!"

今译

颜渊死了,夫子说:"唉!天灭我呀!天灭我呀!"

注释

1 丧:亡,使……灭亡。即9.5章中"天之将丧斯文也""天之未丧斯文也"之"丧"。予:我。

导读

孔子本想在自己老死后，让颜渊接过他的文明接力棒的。现在颜渊先死了，他担心自己的思想和学问无人承传了，所以悲痛欲绝，连说"天灭我呀！天灭我呀！"

链接   9.5；9.20；9.21；9.22；11.7；11.8；11.10；11.11

11.10

颜渊死，子哭之恸[1]。从者曰："子恸矣！"曰："有恸乎？非夫人之为恸而谁为[2]？"

今译

颜渊死了，夫子哭得很悲痛。随从的人说："夫子您太哀痛了！"夫子说："是太哀痛了吗？我不为这样的人哀痛还为谁呢？"

注释

1　恸（tòng）：极度哀痛，悲伤。
2　"非夫人"句：即"非为夫人恸而为谁"的倒装。夫人：这个人，那个人，代指死者颜渊。之：虚词，在语法上只起到帮助倒装的作用。

导读

这个人，"其心三月不违仁"（6.7）；这个人，"不迁怒，不贰过"（6.3）；这个人，"语之而不惰"（9.20）；这个人，"见其进"，"未见其止"（9.21）；这个人，对老师之言，"无所不说（悦）"（11.4）；这个人，"用之则行，舍之则藏"（7.11）；这个人，"闻一以知十"（5.9）；这个人，身处贫穷却安贫乐道（6.11）——可是，就是这个人，却在41岁上早死，如此"苗而不秀"，"秀而不实"（9.22），孔子不为他痛，还为谁痛?

谁的眼泪在飞？年迈的孔子已不能自持。

▎**链接** 5.9；6.3；6.7；6.11；7.11；9.20；9.21；9.22；11.4；11.8；11.9；11.11

11.11

颜渊死，门人欲厚葬之。子曰："不可！"门人厚葬之。子曰："回也视予犹父也，予不得视犹子也。非我也，夫二三子也。"

▎**今译**

颜渊死了，同门想厚葬他。夫子说："不可以！"门人仍然厚葬了颜渊。夫子说："颜回呀，你看待我如同父亲，我却不能看待你如同儿子啊（我是想照当初安葬孔鲤的样子来安葬你啊）。现在搞成这样不是我的主意呀，是你那班同学干的呀。"

▎**导读**

这里接连好几章与第9篇中的20、21、22三章一样，都是记录颜渊的死，涉及的人有颜渊的家人（父亲颜路）、颜渊的同学，当然孔子是最主要的人。孔门师徒全卷进去了。可见，颜渊的死，是孔门的一件大事，这是孔门由盛转衰的标志，它像一块乌云，遮住了天空中的太阳，阴霾笼罩下来。颜渊的死，预示着更大变故的到来：孔子的死。孔子一死，弟子云散。这些安葬颜渊的人心里明白，不久，他们就要安葬他们敬爱的夫子了。而夫子一死，茫茫人海，世道混乱，他们何去何从？每个人的心里，定都是一派悲凉。

▎**链接** 9.20；9.21；9.22；11.8；11.9；11.10

11.12

季路问事鬼神，子曰："未能事人，焉能事鬼？"曰："敢问死？"曰："未知生，焉知死？"

今译

子路问怎样事奉鬼神，夫子说："还不能把人事奉好，怎能事奉鬼？"（子路又）说："我大胆地问，死是怎么回事？"（夫子）说："生的道理还没明白，怎能懂得死呢？"

导读

此章紧承记录颜渊之死之11.8、11.9、11.10、11.11四章，当为子路办完颜渊丧事，离鲁赴卫之时。

颜渊死了，子路也老了。这个强亢一生的人，看到比他小21岁的颜渊竟然衰病去世，已62岁的他，不免有了迟暮之感。他原先是天不怕地不怕的，但他现在也想事事鬼神了。孔子大约看出了子路内心精神的衰退，便想拉他一把，推他一掌，把他从衰老和死亡的阴影中推出来。但子路内心中死亡的阴影大约太沉重了，他动情地问老师：老师，您给我谈谈死亡吧。夫子说："你怎么会想到这个问题呢？你的人生还长着呢！你还没有活够呢！怎么做人做事的道理你还不明白呢！还有很多事业等你去完成呢，谈什么死！"

这种拒绝与斥责式语气，实际上是对子路的安慰。孔子知道若不能拂去子路心头死亡的阴影，便只有用生的光芒去覆盖这阴影。但效果怎样呢？大约是子路站起来，默默地走开了吧。孔子望着子路的背影，心中一片苍凉。

子路离鲁适卫，心知归来或不见夫子其人只见夫子其鬼也，心知归来或不能事夫子其人只能事夫子之鬼也。故问事鬼神者，问事夫子之如何"葬之以礼，祭之以礼"也。子路此问，可见子路此时之依依不舍而满腹惆怅心事也。岂料子路竟先"不得其死"于卫，反贻老师椎心泣血之痛。世事苍茫，人间悲凉，岂可言哉！

链接　11.13

11.13

闵子侍侧，誾誾如也；子路，行行如也；冉有、子贡，侃侃如也。子乐。"若由也，不得其死然。"

今译

闵子立在夫子身边，正直而恭顺的气质；子路，刚强而直率的气质；冉有、子贡，温和而快乐的气质。夫子看着他们，粲然一乐。（又忧心忡忡地说：）"像仲由这样（刚强），恐怕不得其死啊。"

导读

老子说："强梁者不得其死。"子路刚强，孔子也担心他因此不得其死。而孔子的担心后来竟成了事实：子路后来果然在卫国的孔悝（kuī）之乱里，因刚直不挠不知回避而被人杀死。

了解这一点，就可以理解孔子为什么老是打击子路、折辱子路了。孔子每对子路"下毒手"（李贽《四书评》），实际上是爱惜他，希望他有所改变，摧刚为柔。这是孔子对子路的爱心啊！

上一章子路心忧老师之死，这一章老师担心子路之不得其死，读之恻然心伤。

成语　不得其死

链接　7.11；11.15；11.22；15.2；17.8；17.23

11.14

鲁人为长府[1]。闵子骞曰:"仍旧贯,如之何?何必改作?"子曰:"夫人[2]不言,言必有中[3]。"

今译

鲁国的执政者要改建国库长府。闵子骞说:"保持老样子,怎么样?何必改建呢?"夫子说:"这个人不说则已,一说就说对了。"

注释

1 鲁人:指鲁国的当权者。为:在这里是改建、翻建的意思。长府:鲁国国库名。一说宫室名。

2 夫人:这个人。指闵子骞。

3 中(zhòng):这里指说的话能切中要害,说到点子上。

导读

孔子声援闵子,有三个原因:一是孔子守旧,一只觚造得和古制式不一样,他都伤心,认为是破坏了礼(6.25);现在鲁国要改建长府,谁知道那一帮不知礼的官僚们会把它弄成什么模样?所以,还是旧贯(老样子)好。老样子在当时确定式样时,是有承载某种价值的考量的,如觚之为觚,就是要造得窄小,诫人贪杯。换成大的样子,这个意义没有了。二是孔子历来崇尚节俭,反对大兴土木,耗费民财,尤其反对穷折腾。谁知道这一改建维修国库,会不会掏空国库?是否又会转嫁给百姓,加重各种苛捐杂税?三是鲁人为长府,可能与昭公曾居长府以攻季氏有关(《左传·昭公二十五年》),三家共逐昭公,昭公奔齐。流亡齐、晋八年后,昭公死于晋国乾侯,三家忌恨昭公,不立昭公子,立昭公弟公子宋为国君,是为鲁定公。昭公遭际可怜,鲁人有同情者,三家于是欲改作长府,以毁其旧迹,不使鲁人念想也。闵子时年二十,无谏诤之责,乃以微言讽之。

| **成语** 言必有中

| **链接** 6.9；11.3

11.15

子曰："由之瑟，奚为于丘之门¹？"门人不敬子路。子曰："由也升堂矣，未入于室也²。"

| **今译**

夫子说："仲由的那种瑟声，为什么在我这里弹？"弟子们（因此）不尊敬子路。夫子便说："仲由啊，在学习上已经达到'升堂'的程度了，只是还没做到'入室'。"

| **注释**

1　瑟：古代一种拨弦乐。为：做，弹瑟。丘之门：我（孔丘）这里。子路性情刚猛，中和不足，弹出的音调过于激越，"有杀伐之声"，不符合孔子的美学理想和道德理想。

2　堂：正厅。室：内室。从入门，到升堂，再到入室，孔子用此来比喻在学习上由浅入深的三个阶段：从入门初步掌握；到有相当高的水平；再到精微深奥的高妙境地。子路已达到第二阶段，很了不起了。

| **导读**

这是孔子对子路刚猛性格又一次予以告诫（参11.13）。

但当其他弟子因孔子老是批评贬低子路而对子路不够尊敬时，孔子又赶紧出来维护子路的尊严：仲由已经很了不起了，他的学问已经很高明了，我批评他，只是希望他能更进一步，臻于最高境界。

> **成语**　登堂入室（升堂入室）

> **链接**　7.11；11.13；11.22；15.2；17.8；17.23

11.16

子贡问："师与商也孰贤？"子曰："师也过，商也不及。"曰："然则师愈与¹？"子曰："过犹不及。"

> **今译**
> 子贡问："颛孙师和卜商谁好一些？"夫子说："师呢，过了，商呢，不够。"（子贡）说："那么是师（比较）好一些吗？"夫子说："过了和不够，是一样不好的。"

> **注释**
> 1　愈：胜过，更好些，强一些。与：同"欤"，语气助词，表疑问。

> **导读**
> 孔子是在说"中庸"。哲学上有个概念，叫"度"。不到这个"度"不好，超过这个"度"，也会变质。差之毫厘，谬以千里。举个例子：
> 自信很好——不足，叫自卑；过了，叫自大。自卑和自大，一样不好。

> **成语**　过犹不及

11.17

季氏富于周公¹，而求也为之聚敛而附益之。子曰："非吾徒也，小子鸣鼓而攻之可也。"

今译

季氏的富有已经违背了周公之典,而冉求还为季氏聚敛来增加他的财富。夫子说:"(冉求)不再是我的门徒了,你们敲着鼓去攻击他好了。"

注释

1　周公:周公旦。一说泛指周天子左右的公卿。钱穆《论语新解》:"此乃周公旦次子世袭为周公而留于周之王朝者。周、召世为周王室之公,犹三桓之世为鲁卿。今季氏以诸侯之卿而富过于王朝之周公。"然此乃臆测之言。何况留周之周公,何必富于诸国大夫;诸国大夫,又何必贫于周公。考《左传·哀公十一年》:"季孙欲以田赋,使冉有访诸仲尼。仲尼曰:'丘不识也。'三发,卒曰:'子为国老,待子而行,若之何子之不言也?'仲尼不对,而私于冉有曰:'君子之行也,度于礼:施取其厚,事举其中,敛从其薄。如是,则以丘亦足矣。若不度于礼,而贪冒无厌,则虽以田赋,将又不足。且子季孙若欲行而法,则周公之典在;若欲苟而行,又何访焉?'弗听。"据此,则富于周公者,季氏聚敛以自富,过于周公之典也。

导读

孔子反对季氏聚敛,有两个原因:一是季氏的富有已经超过了周公之典的规定,这是违礼。二是聚敛必然盘剥百姓。但他的学生冉求竟然帮着季氏不断聚敛财富,这不仅是助纣为虐,还是给老师脸上抹黑。所以他只好宣布开除冉求,清理门户。

成语　鸣鼓而攻

11.18

柴¹也愚，参²也鲁，师也辟³，由也喭⁴。

今译
高柴愚直，曾参迟钝，颛孙师偏激，仲由莽撞。

注释
1 柴：姓高，名柴，字子羔。
2 参：曾参。
3 师：颛（zhuān）孙师。辟：通"僻"，偏于一隅，偏激。
4 由：仲由。喭（yàn）：粗鲁，莽撞。

导读
这是孔子对他几个弟子天赋气质与性情的评价。高柴和曾参天资比较愚钝，颛孙师思想好偏激，而仲由则性情粗鲁。

孔子了解这些学生，然后才能因材施教。需要指出的是，孔子这几句话是在说四位弟子性情天赋之不足与偏至，但是，却又并非批评，而是陈述。从中可见孔子对他这几个弟子偏至的个性虽然有些遗憾，但也容忍、默认，甚至有些欣赏：愚者，大智若愚。鲁者，自有一份执着。辟者，偏至也，人人有偏至，这世界的各个领域才能开拓，世界才能越来越大、越来越开阔。教育者岂不也要这样的开阔？喭也者，鲁莽，而世界好多大事就是鲁莽者做成。

11.19

子曰："回也其庶¹乎？屡空²。赐不受命³，而货殖焉，亿⁴则屡中。"

今译

夫子说:"颜回嘛,道德学问都差不多了吧?可是常常穷得没办法。端木赐不听我话,去做买卖,预测(市场行情)却常常能猜中。"

注释

1 庶:庶几,差不多。

2 空:指贫乏,困穷,穷得没办法。

3 不受命:诸家纷纭,约有四解:一、不受禄命,即不出仕;二、没得公家允许,私自经商;三、不受天命;四、不受教命,即不听老师教导。孔子此言,有批评之意,而一解不当批评,盖颜渊也不受禄命,反得表扬;三解不必批评,以不受天命而批评人,显得大而无当;二解私自经商,子贡行非一日,甚或入门之前即已经商,孔子此刻又何必以此说事。杨逢彬《论语新注新译》:"我们全面考察了《左传》《礼记》二书中的全部'受命'几十处用例,所谓'受命',泛指接受上对下的指令,特指接受上天或祖先或君主的命令。也有接受指教的……"当以杨说为妥。此不受命,即不受师命。不受师命,孔子正当微责而惋惜之也。

4 亿:同"臆",估计,猜测。

导读

道德学问与富贵往往无关,颜渊道德学问高于端木赐,但端木赐是豪富,颜渊是赤贫。一箪食,一瓢饮,在陋巷,过着穷日子。唉,是"君子固穷"(15.2),还是"死生有命,富贵在天"(12.5)?孔子也只有感慨,而无结论,更无怨怅。于颜渊,"屡空"不过是"求仁得仁",正该"不改其乐",岂有怨天尤人?

成语   亿则屡中

链接   6.11;12.5;15.2

11.20

子张问善人之道。子曰:"不践迹,亦不入于室。"

今译

子张问做善人的途径。夫子说:"(善人当然没有一定的规则,所以也)不必亦步亦趋,(但是,没有一个榜样的引导)也还不能'入室'。"

导读

此章意思颇周折,姑增字译如上。

善人,首先是有一颗向善的心而不是一个固定的模式。但是,没有前代善人做榜样,就不知道为善的正确途径,就不能在为善上"入室"。

链接　7.26;11.15;13.11

11.21

子曰:"论笃是与[1]。君子者乎?色庄[2]者乎?"

今译

夫子说:"那些总是称述言论平实持重的人,是真正的君子呢?还是仅仅在神色上伪装持重的(乡愿)呢?"

注释

1　论笃是与:即"与论笃"。论笃:言论诚恳笃实。与:赞许。是:无实义,起帮助"论笃"这一宾语提前的语法作用。

2　色庄:神色庄重。这里指做出一副庄重的样子。

导读

孔子深察社会,深察人心,看多了世道人心,看多了人的种种伪装与把戏,所以往往能火眼金睛,一针见血:有些人总是一副老成持重的样子,说话不偏不倚,神色不怒不喜,实际上呢?往往是真正的大妖邪之人!

理性的本质其实是自私,而很多所谓专业主义的稳妥分析往往也是屏蔽最初一念之本心,屏蔽童心。面对这个世界的很多问题,我们固然需要专业理性的分析,但也不可失去出于赤子之心的良知;我们需要不偏不倚的中立之论,也需要有愤怒之言。当孔子厉色疾言"是可忍孰不可忍"之时,那些持平之论,其实就是乡愿之态。很多人,在大是大非面前,一副公平持中的姿态,一副成熟持重的样子,一副专业深奥的派头,话说得不偏不倚不温不火,本质上是自私虚伪甚至奸邪。据说,地狱里最炽热的地方,就是留给那些在出现重大道德危机时仍要保持中立的人。但是,但丁的《神曲》却认为,这类人根本无须审判也无从判决,他们当然不能上天堂,但也不能去地狱,因为他们去了地狱,地狱中的坏人有了他们做比较,反而觉得自己还是光荣的(地狱篇第三章)。

> **链接**　5.10;15.23;17.13

11.22

子路问:"闻斯行诸[1]?"子曰:"有父兄在,如之何其闻斯行之?"冉有问:"闻斯行诸?"子曰:"闻斯行之。"公西华曰:"由[2]也问'闻斯行诸',子曰'有父兄在';求[3]也问'闻斯行诸',子曰'闻斯行之'。赤[4]也惑,敢问。"子曰:"求也退,故进之;由也兼人[5],故退之。"

> **今译**

子路问:"听到了道理就马上行动起来吗?"夫子说:"有父兄在,如何能（不请教）就马上行动呢？"冉有问："听到了道理就马上行动起来吗？"夫子说："听到了就应该马上行动。"公西华（问夫子）说："仲由问'听到了就马上行动吗'，您说'有父兄在'；冉求问'听到了就马上行动吗'，您却说'听到了就该马上行动'。（两人问的问题一样，您的回答却不一样，）我很迷惑，斗胆问问（为什么）。"夫子说："冉求做事常犹豫不决畏缩不前，所以要鼓励他；仲由勇气逼人行动莽撞，所以要抑制他。"

▎注释

1　斯：代词。这里代指道理，义理，应该做的事。诸："之乎"二字的合音。

2　由：即子路。

3　求：即冉有。

4　赤：即公西华。

5　兼人：勇气逼人，盛气凌人。

▎导读

这是最典型的"因材施教"的例子。

这地方的"材"，不光是指天赋的智力，还指天赋的性格、气质。孔子能根据弟子不同的天赋，勇者抑之使之谦和，怯者激之使之勇敢，显示出一个大教育家的风范。

▎链接　5.14；5.20；7.11；12.12；15.16

11.23

子畏于匡，颜渊后。子曰："吾以女为死矣。"曰："子在，回何敢死？"

今译

夫子在匡地受到围困拘禁,逃出后颜渊(掉队)最后才赶上。夫子(十分后怕)说:"我以为你已经死了啊。"(颜渊)说:"夫子健在,我怎么敢死呢?"

导读

匡人围困,师生突围,颜渊在后,知老师尚在,故不轻易赴死。《礼记·曲礼》:"父母存,不许友以死。"颜渊视孔子如父,父在,他岂能轻易赴死?

司马迁曰:死有重于泰山,有轻于鸿毛。死于私斗,岂非轻于鸿毛?

君子重死不轻生,为其有大担当,故不能轻掷生命。千金之子,尚不死于市;况仁以为己任之君子乎?

链接 9.5

11.24

季子然[1]问:"仲由、冉求可谓大臣与?"子曰:"吾以子为异之问[2],曾[3]由与求之问!所谓大臣者,以道事君,不可则止。今由与求也,可谓具[4]臣矣。"曰:"然则从之者与?"子曰:"弑父与君,亦不从也!"

今译

季子然问:"仲由、冉求可以说是大臣吗?"夫子说:"我以为先生您来问别的事,原来是问仲由和冉求啊!所谓大臣,是能够用正道事奉君主的,如果不能这样就宁可辞职不干。现在仲由和冉求,只可以说是处理具体事务的臣子。"(季子然)说:"那么(他们会)事事顺从(季氏)

吗?"夫子说:"弑父弑君(那种事),也是不会顺从的!"

注释

1　季子然:鲁国季氏的同族人。

2　子:先生,尊称对方。异:不同的,其他的。为异之问:问另外的事。

3　曾:乃,原来是。

4　具:才具,才能,处理具体事务的能力。

导读

仲由、冉求在季氏那里做官,因为对季氏缺少规谏,孔子本来就不高兴,所以季子然问孔子他们是否大臣时,孔子用贬低的语气说:"我还以为您来问其他什么事呢,没想到您竟然问这两个人。"这是贬低仲由和冉求,却也是表示对季氏的不满。季子然顺着孔子的话题问:"既然他们德行不够好,他们会否不顾原则,一味跟着季氏胡作非为?"孔子严正地告诉他:仲由、冉求毕竟是懂得是非的!弑父弑君的事,决不会做的!

这是对子路、冉有的信任,更是对季氏的警告。

链接　3.6；5.8；16.1

11.25

子路使子羔[1]为费宰。子曰:"贼[2]夫人之子。"子路曰:"有民人焉,有社稷焉,何必读书,然后为学?"子曰:"是故恶夫佞者。"

今译

子路叫子羔去做费县县长。夫子说:"这是害了人家孩子!"子路说:"那地方有人民,有社稷,何必一定要读书,然后才算学呢?"夫子说:

"看你的样子,就知道我为什么讨厌巧言狡辩的人。"

注释

1　子羔:即高柴。

2　贼:害,坑害。孔子认为子羔年轻,学业未成,让他从政,无异于害他。

导读

孔子认为,一个人,学问不固,年龄不大,就让他去做官,恰恰是害了他。子路本来就自负,此时做季氏宰,动用自己的权力,安排同学做官,没想到老师不但不表扬他解决了就业问题,还批评他不但不是帮人,还是害人,他就不服气,随口为自己辩解几句,并且还暗中批评老师过分强调书本知识而轻视实践。

孔子回击道:做错了事还巧为粉饰,这正是我讨厌佞人的原因!

链接　5.6;6.9;8.12

11.26

子路、曾皙[1]、冉有、公西华侍坐。子曰:"以吾一日长乎尔,毋吾以也[2]。居[3]则曰:'不吾知也!'如或知尔,则何以哉?"

子路率尔[4]而对曰:"千乘之国,摄[5]乎大国之间,加之以师旅[6],因之以饥馑[7],由也为之,比及[8]三年,可使有勇,且知方[9]也。"夫子哂[10]之。

"求!尔何如?"对曰:"方六七十,如五六十,求也为之,比及三年,可使足民。如其礼乐,以俟[11]君子。"

"赤!尔何如?"对曰:"非曰能之,愿学焉。宗庙之事,如会同[12],端章甫[13],愿为小相[14]焉。"

"点！尔何如？"鼓瑟希，铿尔，舍瑟而作[15]，对曰："异乎三子者之撰[16]。"子曰："何伤乎？亦各言其志也。"曰："莫春者，春服既成，冠者五六人，童子六七人，浴乎沂，风乎舞雩，咏而归[17]。"夫子喟然叹曰："吾与点也！"

三子者出，曾皙后。曾皙曰："夫三子者之言何如？"子曰："亦各言其志也已矣。"曰："夫子何哂由也？"曰："为国以礼，其言不让，是故哂之。""唯求则非邦也与？""安见方六七十如五六十而非邦也者？""唯赤则非邦也与？""宗庙会同，非诸侯而何？赤也为之小，孰能为之大？"

今译

子路、曾皙、冉有、公西华，陪孔子闲坐着。夫子说："不要因为我比你们年长一些，就拘束而不敢畅所欲言。（你们）平时总是说：'人家不了解我啊！'假如有人了解你们（要任用你们），那么（你们）以什么方法来证明自己呢？"

子路轻率地抢着回答说："一个拥有一千辆兵车的国家，夹在大国之间，受到别国军队的侵犯，又遇上凶年饥荒，我去治理，等到三年，就可以使人民勇敢，而且知道遵守礼义。"夫子对他轻微一笑。

（夫子又问：）"冉求，你如何呢？"（冉求）回答说："一个方圆六七十里，或者五六十里的小国，让我去治理，等到三年，可以使人民富足。至于礼乐教化方面，那要等待君子去实行了。"

（夫子又问：）"公西赤，你如何呢？"（公西赤）回答说："不敢说我能够做到什么，但我愿意学着去做。在宗庙祭祀的时候，或者诸侯会盟时，我穿上礼服，戴上礼帽，希望能做一个小傧相。"

（夫子又问：）"曾点，你如何呢？"（曾点正在弹瑟，听到孔子问他，）瑟声稀疏下来，"铿"的一声，停下瑟站起身来，回答说："（我的志向）和他们三位不同。"夫子说："那又有什么妨碍呢？也就是各人谈谈自己的志向罢了！"（曾点）说："暮春时节，春天的服装已经做成，和五六个成年人，六七个少年，去沂河洗洗澡，到舞雩台上吹吹风，再一路唱着歌回来。"夫子长叹了一声，说："我赞成曾点啊！"

　　三人出去了，曾晳留在后面。曾晳（问夫子）说："他们三位说的话如何呢？"夫子说："也就是各人谈谈自己的志向罢了。"（曾晳）说："夫子为何笑仲由呢？"（夫子）说："治理国家要讲礼让，他连说话都不谦让，所以笑他。"（曾晳又问：）"难道冉求所讲的不是治国之事吗？"（夫子说：）"哪里见得方圆六七十里或者五六十里的地方就不是国家呢？"（曾晳又问：）"难道公西赤所讲的不是治国之事吗？"（夫子说：）"宗庙祭祀，诸侯会盟，那不是诸侯之事又是什么呢？如果公西赤只能做一个小傧相，谁还能做大傧相呢？"

注释

1　曾晳（xī）：姓曾，名点，字子晳。曾参的父亲。也是孔子的弟子。

2　以吾一日长乎尔，毋吾以也：把句子调整为"毋以吾一日长乎尔，以也"，意思就明白了。以：同"已"，停止。

3　居：平时，平素。

4　率尔：轻率地，急忙地。

5　摄：夹在中间。

6　加之以师旅：以师旅加之。即受别国军队的侵犯。

7　因之以饥馑：以饥馑因之。即国内又发生了饥荒。

8　比及：等到。

9　知方：懂得道义，遵守礼义。

10　哂（shěn）：微笑，轻微的讥笑。

11　俟（sì）：等待。

12　会同：诸侯会盟。

13　端：礼服。章甫：礼帽。这里都作动词用，穿上礼服，戴上礼帽。

14　相：傧相，行赞礼的人员。有"小相""大相"之别。

15　作：站起身来。

16　三子：三位。子：是对同学的总称。撰：同"譔"，说的话。

17　莫：同"暮"。冠者：成年人。沂（yí）：河流名。风：作动词用，吹风，乘凉。舞雩（yú）：鲁国国君求雨的祭坛。

▎导读

这是《论语》中最长的一篇。孔门师徒的性情在其中显现得惟妙惟肖。

首先是孔子。当他问弟子们"平时你们总说：没人了解我啊。假如有人了解你们，你们能拿出什么成绩证明你们的才能"时，他自己内心的病痛也就昭然若揭：实际上，感慨"不吾知也"（14.35）的，就是他自己。"天下无道久矣，莫能宗予"（《史记·孔子世家》），这不是怨怅吗？他说，"人不知而不愠"（1.1），但说起来容易，做起来难。特别是看着天下礼坏乐崩，一片黑暗，自己身怀利器而不得用，能无怨吗？所以，孔子此处拿这个问题问学生，正是他自己不得用之痛苦，不吾知之寂寞，通过问学生而转移之，舒缓之。

另外，我们不仅要洞悉孔子此时内心的怨，还要看他如何排解这种"怨"。不得重用而怨时，屈原是"露才扬己，忿怼沉江"，以死抗争；鲍照是"拔剑击柱长叹息"；李白是"拔剑四顾心茫然"：他们或自戕，或找对象发泄，都不及孔子的沉稳平静。圣人心胸，可容万物，当然也可以容纳并消化痛苦和委屈。从这个角度看，"人不知而不愠"，孔子还是做到了。

再看他和他的弟子们的对话，他平等和蔼，让人如坐春风。先打消弟子们的顾虑和拘谨，说明自己和他们的差别只是比他们年长，并且年长也不多,只是"一日"。这种谦虚下人的态度,就足以让人感动。对他人的不足,如子路的不知谦让,"率尔而对",他只不露痕迹地一笑;而对别人的优点,则不吝给予大大的称赞:"吾与点也!"责人之轻微,赞人之显著,是师长,更是仁者。而"吾与点也"的喟叹,把自己失意之时的茫然情怀,尽情展露。最后对自己弟子的评价,表扬之中有自信,推重之中有欣慰。是则孔子虽然不能执天下牛耳,亲自去治国平天下,但已为天下培养了一流人才。这些人才,是将来天下由大乱走向大治,由分裂走向统一,由愚昧走向文明,由残忍走向人道的希望。他已经看到花蕊中的果实了。

子路应该是孔门弟子中最可爱的一个。他无小人之心,无虚伪之心,无畏怯之态。他"率尔而对"时,只求表现自己,不计较别人的眼光。这种自由舒张的心态、健全的精神与完整的人格,在孔门中是很突出的。他自信自负,说他能治理好一个内忧外患重重的国家,让人民能在困难中有勇气,看到希望,这确是他的专长。但是他说话时不谦让,尤其是不该说自己有能力让人民"知方"——懂得礼义,因为,在孔子看来,这是只有圣王才能做到的事业。所以孔子对他不禁加以哂笑。而这一切,都让善于察言观色的冉求看在眼里。轮到冉求说话时,他不仅特别表现谦虚,还特别在最后补了一句"如其礼乐,以俟君子",这是在子路的翻车现场瞬间从别人的错误中汲取教训的表现,冉求何等机灵。

公西华作为在场者中年龄最小的学生,在夫子和师兄面前,自是格外自谦。相反,曾皙作为在场者中可能年龄最大的学生,大师兄的派头也是实足的。当夫子和其他师弟在谈论时,他在一旁旁若无人地鼓瑟,老师点到他名时,他更是从容自若胸有成竹地说出一番让孔子内心极受震撼的话。曾皙的风度来自他的修养,他的学识和修养,基本框架已有了。

颜渊第十二

12.1

颜渊问仁。子曰:"克己复礼[1]为仁。一日克己复礼,天下归仁[2]焉。为仁由己,而由人乎哉?"颜渊曰:"请问其目[3]。"子曰:"非礼勿视,非礼勿听,非礼勿言,非礼勿动[4]。"颜渊曰:"回虽不敏,请事斯语矣。"

今译

颜渊问仁。夫子说:"克己复礼,就是仁。一旦做到克己复礼,天下就都赞许你是仁人了。实行仁,在于自己,难道还在于别人吗?"颜渊说:"请问仁的要点。"夫子说:"非礼勿视,非礼勿听,非礼勿言,非礼勿动。"颜渊说:"我虽然不聪敏,请让我照这几句话去做吧。"

注释

1 克己复礼:克制自己的私欲,恢复周礼。
2 归仁:归仁于你,"称仁"的意思。
3 目:具体要点。
4 动:既有"做"的意思,又有"心动"之意。勿动:即孟子所谓"不动心"。

导读

颜渊问仁,孔子的回答可以称为仁学的"三纲四目"。三纲:一纲——"克己复礼为仁",说的是仁之义;二纲——"一日克己复礼,天下归仁焉",说的是仁之效;三纲——"为仁由己,而由人乎哉?"说的是仁之本。而接下来的"非礼"四说,即是四目,颜渊曰夫子"约我以礼"(9.11),在此有了注脚。

仁纲礼目。一个人是否立得起,立得正,就在于是否立乎礼。此即孔子所谓的"立于礼"(8.8),孟子所说的"立天下之正位"(《孟子·滕文公下》)。孔子教颜渊三纲四目,以此克己,也由此立己——克服自己的过程,就是建立自己的过程。"四勿",从字面上看,是外在的强制或自家的克制,其实也是自家内心的愿望。即使一开始有些克制,时间长了,就成习惯,习惯成自然,自然即自由,至此,则"从心所欲,不逾矩"。盖孔子,以"仁者"寄望颜渊,也以"圣人"寄望颜渊。

成语 克己复礼　为仁由己

链接 8.8;9.11;12.2;12.3;12.22

12.2

仲弓[1]问仁。子曰:"出门如见大宾,使民如承大祭。己所不欲,勿施于人。在邦无怨,在家[2]无怨。"仲弓曰:"雍虽不敏,请事斯语矣。"

今译

仲弓问仁。夫子说:"出门做事如同去接待贵宾,差遣人民如同去承当重大祭祀。自己不愿意承受的,不要强加给别人。仕于诸侯无怨言,事奉大夫无怨言。"仲弓说:"我虽然不聪敏,请让我照这几句话去做吧。"

注释

1　仲弓：即冉雍。

2　刘宝楠《正义》："在邦谓仕于诸侯之邦，在家谓仕于卿大夫家也。"杨逢彬《论语新注新译》："《论语》时代的典籍中，'家'在与'邦''国'并言时，多指卿大夫或其采邑，鲜有例外。"

导读

上一章颜渊问仁，此章仲弓问仁，后面都是"某虽不敏，请事斯语矣"的表态，可见二章谈话情境上有联系，甚或发生在同一场合也未可知。如果这样的猜测不错，则"颜渊问仁""仲弓问仁"，可以翻译为"颜渊、仲弓问自家如何修习才可以达至于仁德之境"。

而孔子对仲弓的回答，其实与对颜渊的回答在内涵上非常接近。"出门如见大宾，使民如承大祭"，说的是要谨守礼仪，就是"复礼"。"己所不欲，勿施于人"，即是"克己"，遏制自家对他人的过分要求和期待，遏制自家的欲望。"在邦无怨，在家无怨"，为国家服务，为家族尽力，任劳任怨，没有怨恨。为何没有怨恨？因为这种服务，乃是我自家愿意的付出，是我自家修习仁德的路径。

需要指出的是，虽然孔子对颜渊、仲弓所说的内涵并无大异，表达上却有很大的不同：对颜渊所说，提纲挈领，要言不烦，点到为止，基本是原则性的；而对仲弓所说，则直指门径，都是操作层面的指导。盖颜渊、仲弓，天赋有别，孔子不过因材施教而已。

成语　己所不欲，勿施于人

链接　12.1；12.3；12.22；15.24

12.3

司马牛¹问仁。子曰:"仁者,其言也讱²。"曰:"其言也讱,斯谓之仁已乎?"子曰:"为之难,言之得无讱乎?"

| 今译

司马牛问(怎样是)仁。夫子说:"仁人,话语迟缓。"(司马牛)说:"话语迟缓,就称作仁了吗?"夫子说:"(凡事)做起来都是困难的,说话能不迟缓一些(以便考虑周到)吗?"

| 注释

1 司马牛:姓司马,名耕,一名犁,字子牛。孔子弟子。相传是宋国大夫桓魋(tuí)的弟弟。

2 讱(rèn):言语迟缓,引申为虑事周详说话慎重,不轻易开口。

| 导读

本篇写了四人问仁(12.1、12.2、12.3、12.22),孔子回答各不相同,大致都是针对各人不同性情而作答,而并非对"仁"之概念做内涵上的客观说明。比如这一章,孔子的回答似乎太草率,弄得司马牛觉得很奇怪:言语迟缓就叫仁了吗?但孔子坚持自己的回答,并且用反问"难道不可以迟缓一些吗?"加以强调。可见孔子不是随意搪塞的。《史记·仲尼弟子列传》说司马牛"多言而躁",孔子是针对他的缺点而有的放矢因材施教的。

| 链接 12.1;12.2;12.4;12.22

12.4

司马牛问君子。子曰:"君子不忧不惧。"曰:"不忧不惧,斯谓之君子已乎？"子曰："内省不疚，夫何忧何惧？"

▌**今译**

司马牛问君子是什么样的。夫子说："君子不忧不惧。"（司马牛）说："不忧不惧，就称为君子了吗？"夫子说："自己反省而问心无愧，那还忧愁什么畏惧什么？"

▌**导读**

司马牛一问仁，一问君子，孔子都有答非所问的嫌疑：前章（12.3）司马牛问仁，孔子答的是"仁人"，而且不是答的仁人是什么样的人，而是答的仁人有什么样的特点。这一章，司马牛问什么样的人是君子，孔子也以君子的某一特点作答。严格地说，孔子都不是在下定义，而是在释功能。我们前面讲过，孔子道德极高，但在实践中起点极低，他的目标极高，但要求于人的，则往往脚踏实地：人人都从自己的实际出发，发扬自己的优点，改正自己的缺点——比如司马牛改掉"多言而躁"的毛病——那就能一步一步臻于仁人、君子的境界。

同时，此章还有一个问题值得关注。司马牛问：不忧不惧就可以成为君子吗？孔子的回答是：问心无愧当然就不忧不惧。问答之间，似有错位之嫌。其实，孔子的逻辑思路是这样的：不忧不惧，是因为内省不疚。而内省不疚问心无愧，仰不愧于天俯不怍于人，就是君子。另，参见12.5章导读。

▌**成语**　内省不疚

▌**链接**　12.3；12.5

12.5

司马牛忧曰："人皆有兄弟，我独亡。"子夏曰："商闻之矣：死生有命，富贵在天。君子敬而无失，与人恭而有礼，四海之内，皆兄弟也。君子何患乎无兄弟也？"

今译

司马牛忧愁地说："人人都有兄弟，唯独我没有。"子夏说："我听夫子说了：'死生有命，富贵在天。'君子认真谨慎没有过失，对人恭敬而有礼貌，四海之内的人，都会成为兄弟的。君子何必担心没有兄弟呢？"

导读

从这一章司马牛之"忧"，可以反观上一章孔子为什么要对他的君子之问答以"不忧不惧"——孔子是为了解释和宽慰司马牛心中的忧惧之情。

司马牛是宋国人，据《左传》记载，他的兄弟至少有四个：向巢、桓魋、子颀、子车（《左传·哀公十四年》），而桓魋，就是7.23章提到的那个威胁要杀掉孔子的宋国司马。桓魋得宋景公宠信，为非作歹，司马牛为此非常担忧。根据《左传·哀公十四年》的记载，是年，桓魋意欲谋杀宋景公，宋景公与桓魋之兄左师向巢盟誓，获得向巢支持，进攻桓魋，桓魋最终出奔卫国后又奔齐；向巢羞愧家族之耻，奔鲁；而司马牛放弃封邑，奔吴，吴人恶之，返宋，最后路死于鲁国都城外城门外。司马牛确实非常值得同情，但他最终没有逃脱他忧惧的命运，和他一直不能坦然面对自己的困境有关。

了解了这些，我们就能很贴切地理解上一章孔子的"君子不忧不惧"之答。《史记·仲尼弟子列传》集解孔安国曰："牛兄桓魋将为乱，牛自宋来学，常忧惧，故孔子解之也。"集解包氏曰："疚，病。自省无罪恶，无可忧惧。"

而这一章，子夏引用"死生有命，富贵在天"，也不是用作消极的意图，而是用作积极的意图：他试图以此宽慰司马牛，使司马牛坦然面对命运。生死有命，富贵由天，这是我们不能改变的。我们能做的，就是"敬而无失","恭而有礼",做好我们能做的,坦然面对我们不能掌控的,这其实是一种智慧。同时,子夏还说出了一个很重要的道理:一个人,如果做个好人,做个对人有用的人,他就不会是孤独的,他会有兄弟朋友的。

看12.4和12.5这两章,从老师(孔子)到同学,都尽力宽慰忧惧之中的司马牛,让我们感受到孔门这个集体的温暖。

成语　死生有命,富贵在天　四海之内皆兄弟

链接　12.4

12.6

子张问明。子曰:"浸润之谮,肤受之愬,不行焉,可谓明也已矣。浸润之谮,肤受之愬,不行焉,可谓远也已矣。"

今译

子张问(怎样是)明察。夫子说:"如水一般浸透而来(无孔不入)的谗言,切肤之痛般的诬告,对你行不通,就可以说你足够明察了呢。如水一般浸透而来的谗言,切肤之痛般的诬告,对你行不通,就可以说你足够有远见了呢。"

导读

明察秋毫也好,远见卓识也好,都不是指视力,而是指一个人对是非、美丑、真伪等的判断力。

用"浸润"说谮,用"肤受"说愬,极准确,极形象,极有体会——圣人也是在谗言和诽谤中刻凿而成的。

成语　浸润之谮　肤受之愬

12.7

子贡问政。子曰:"足食,足兵[1],民信之矣[2]。"子贡曰:"必不得已而去,于斯三者何先?"曰:"去兵。"子贡曰:"必不得已而去,于斯二者何先?"曰:"去食。自古皆有死,民无信不立[3]。"

今译

子贡问政。夫子说:"粮食充足,军备充足,人民的信任充分。"子贡说:"如果在不得已的情况下一定要去掉一项,在这三项中哪一项先去掉呢?"夫子说:"去掉军备。"子贡说:"如果不得已还要去掉一项,在(剩下的)这两项中去掉哪一项呢?"夫子说:"去掉粮食。自古以来人都是要死的,但如果没有人民的信任,国家是立不住的。"

注释

1 兵:兵器,武器。这里指国家的常规军备。

2 民信之矣:意为"已然获得人民的信任",不是"人民就信任你了"的意思。

3 这一章有一个逻辑上的问题,主要是三者的关系。一般都把前两者"足食,足兵"作为第三者"民信之"的条件,如钱穆《论语新解》这样解释:"仓廪实、武备修,然后教化行,能使其民对上有信心。"其翻译是:"先求充足粮食,次乃讲究武备,民间自然信及此政府了。"但既然前二者是后面"民信之"的条件,则"去食去兵"之后,民也就没有了"信及政府"的条件,政府也就"失信"于民了。按,子贡明言"三者",分别为足食、足兵、民信,孔子也据此作答,显然他们都认为三者是并列关系而非条件关系。所以,原文"民信之矣",应为"已然获得的人民的信任"。三者是:政府有充足的粮食储备,有充足的常备武力,有人民的充分信任。如此理解,才能解释后面的"必不得已而去,于斯三者何先"的问题:已然获得,才是国家的凭依;已然获得,也才可以谈舍弃。

> **导读**

非子贡不能作如此问。非孔子不能作如此答。

能提什么样的问题，适足以见出什么样的境界。子贡能提出"必不得已而去"的问题，且层层剥卸，最终剥出孔子的"信"来，可见子贡平时所思考的问题和思考的深度。

正所谓：问者有目的，答者有心数。问者是有备而来，如入山探宝，决不愿空手而归；答者是胸有成竹，如探囊取物，真正是要言不烦。这一对名师高徒，问答诘难穷究不已，终至于山高月小水落石出。

> **成语** 民无信不立

> **链接** 1.7；2.22

12.8

棘子成[1]曰："君子质而已矣，何以文为？"子贡曰："惜乎，夫子之说君子也！驷不及舌[2]。文犹质也，质犹文也。虎豹之鞟[3]犹犬羊之鞟。"

> **今译**

棘子成说："君子只要本质好就行了，要文采干什么？"子贡说："可惜呀！先生您竟这样解释君子！连驷车也无法追回你舌头一动说错的话。文就是质，质就是文。（两者怎能分开？）去掉毛色的虎豹皮，与去掉毛色的犬羊皮就很相似了。（毛色花纹的不同就是虎豹与犬羊质的不同。）"

> **注释**

1 棘子成：卫国的大夫。

2 驷（sì）：四匹马拉的车。舌：指说出口的话。驷不及舌：话一说出口，是追不回来的。

3 鞹（kuò）：同"鞟"。去掉了毛的兽皮。

导读

对这一章的理解，可能会有的误会是：很多人徒有其表，尽管外面做得光鲜，却金玉其外败絮其中。所以，有其质固必有其文，如"有德者必有言"，然有其文却未必有其质，亦如"有言者不必有德"（14.4）。岂能说"文犹质也，质犹文也"？

其实，这里讨论的是"君子"的文质关系，不是"所有人"的文质关系，君子之"质"是预置的前提。棘子成的话是："君子质而已矣，何以文为？"关键词是"君子"，故而，子贡的"文犹质也，质犹文也"应该也有一个主语：君子。君子文犹质也，质犹文也。所以，棘子成和子贡实际上不是讨论"文质关系"，而是讨论"质"是否有其"文"的问题。也就是说：任何质都有相应的文。君子之质，必有相应的君子文；小人之质，亦必有相应的小人之文：正如"虎豹之鞹犹犬羊之鞹"——不同的质（虎豹和犬羊）就有不同的文，把文去掉了，也就分不清质的不同了。

所以，子贡所说的"文犹质也，质犹文也"，与下面的问题不构成逻辑对应关系：披着羊皮的狼是羊吗？装成好人的坏人是好人吗？

而与下列问题才是对应关系：

虎豹之质与虎豹之皮毛能分得开吗？犬羊之质与犬羊之皮毛能分得开吗？

白马的"白"与白马能分得开吗？红豆的"红"与红豆能分得开吗？

君子之文质关系，亦如之：

有其质者必有其文——君子内心仁慈恭敬，必有其外貌之恭顺与仁慈之行为。

有其文者必因其质——君子待人接物一团和气，必因其内在之礼义恭谨。

所以，对于君子来说，"文犹质也，质犹文也"。

▎**成语**　驷不及舌

▎**链接**　6.18

12.9

哀公问于有若¹曰："年饥，用不足，如之何？"有若对曰："盍彻²乎？"曰："二³，吾犹不足，如之何其彻也？"对曰："百姓⁴足，君孰与不足？百姓不足，君孰与足？"

▎**今译**

鲁哀公向有若问道："年成不好有饥荒，（国家财政）用度不足，怎么办呢？"有若回答说："为何不实行十分抽一的'彻'税法呢？"（哀公）说："十分抽二的田税，我还不够用，如何能实行十分抽一的'彻'税法呢？"（有若）回答说："百姓富足了，国君怎会不足？百姓不富足，国君怎么会足？"

▎**注释**

1　有若：见1.2注释1。

2　盍（hé）：何不，为什么不。彻：西周的田税制度。国家从耕地的收获中抽取十分之一作为田税。

3　二：国家从耕地的收获中抽取十分之二作为田税。鲁国自宣公十五年（公元前594年）起，废除"彻"法，实行以"二"抽税。

4　《书·泰誓中》："百姓有过，在予一人。"孔颖达疏："此'百姓'

与下'百姓懔懔'皆谓天下众民也。"

导读

这一章的关键词,是哀公的"吾"。哀公作为一国之君,偏偏分出一个独立的"吾"来,这其实是自绝于百姓。后来孟子的概念"一夫纣",就是从天子诸侯自绝之"吾"而来,纣有了这个自绝于百姓之"吾",就成了"一夫纣"。这不是孟子给他们做的切割,而是他们心中有此一"吾"之时,自家就与天下国家百姓人民做了切割。

古者天子自称"予一人",《礼记·曲礼下》:"君天下,曰'天子';朝诸侯、分职、授政、任功,曰'予一人'。"孔颖达疏:"曰'予一人'者,予,我也。自'朝诸侯'以下,皆是内事,故不假以威称。但自谓'予一人'者,言我是人中之一人,与物不殊,故自谦损。"《书·泰誓中》:"百姓有过,在予一人。"担责之时,罪在一人;分利之时,我仅一人。且国君之"吾",就是一国,就是一国之民;天子之"吾",就是天下,就是天下百姓,这也叫"一体之仁"。哪里再有一个孤立、对立、势不两立之"吾",兀兀然特立,与百姓争权夺利,何其小家子气耶。故有子言:"百姓足,君孰与不足?百姓不足,君孰与足?"大德之言也,大智之言也。

从这一章我们还可以看出有若的幽默感。

链接 12.11;12.17;12.18;12.19;13.6

12.10

子张问崇德、辨惑。子曰:"主忠信,徙义[1],崇德也。爱之欲其生,恶之欲其死,既欲其生,又欲其死,是惑也。['诚不以富,亦只以异[2]。']"

今译

子张问怎样提高品德、辨别迷惑。夫子说:"以忠诚信实为主,服从义,就是提高品德。喜爱一个人恨不能让他起死回生,厌恶一个人恨不得让他马上死去,既要他活,又要他死,这就是迷惑。[(《诗经》上说:)'即使真的不是因为嫌贫爱富,也是因为见异思迁。']"

注释

1 徙义:指向义迁移,靠拢义,服从义。

2 "诚不"二句:出自《诗经·小雅·我行其野》,根据上下文,意思是,(你这样对待我,)即使真的不是嫌贫爱富,也是喜新厌旧。但这两句诗在此,与上文意思不连贯,可能是错简而误编在此处。程颐认为这两句应在16.12章中。见16.12注释2。

导读

孔子避开了子张如何"辨惑"的提问,而是告诉子张什么是"惑",并且,孔子并没有抽象地用哲学概念来表述"惑",而是举出生活中我们常有的那种心理状态——"爱之欲其生,恶之欲其死,既欲其生,又欲其死",然后孔子斩钉截铁给出结论——"是惑也"。

显然,孔子不是直接回答子张如何拥有判断力,而是告诉他,是什么让我们丧失了判断力:那就是当我们的心灵被爱恨左右的时候。

惑,往往不是客观事物难辨别,而是主观情绪难控制,主观情感左右了我们的理智,障碍了我们的眼光。

孔子言"四十不惑",何为不惑?孟子言"四十不动心"就是解答。不惑,就是不动心;不动心,不为情感左右,就会不惑。庄子讲"师心""成心",可参看。

成语 爱之欲其生,恶之欲其死

链接 12.21;16.12

12.11

齐景公问政于孔子。孔子对曰:"君君,臣臣,父父,子子。"公曰:"善哉!信如君不君,臣不臣,父不父,子不子,虽有粟,吾得而食诸?"

今译

齐景公向孔子问如何治理国家。孔子回答说:"君要像君的样子,臣要像臣的样子,父要像父的样子,子要像子的样子。"齐景公说:"说得好啊!果真是君不像君,臣不像臣,父不像父,子不像子,虽然有粮食,我能得到而享用吗?"

导读

孔子要人各安本分,各尽其责。值得注意的是,孔子先要求君像君,然后才是臣像臣;先要求父像父,然后才是子像子:这与后世仅要求弱小者以道德,而在上者可以胡作非为而没有约束,有大不同。

道德永远是双方的、对等的,没有单向的权利或义务,如果有,那就是不道德的。

链接 12.9;12.17;12.18;12.19;13.6

12.12

子曰:"片言可以折狱[1]者,其由也与!"子路无宿诺[2]。

今译

夫子说:"仅根据(原、被告双方之中)一方的言辞就可以断案的,大概只有仲由吧!"子路没有什么诺言过夜以后再兑现的。

▎注释

1　片言：指原、被告双方中一方的言辞。片：单方面的。折：断，判断。狱：讼事，案件。

2　无宿诺：没有隔夜再兑现的许诺。宿：隔夜。

▎导读

片言折狱，大约有四种情况：一是子路特别聪明，所以能片言折狱。二是子路特别信任别人，原、被告双方任何一方的说辞，他都相信是真实无欺的，所以听了一方就无须再听另一方。三是子路特别忠直，别人不愿欺骗他，原告也好，被告也好，都老老实实说实情。第四种情况：子路性急，先判了再说。

无论哪一种情况，都难保不判糊涂案。

所以，这句话应该是孔子对子路的揶揄之辞。

但孔子为什么不直接否定"片言折狱"呢？因为，第一，逻辑推理。很多时候，只要有前提，逻辑推理就可以得出正确的结论。第二，人类还有这样一种能力：洞察力。洞察力甚至是一种无须事实依据和逻辑推理之过程而直接到达本质的能力。

孔子自己曾经做过鲁国大司寇，作为鲁国的最高大法官，每一件案子，他都非常慎重地与同事和下属商量，甚至把不同意见的人都请进去，听取他们的处理意见，然后择善而从。《孔子家语·好生》："孔子为鲁司寇，断狱讼皆进众议者而问之，曰：'子以为奚若？某以为何若？'皆曰云云如是，然后夫子曰：'当从某子几是。'"这已经有了现代陪审团的味道了。

中国古代，有些官员为了显示自己的明察秋毫，也常常玩弄片言折狱的把戏。这是草率轻佻的，判案不是为了显示自己的聪明，而是为了慎待别人的命运。

> **成语**　片言折狱

> **链接**　5.14

12.13

子曰:"听讼¹,吾犹人也。必也使无讼乎!"

> **今译**
> 夫子说:"如果仅仅是去审理案件,我还如同别人一样。我的理想是要让天下没有诉讼啊!"

> **注释**
> 1　听讼:处理诉讼。听:判断,审理,处理。

> **导读**
> 孔子的理想不是去做一个好法官,而是做一个导师,引导人民有仁德,讲信义,从而消除诉讼。
> 其实,法律的最高境界不是法理,而是天理。理论上说,法理必须体现天理实现天理,是天理在人间的文字呈现;但是,世事复杂纷繁,人间成文法无法一一预为对策;何况法律的制定往往受制于统治者的德性、智慧与利益,受制于时代局限,无法完美完善,所以,无论法规如何完备,法律体系和司法程序如何健全,人类的良知永远不可或缺。西人的陪审团往往由非法律专业人士组成,正是希冀陪审团不受法律条文干扰而听命内心良知也。
> 法庭之上,无论有多么专业的法官,永远不可没有圣人和上帝。人间社会,无论有多少成文法典,永远不可或缺《论语》和《圣经》。
> 人类,不能仅仅畏惧法律,还须敬畏圣贤和神;用孔子的话说,不

能仅仅"民免而无耻",还必须"有耻且格"(2.3),有内心的是非。

▎链接 2.3

12.14

子张问政,子曰:"居之无倦,行之以忠。"

▎今译

子张问怎样为政,夫子说:"在职不松懈倦怠,以尽心尽力尽责的态度履行政务。"

▎导读

子张才高意广,有时不够踏实,不愿做实际工作。所以孔子要他从做好一个勤勉而忠心的小公务员着手。

另,13.1记子路问政,孔子也有"无倦"的告诫。这个"无倦",应该从两个方面理解:第一,是从政者自身保持勤勉状态不懈怠;第二,是指政策之延续性计划性,不朝令夕改,不半途而废,而是贯彻到底务期见效。

▎链接 13.1

12.15

子曰:"博学于文,约之以礼,亦可以弗畔矣夫。"

▎今译

夫子说:"广博地学习文化典籍,用礼来约束自己的行为,就可以不违背(道德)了吧!"

导读

此章与6.27基本重复。见6.27。

链接　6.27

12.16

子曰:"君子成人之美,不成人之恶。小人反是。"

今译

夫子说:"君子助成别人的好事,不帮着别人做成坏事。小人与此相反。"

导读

助成别人的好事,是让别人成功,也是让别人成仁。此君子为之。助成别人的坏事,是让别人身败,也是让别人名裂。此小人为之。

成语　成人之美

链接　4.1；12.23；14.7；16.4

12.17

季康子问政于孔子。孔子对曰:"政者,正也。子帅以正,孰敢不正?"

今译

季康子向孔子问怎样为政。孔子回答道:"政,就是正。您带头走正道,谁敢不走正道?"

导读

政，就是正：既是形容词的"正"，正确的，正当的，公正的；也是动词的"正"，矫正，改正，匡正，纠正，拨乱反正。

政，就是正——孔子的这个解释，可以把很多东西排除在政治之外：比如政治手腕，权术，等等。正是这些不正的东西后来成为中国古代政治史的主要内容，甚至成为我们理解政治的主要内涵——似乎政治就是策略，就是权术，就是权变，就是翻手为云，覆手为雨，就是在政治斗争的勾心斗角中击败对手而保全自己的谋略，阴谋不仅成了政治最常见的运作形式，甚至成为政治智慧的代名词。

政者，正也——用合法正当的手段推行公正和正义，倡导公平和平等，这才是政治。

链接 12.9；12.11；12.18；12.19；13.6；13.7

12.18

季康子患盗，问于孔子。孔子对曰："苟[1]子之不欲，虽赏之不窃。"

今译

季康子为盗贼烦恼，向孔子询问（该怎么办）。孔子回答说："假如您不贪，就是奖励盗窃，也没有人去干。"

注释

1　苟（gǒu）：假如，如果。

导读

孔子这句话，可以和《道德经》第七十五章对照读："民之饥，以其上食税之多，是以饥。民之难治，以其上之有为，是以难治。民之轻死，以其上求生之厚，是以轻死。"

从逻辑上说，季康子不欲，不一定百姓就"不窃"，但是，作为一国的实际统治者，在"患盗"之时，自家正是窃国大盗，这逻辑更是问题。所以，"苟子之不欲"，虽不是"虽赏之不窃"的充要条件，但毫无疑问应该是其前提。

链接 12.9；12.11；12.17；12.19；13.6

12.19

季康子问政于孔子曰："如杀无道以就有道，何如？"孔子对曰："子为政，焉用杀？子欲善，而民善矣。君子之德风，小人之德草。草上之风，必偃[1]。"

今译

季康子向孔子询问如何为政，说："如果我杀戮无道的坏人来迫使人民走上正道，可以吗？"孔子回答说："您执政，哪里用得着杀人呢？您要是行善政，百姓自然也就善了！君子的品德如同风，小人的品德如同草。草上有风吹过，草必然（随风）顺伏。"

注释

1　偃（yǎn）：仆倒，倒下。

导读

杀人的政治是最野蛮的政治。用杀戮来强制人民行善，手段和目的正好背道而驰：因为杀戮的政治，就是恶的政治。恶的政治，怎么能引导人民从善呢？

古今中外，都有以杀戮为手段，建立所谓道德国家、强盛国家的例子。中国战国时代的秦国，欧洲的希特勒，柬埔寨的红色高棉……但最终，他们建立的，不是幸福乐园，而是人间地狱。

而孔子的回答，则是正告统治者：社会风气的好坏，根源在于统治者！

这连续的三章（12.17、12.18、12.19）季康子问，都是政治和社会治理问题，而孔子的回答无一例外都在引导季康子反观自身。13.6章也有"其身正，不令而行；其身不正，虽令不从"，盖孔子所教之人，都是或将来是社会精英、在上位者、君子，今人所谓"统治者"。让他们反观自身找原因，出于孔子的政治理念：政治，乃是治政，而非治民。国家管理，乃是管理好当政者、管理好政府而不是管制好人民；是要管制权力，而不是用权力管制人民；是要把权力关进笼子，而不是用权力把人民关进笼子。

▍成语　风行草偃（草偃风从）

▍链接　12.7；12.9；12.11；12.17；12.18；13.6

12.20

子张问："士何如斯可谓之达[1]矣？"子曰："何哉，尔所谓达者？"子张对曰："在邦必闻，在家必闻[2]。"子曰："是闻也，非达也。夫达也者，质直而好义，察言而观色，虑以下人。在邦必达，在家必达。夫闻也者，色取仁而行违，居之不疑。在邦必闻，在家必闻。"

▍今译

子张问："士，怎么样才可以叫作'达'？"夫子说："你所说的'达'指什么？"子张回答说："在邦国一定有名声，在封邑一定有名声。"夫子说："这是名声，而不是达。至于达么，是质朴正直而好礼义，善于察言观色，经常想着对人谦恭。这样的人在邦国一定达，在家族一定达。至于名声么，表面上装得仁德，而行为正相反，还自以为是不反省。这样的人在国一定有名声，在家一定有名声。"

注释

1　达：通达，显达。
2　邦：诸侯国。家：大夫的封邑。闻：有名声，名望。

导读

达是内心的通达。闻是虚名的广布。

达是自在，闻是存在。自在是自我的圆满，存在是他人的注意。

内心道德充沛，则不忧不惧不惑，人生畅达无阻，这就是"达"。

而"闻"则是徒有虚名，外表花枝招展花团锦簇，内心忐忑不安患得患失。

要存在感，容易。要自在感，难。

用之则行，舍之则藏，就是自在感。

在邦必闻，在家必闻，只是存在感。

成语　察言观色　居之不疑

12.21

樊迟从游于舞雩之下，曰："敢问崇德，修慝[1]，辨惑。"子曰："善哉问！先事后得，非崇德与？攻其恶，无攻人之恶，非修慝与？一朝之忿，忘其身，以及其亲，非惑与？"

今译

樊迟陪着孔子优游于舞雩台下，说："我大胆地问一问如何才能提高品德、消除邪念、辨清迷惑。"夫子说:"问得好啊!先努力做,后考虑得,不就是提高品德么?批判自己的错误,不攻击别人的缺点,不就是消除内心的恶么?一时气愤,就忘掉自身安危,甚至连累自己的父母,不就是迷惑么?"

注释

1　修:消除。慝(tè):隐藏在内心的邪念。

导读

此章当与12.10对看。对于樊迟的"辨惑"之问,孔子的回答角度与对子张的回答完全一样:聚焦于何为"惑"以及"惑"之产生根源,而避开"辨惑"问题。并且,孔子担忧的,还是人的难以控制的主观情绪。

把孔子对这二人的回答做一个整合,我们会发现,关于"惑",孔子提到的,是这样的三个字:"爱(愛)""恶""忿"。这三个字和"惑"字,字体里都有一个"心"字在。孔子是在告诉我们:惑在心而不在物,在内而不在外,在己而不在他。

尼采:"与魔鬼战斗的人,应当小心自己成为魔鬼。当你凝视深渊时,深渊也在凝视你。"(《善恶的彼岸》)当我们大义凛然"攻其恶"的时候,"一朝之忿,忘其身,以及其亲"的时候,往往也是我们内心中恶出现的契机,所以,孔子教导我们:"人而不仁,疾之已甚,乱也。"(8.10)在我们对"不仁"的疾恨里,隐藏着自己内心的恶。

明白了这一点,如何"辨惑"也就不言自明:

不因爱恶情绪而失去对客体对象的客观评价和态度,制怒而不发,捐嫌而待人,即可辨惑。

情绪冷静,自控力强,猝然临之而不惊,无故加之而不怒,不被自己的情绪所惑,即是不惑。

还有一个值得注意的有意思的问题是,子张樊迟两人问"辨惑"时,都是和"崇德"连带一起问。为什么？因为——说到底，辨惑，主要不是知识问题，而是伦理问题；不是认知事物，而是判断价值；不是道问学，而是尊德性。德性提高了，惑就释然了。德性到了，惑就解了。

▍**成语**　一朝之忿

▍**链接**　8.10；12.10

12.22

樊迟问仁，子曰："爱人。"问知，子曰："知人。"樊迟未达¹。子曰："举直错诸枉²，能使枉者直。"樊迟退，见子夏，曰："乡³也，吾见于夫子而问知⁴，子曰：'举直错诸枉，能使枉者直。'何谓也？"子夏曰："富哉言乎！舜有天下，选于众，举皋陶⁵，不仁者远⁶矣。汤⁷有天下，选于众，举伊尹⁸，不仁者远矣。"

▍**今译**

樊迟问什么是仁，夫子说："爱人。"问什么是智，夫子说："知人。"樊迟未能透彻理解。夫子（补充）说："推举正直的人安置在邪曲的人之上，这样就能使邪曲的人转化为正直的人。"樊迟退出来，见到子夏，说："刚才我见到夫子，问什么是仁是智，夫子说：'选举正直的人，安排在邪曲的人之上，这样就能使邪曲的人转化为正直的人。'这话是什么意思呀？"子夏说："多么丰富而深刻的话啊！舜有了天下，在众人中选拔人才，推举了皋陶，不仁的人就少了。汤有了天下，在众人中选拔人才，推举了伊尹，不仁的人就少了。"

▍**注释**

1　未达：还没完全明白，没透彻理解。

2　错诸枉：置于邪恶的人之上。参见2.19注释2。

3　乡：通"向"，从前，刚才。

4　此处问知，应该是问仁问知的简省说法。

5　皋陶（gāo yáo）：传说舜时大臣，很贤明。

6　远：此处的"远"不能拘泥字面来理解。因为孔子此处讲仁、智，且"仁者爱人"，对"不仁者"当然只能教化而不能抛弃。所以我译为"少"。

7　汤：商朝开国君主。

8　伊尹：名挚，汤的"阿衡"（即宰相），很贤明。

▎导读

孔子对樊迟说"知（智）"即是"知人"，樊迟糊里糊涂不明白。他可能这么想：知人即是对人有所鉴别，既有所鉴别，必有所爱憎，有爱憎，必不能仅仅"爱人"。于是和前面问仁所得的"爱人"答案，有了矛盾。孔子见他思想上阻塞不通，便把自己的话说得通俗一些："举直错诸枉，能使枉者直。"——举直是智（因为能知道谁是正直的人），也是仁（举荐他即是爱他，也是爱民）；使枉者直，更是仁。爱正直的人，是推举他；爱不正直的人，是改正他。把不正直的人改变为正直的人，这不是更深更博的爱么？——所以，"举直错诸枉，能使枉者直"一句话中，包含着"仁""智"两种内涵。

可是樊迟仍然似通未通，便又出来请教子夏。子夏之智，当在樊迟之上，他用举例说明法，终使樊迟开悟而有所得：虞舜和商汤，能在人群里识举皋陶和伊尹，这是智；但也是仁——他们用皋陶和伊尹做榜样，使不正直的人都变成了正直的人。他们没用刑律，没用杀戮的手段，不是惩罚而是引导，最终天下大治，这不是仁么？

在这一章里，樊迟求道求知学而不厌，老师、同学弘道施教诲人不倦，孔门师徒在学问上的切磋琢磨，表现得很典型。孔子先是说得概括而简约；樊迟不明白，他便说得具体而细微；樊迟仍不明白，子夏再举例说明。为了让樊迟明白，老师、同学三降其辞，这种诲人不倦循循善诱的精神是颇感人的。而樊迟呢？一问老师，再问老师，三问同门，也是务求明白才休，这种求学热情，亦值得学习。

成语　仁者爱人　举直错枉

链接　2.19

12.23

子贡问友，子曰："忠告而善道之，不可则止，毋自辱焉。"

今译

子贡问交友之道，夫子说："给朋友忠诚的劝告和委婉恰当的开导，他不听，就算了，不要自找侮辱。"

导读

见4.26。

链接　4.18；4.26；14.7；16.4

12.24

曾子曰："君子以文会友，以友辅仁。"

今译

曾子说："君子以文章学问结交朋友，又以朋友间的切磋交流培养仁德。"

▍导读

  用什么样的方式,交的便是什么样的朋友;交的是什么样的朋友,对自身便起什么样的作用。以文章学问的方式交来的朋友,定是学道求方的朋友。这样的朋友,会辅助我们进步。

  君子要交益友。交友的方法:以文。交友的目的:辅仁。

▍成语 以文会友 以友辅仁

▍链接 16.4;16.5;16.6;16.7;16.8

子路第十三

13.1

子路问政。子曰:"先之¹,劳之²。"请益,曰:"无倦。"

今译

子路问怎样为政。夫子说:"自己先领头去干,然后再劳动老百姓干。"(子路)请求多讲一点,(孔子)说:"永远不要懈怠。"

注释

1　先之:为之先,率先垂范,以身作则。之:代词,指百姓。
2　劳之:使之劳。让老百姓干。

导读

子张问政,孔子以"无倦"答之(12.14)。子路问政,孔子又以"无倦"答之。政事是年复一年日复一日的活动,政效也并非一蹴可就,政绩更不可以以短期工程来糊弄上级,劳民伤财——所以,"无倦",确实是从政者的重要素质。在12.14的导读里,我讲到"无倦"的两个方面:第一,政治家不倦怠,勤政;第二,政策有延续性,不半途而废。此章,我再补充第三点:顺应历史向前走,不折腾,不反复,不倒退,不逆转,国家有方向感,并且一直顺应历史大势往前走。

第三点，是政治家的核心素质。

另外，"先之"然后才能"劳之"，统治者往往有成为寄生虫的趋势，"先之"而"无倦"，可免此弊。可与2.13互看。

▎链接　2.13；12.14

13.2

仲弓为季氏宰，问政。子曰："先有司¹，赦小过，举贤才。"曰："焉知贤才而举之？"子曰："举尔所知；尔所不知，人其舍²诸？"

▎今译
仲弓担任季氏的总管，问怎样为政。夫子说："做事先给有关官员带个头，宽赦他们的小错误，推举贤良的人才。"（仲弓）说："怎么能知道谁是贤才而选拔他们呢？"夫子说："选拔你所知道的；你所不知道的，别人难道不能推举他吗？"

▎注释
1　有司：有关官员，有关职能部门。
2　舍：舍弃，放弃。这里指不推举。

▎导读
"赦小过"，是政治当宽缓待民、宽松行政。不可小大必察苛刻待下。小大必察看起来是防范了不轨，其实是无量增加了行政成本，并且压制了社会生机和创新。

仲弓在这里提出的问题很重要："焉知贤才而举之？"孔子的回答是：把你知道的推举出来。盖孔子所说，是"举贤才"，而仲弓所问，是"识贤才"。"举贤才"是为不为的问题，"识贤才"是能不能的问题。其实,这个"能不能"的问题可以解决:把它交给更多的人——"尔所不知,人其舍诸?"

人人都愿"举贤才",贤才自然不会遗漏,就能解决"识贤才"的问题。

剩下的问题就是:人人都有权力有机会"举贤才"吗?

这就是现代的民选政治了。

还有一个值得提示的问题,"举尔所知",是对个人能力的限制性否定性表述,孔子深知单个人包括领导者个人智慧德性之不足恃,故借他人和全体之智慧及制度性公正来解决"识贤才"和"举贤才"的问题。

其实,"赦小过"也是对行政力量的限制性否定性表述。

"赦小过"与"举尔所知",显示出孔子对全能政治家和全能政府之不屑。因为,无论政治家还是政府,"全能"不仅不可能,而且最终伤及行政伦理,最终不是"全能",只是"全权"——独占所有社会资源,窒息所有社会创新,阻滞社会进步发展。

13.3

子路曰:"卫君[1]待子而为政,子将奚[2]先?"子曰:"必也正名[3]乎!"子路曰:"有是哉,子之迂也!奚其正?"子曰:"野哉,由也!君子于其所不知,盖阙如[4]也。名不正则言不顺,言不顺则事不成,事不成则礼乐不兴,礼乐不兴则刑罚不中[5],刑罚不中则民无所措手足。故君子名之必可言也,言之必可行也。君子于其言,无所苟[6]而已矣。"

| 今译

子路(对夫子)说:"(假如)卫君等待您去治理国政,您将先做什么事?"夫子说:"必须先正名分吧!"子路说:"您还真是太迂腐了,怎

么个正法?"夫子说:"真是粗野啊,仲由!君子对自己所不知道的事情,一般总得抱着存疑的态度。(你怎么就这么敢胡说呢?)名分不正,称谓就不顺;称谓不顺,事务就办不成;事务办不成,礼乐制度就不能兴建起来;礼乐制度兴建不起来,刑罚的执行就不会恰当;刑罚执行不恰当,人民就手足无措。所以,君子确定的名分必须可以用来称谓和指代,指代(的对象)也一定可以行得通。君子对自己所说的话,只是不草率马虎罢了。"

▌注释

1 卫君:卫出公辄。卫灵公之孙,卫后庄公(蒯聩)之子。鲁哀公二年(公元前493年),卫灵公去世,太子蒯聩此时被逐在晋,夫人南子欲立公子郢,公子郢不愿继位,于是立太子蒯聩之子辄,是为卫出公。晋国国卿赵鞅亲自护送蒯聩回国与自己的儿子争夺君位,出公派兵阻止父亲回国,以此形成父子争国的闹剧。孔子针对他,提出要治理卫国,必先"正名",以明确"君君,臣臣,父父,子子"(12.11)的关系。参阅7.15、12.11。

2 奚:何,什么。

3 正名:纠正礼制名分上的用词不当。名:名分,名称。下文"言",相应译为"称谓""指代"。

4 阙如:存疑,对还没搞清楚的疑难问题暂时搁置,不下判断。阙:同"缺"。

5 中(zhòng):得当,恰当。

6 苟(gǒu):苟且,随便,马虎。

▌导读

名不正则言不顺——父子之名都不正。作为儿子,出兵阻止父亲回国,师出有名吗?理由正当吗?

言不顺则事不成——如此师出无名,你能坐稳国君之位吗?后来这个蒯辄两次做国君,又两次被驱逐出国(这就是他谥号出公的原因),最后死在越国,一辈子追求、贪恋国君之位,最后其实是被这国君之位害死了。

事不成则礼乐不兴——个人之事不成还关系不大,作为国君,如此父子相争,成何体统,一国之礼乐制度,从何言起!

礼乐不兴则刑罚不中——礼乐制度破坏了,国家的根本制度,奖惩法则,都将失去依据。

刑罚不中则民无所措手足——国家的导向失去依据,人民的行为也将失去方向和准则。

成语 名正言顺　手足无措

链接 7.15；12.11

13.4

樊迟请学稼。子曰:"吾不如老农。"请学为圃[1]。曰:"吾不如老圃。"樊迟出。子曰:"小人哉,樊须也!上好礼,则民莫敢不敬;上好义,则民莫敢不服;上好信,则民莫敢不用情。夫如是,则四方之民襁[2]负其子而至矣,焉用稼?"

今译

樊迟(向夫子)求教种庄稼。夫子说:"我不如老农。"(樊迟)求教种菜。(夫子)说:"我不如老菜农。"樊迟出去了。夫子说:"小人啊,樊须!如果政府重视礼,百姓就不敢不尊敬;如果政府重视义,百姓就不敢不服从;如果政府重视信,百姓就不敢不说出真情实况。假如做到这样,四方的百姓就会背着他们的小孩前来投奔,哪里用得上自己去种庄稼呢?"

注释

1　圃（pǔ）：菜地，菜园。

2　襁（qiǎng）：背婴儿的背带、布兜。

导读

我们曾经据此批判孔子轻视体力劳动，更歧视下层人民。其实，孔子倡导"君子不器"，本来进行的，就不是专业技术教育。孔子在痛骂樊迟小人之后，马上揭出三个概念：礼、义、信。礼、义、信不是知识，更不是技术，而是价值。

人之一生，有三种需求，也因此有三种境界：谋生、谋智与谋道。谋生为养活自我，谋智为认知世界，谋道为认同价值。与之相应的学习或教育，则分别对应为技术（专业）、知识和价值。谋生、谋智固是为人之必需，而无价值约束之谋生，无价值操守之谋智，其灾难性后果，今日之中国人，当感受更为痛切。

樊迟问过孔子不少问题，有一次他甚至一口气问了孔子三个问题："敢问崇德，修慝，辨惑。"孔子夸他"善哉问！"（12.21）林放问礼之本，孔子夸林放："大哉问！"（3.4）孔子以为这些才是"大人"要关心的大问题。何为"大学"？学大！大人之学！

链接　3.4；12.21；15.32

13.5

子曰："诵《诗》三百，授之以政，不达¹；使于四方，不能专对²，虽多，亦奚以为³？"

今译

夫子说："熟读《诗经》三百篇，把政事交给他，却不能通晓；派他出使四方，却不能独立地处理外交事务，读得虽然很多，又有什么用？"

> 注释

1　达：通达，通晓。
2　专对：独对，即独自随机应变地处理复杂外交事务的能力。
3　以：用。为：句末语助词，表示感慨或疑问。

> 导读

读书，不是为了把书读懂，而是要借此读懂人生，读懂社会；
读书，不是为了记诵文句，而是要借此提升自己，完善自己；
读书，不是为了知道书中有什么，而是要借此让自己成为什么，成就什么。

> 链接　16.13；17.9；17.10

13.6

子曰："其身正，不令而行；其身不正，虽令不从。"

> 今译

夫子说："本身行得正，就是不发命令，人民也会照着去做；本身品行不正，即使三令五申，人民也不会听从。"

> 导读

道理浅显明白。可互看2.13、13.1和13.13。

> 链接　2.13；12.17；12.18；12.19；13.1；13.13；15.5

13.7

子曰:"鲁卫之政,兄弟也。"

▎今译

夫子说:"鲁国、卫国的政治状况,一对难兄难弟啊。"

▎导读

鲁国的先祖是周公姬旦,卫国的始封君是周公的弟弟康叔。所以,鲁卫两国,是兄弟之国。

可孔子这里说的是"两国的政治","政治"怎么也是兄弟呢?原来,在孔子时代,鲁国卫国都已衰败,和大国相比,已是一天不如一天地走下坡路,所以,我把这句译为"一对难兄难弟",试图传达出孔子说这句话时的满腹伤感。

▎成语　鲁卫之政

13.8

子谓卫公子荆[1]:"善居室[2]。始有,曰:'苟[3]合矣!'少有,曰:'苟完矣!'富有,曰:'苟美矣!'"

▎今译

夫子说卫国的公子荆:"他善于管理家业。开始有些财产时,(公子荆)说:'差不多合乎我的要求了!'财产稍有增加时,(他)说:'差不多完备了!'到财产富足时,说:'差不多是非常美好了!'"

▎注释

1　公子荆:卫国的大夫,字南楚。

2　善居室：善于管理家业。

3　苟：差不多，也算是。

| 导读

公子荆善居家过日子，不是指他善于积累财富，而是说他在每一财富阶段都不贪婪，不奢求。善于在有限的财富中找到满足。

善理财很重要；善理欲更重要。

13.9

子适卫，冉有仆[1]。子曰："庶[2]矣哉！"冉有曰："既庶矣，又何加焉？"曰："富之。"曰："既富矣，又何加焉？"曰："教之。"

| 今译

夫子到卫国去，冉有驾车。夫子说："卫国人口众多啊！"冉有说："人口已经多了，下一步怎么做呢？"夫子说："让他们富裕起来。"冉有说："富了以后，又该再做什么呢？"夫子说："教育他们。"

| 注释

1　适：往，到，去。仆：此处指驾车。

2　庶（shù）：众多。

| 导读

春秋时代，人力是生产力的主要形式，国家人口众多，说明该国人民安居乐业，并且富有进一步发展的潜力。所以，孔子到卫国，看到人口繁庶，便很高兴，而冉有是何等聪明的人，他赶紧问："人口多了以后，下一步怎么办？"孔子答："让他们富起来。"富起来以后呢？教育他们。

冉求善问，孔子善答。问者求知心切，答者思想深邃。

孔门师徒，常有这样令人心仪的场面。

此章应该是在孔子离鲁适卫之时，当时卫灵公颇能用人，并且对孔子的到来很是欢迎，在这样的情况下，冉有等弟子对于孔子从政于卫，施展宏图，非常乐观，故师徒之间，有这样的问答。

链接　13.3

13.10

子曰："苟有用我者，期月¹而已可也，三年有成。"

今译

夫子说："如果有用我治理国家的，一年过后就可以（有起色了），三年会有成效。"

注释

1　期（jī）月：周一年十二个月，即一周年。

导读

这也应该是孔子初适卫之言。"可也""有成"，也即"富之""教之"也。11.26章冉子之"足民"，子路之"知方"，意思相近。一年而经济政策到位降低税收，可收富民足民之效；三年而教化流行，可收敦厚风俗养成规矩百姓知方之效。

话里既有自信与期待，也隐含失望与怀疑。"苟有用我者"，不必有用我者也。

成语　期月有成

链接　11.26；13.3；13.9

13.11

子曰:"'善人为邦百年,亦可以胜残去杀矣。'诚哉是言也!"

| 今译

夫子说:"'善人治理国家一百年,也就可以克服残暴、免去刑杀了。'真对啊,这句话。"

| 导读

自从进入文明社会,对人类生命构成最大威胁的,不再是大自然,不再是毒蛇猛兽,而是人自己,是人类残暴统治者的暴政,以及族群之间的互相残杀。

孔子的理想,是终结这种人类自身的野蛮与残忍。

一个民族,养成独特的文明气质和生活方式,孔子说,要百年。

他还没说:要毁灭一个民族的文明气质和文化,使之野蛮愚昧,可能只要十年。

| 成语 胜残去杀(去杀胜残)

| 链接 13.12

13.12

子曰:"如有王者,必世¹而后仁。"

| 今译

夫子说:"如果有王者兴起,必须三十年以后仁德才能流行。"

| 注释

1 世:三十年为一世。

导读

钱穆《论语新解》:"盖旧被恶化之民,经三十年一世而皆尽,新生者渐渍仁道三十年,故其化易成。"其实,这三十年一世,也不可拘泥理解,如今日,若二十余岁被"恶化",经三十年则正当道也,岂可"皆尽"?彼当道之日,又将"恶化"新生代,如此往复,则人类进步虽则可期,亦当有耐心待以时日也。

被"恶化"之人,往往没法进入新时代。因为,他们自己就是时代,他们不退场,旧时代不会退场,新时代的到来,以他们的退场为前提。有时候,这些人,是整整一代人,故夫子曰必世而后仁者,必等一代恶化之人过去也。则夫子此言,不胜悲观也。

又,此章与13.10、13.11合看,会产生疑问:孔子说自己治国是一年有起色,三年有成效,此一也;说善人为邦,除残去杀,则需百年之久,此二也;此章又说王者使仁德广布,三十年而方可,此三也。

为何有这样的不同?盖孔子说自己"期月而可,三年有成",乃是接着13.9之"富之""教之",不过只是从具体措施着手,先富后教,虽覆一篑,进,吾往矣。然残杀政治,自东周以来,二百余年。欲革此弊,非百年不能扭转。而当今之民,因恶政而有恶德恶行,欲淘汰一空,使有新民出,亦必须一世三十年方可推陈出新。故善人为邦,除残去杀;王者用世,大化流行:说的是最终结果。千里之行始于足下,期月三年,筚路蓝缕,一世百年,始收其功。

链接 13.9;13.10;13.11

13.13

子曰:"苟正其身矣,于从政乎何有?不能正其身,如正人何?"

今译

夫子说:"如果端正了自身,对从事政治还有什么(困难)呢?不能端正自身,怎能谈得上端正别人呢?"

导读

这是"修身齐家治国平天下"(《大学》)的政治思路,也是"为政以德"的政治理念。可互看2.13、12.17、13.1和13.6。

链接　2.13;12.17;13.1;13.6

13.14

冉子退朝。子曰:"何晏¹也?"对曰:"有政²。"子曰:"其事也。如有政,虽不吾以³,吾其与闻之。"

今译

冉求退朝下班。夫子说:"为何这么晚呢?"(冉求)回答说:"有政务。"夫子说:"是一般的事务吧。如果有政务,虽然(国君)不任用我了,我也会知道的。"

注释

1　晏(yàn):晚,迟。

2　政:指方针、政策、法令的制定和颁布,以及重大外交事务等将影响政治生活的大事。下文"事",则指一般日常工作事务。

3　吾以:用我。以:用。

导读

冉求不知道政事与一般日常工作事务的区别。孔子用这种方法告诉他。孔子归国,虽然不再做官,但以他的名望和影响,以及"国老"的身份，鲁国国内有较大政治举措或有政策、方针、法令、方向的变动，当政者还是会征求他的意见的。至于一般日常性的工作事务，当然不必向他事事通报。

13.15

定公问："一言而可以兴邦，有诸？"孔子对曰："言不可以若是其几也[1]。人之言曰：'为君难，为臣不易。'如知为君之难也，不几乎一言而兴邦乎？"曰："一言而丧邦，有诸？"孔子对曰："言不可以若是其几也。人之言曰：'予无乐乎为君，唯其言而莫予违也。'如其善而莫之违也，不亦善乎？如不善而莫之违也，不几乎一言而丧邦乎？"

▎今译

鲁定公问："一言而可以兴邦，有这样的话吗？"孔子回答说："话不可以像这样期望应验。不过人们说：'做君主难，做臣子也不易。'如果知道做君主的难处，这岂不接近于'一言而可以兴邦'吗？"（鲁定公）说："一言而丧邦，有这样的话吗？"孔子回答说："话不可以像这样期望应验。比如人们说'我做君主并没有什么可高兴的，只是（高兴）我说话没有人违抗。'如果君主说的话正确而没有人违抗，不也是很好吗？如果说的话不正确而没有人违抗，这岂不接近于'一言而丧邦'吗？"

▎注释

1　几（jī）：期，期望。意谓一句话不能这样期望它应验。

▎导读

一言兴邦，一言丧邦，是指一些思想观点，在潜移默化中对人产生影响，并通过人而影响国家的安危。

知道做君主难，就会谨慎从事，勤勉政事，长期勤勉政事，国家不就一天一天兴盛起来了吗？

说话没人违抗，不知道这是危险，反以此为快乐，那渐渐就会被逸佞小人的甜言蜜语所包围，长此以往，国家不就一天天衰败下去了吗？

在2.19章哀公问"何为则民服？"孔子的回答是："举直错诸枉，则民服；举枉错诸直，则民不服。"这是孔子赋予了人民不服从的权力。而本章孔子回答"一言可以丧邦"，举不可违抗君主为例，则说明了——在国家政治理论和实践中，人民有不服从的权力正是一种健全的政治理性：人民有不服从的权力，是国家长治久安的必要条件和根本保证。

成语　一言兴邦，一言丧邦

链接　2.19

13.16

叶公[1]问政，子曰："近者说[2]，远者来。"

今译

叶公问怎样为政，夫子说："使境内的人民愉快，让境外的人民归附。"

注释

1　叶公：姓沈，名诸梁，楚国大夫。参阅7.19注释1。
2　说：同"悦"。

导读

叶公为楚守北方重镇，阻击中原而觊觎天下，责任重大，雄心勃勃。问政孔子，于北方有竞夺之心也。孔子深察其内心，故针对作答。

近者悦，远处那些生活不悦者自然会来。人民都来归附，生产有人做，仗也有人打，国家就好治理了。

16.1章孔子和冉求、子路谈治理家国，也有"远人不服，则修文德以来之。既来之，则安之"之说。《战国策·齐策一》有"战胜于朝廷"之论，孟子和齐宣王谈王道，有这样的句子："今王发政施仁，使天下仕者皆欲立于王之朝，耕者皆欲耕于王之野，商贾皆欲藏于王之市，行旅皆欲出于王之涂，天下之欲疾其君者皆欲赴愬于王。其若是，孰能御之？"(《孟子·梁惠王上》)所有这些，其实都是在说一个道理：国与国之间的竞争，最终乃是制度的竞争。

| **成语**　近悦远来

| **链接**　16.1

13.17

子夏为莒父[1]宰，问政。子曰："无欲速，无[2]见小利。欲速则不达；见小利则大事不成。"

| **今译**

子夏做了莒父的地方长官，问怎样为政。夫子说："不要求速成，不要贪图小利。欲速则不达；贪图小利，就做不成大事。"

| **注释**

1　莒父（jǔ fǔ）：鲁国城邑名，在今山东省莒县境内。
2　无：毋。

| **导读**

不求速成，乃是尊重自然。不因为追求政绩而蛮干冒进。

无见小利，乃是做大格局。不因纠结于小利而忘失大义。

值得注意的是，"见"字本义乃是被动所见，《论语》中"见得思义""见利思义""见义不为""见贤思齐""未见刚者"都如此。则"无见小利"云云，乃是"不要看见"也即"不要去看"的意思，与夫子教颜回"非礼勿视"义同，指利益当前，当闭明塞聪，毋为聪明所误也。此当与13.27之"刚，毅，木，讷，近仁"同看，方知其妙。子夏聪明足够，而质朴厚重不够，故孔子以此教之。

| 成语 欲速则不达

| 链接 13.27

13.18

叶公语孔子曰："吾党有直躬者[1]，其父攘羊而子证[2]之。"孔子曰："吾党之直者异于是：父为子隐，子为父隐，直在其中矣。"

| 今译

叶公对孔子说："我那地方有个正直的人，他的父亲偷了羊，他去告发了。"孔子说："我那地方正直的人和你所讲的不一样：父亲为儿子隐瞒，儿子为父亲隐瞒，正直的品德就在其中了。"

| 注释

1 直躬者：正直、坦率的人。
2 攘（rǎng）：偷，窃，抢。证：检举，告发。

| 导读

楚国在春秋时期是一个被北方"文化歧视"的国家，因此，楚国北方重镇负函的主政者叶公，带着明显的文化自卑，向来自北方、代表着北方文化最高境界的孔子炫耀自己的政绩以及楚国的文明程度。但是，他万万没有想到，他所沾沾自喜的"文明"却被孔子毫不留情地揶揄了一番。在孔子看来，他所夸示的"文明"，其实非常野蛮。

这是一个聚讼纷纭的问题，直到今天，法律界还在为此争论。甚至有一些法学专家批评孔子，说他的观点影响司法公正，甚至导致司法腐败。武汉大学郭齐勇先生为此还主编了《儒家伦理争鸣集——以"亲亲互隐"为中心》，搜集了当代的中国学者对这个问题的是是非非。

虽然"亲亲互隐"会导致腐败这样的观点没有事实证据，实行互隐制度的国家和地区并不能被证实其腐败程度超过无此规定的国家和地区；但是，鉴于中国现实社会对于腐败的痛恨，很多人还是反对这条非常人性也非常理性的法律规定。为此，对此章，我们还是多花一些笔墨，来做一个比较细碎的具体个案分析。

父亲偷羊，儿子知情，儿子有两种选择：

一、儿子告发，法官据此判决，羊回到了原主人那里，公正得以维护。但是，父子之间的天伦亲情受到了损害。

二、儿子沉默，偷羊之事不能被揭发。羊的主人受到了损失，公正受到了损害。但是父子的天伦亲情得到了维护。

两种选择，各有利弊。那么，且让我们"两害相权取其轻，两利相权取其重"：

假如儿子不作证，对社会、法律损害不大甚至没有损害。理由如下：

一、法庭可以通过其他渠道获取证据，一样可以判决。

二、即使由于证据不足，不能破案和判决，一只羊失窃，也不是严重的案件，社会危害不大。

三、一两次案件由于证据不足而不能得到公正判决，并不会损害法律的权威，也不会影响法律的公正。

严格地说，法律不是（也不能）惩罚所有的犯罪，而是（也只能）

惩罚那些证据确凿的犯罪。这话反过来说是这样的：法律不能惩罚那些没有证据的犯罪。这样理解和运行法律，不但不会损害法律的威严，恰恰维护了法律的严肃。

相反，假如儿子作证，对父子亲情则损害很大。理由如下：

一、鼓励甚至强迫儿子出来指证父亲，就必然严重损害这对父子的亲情，这种伤害远远超过一只羊的损失。

二、更糟糕的是这种案例的示范作用：连父子都可以互相告发，会让人们痛苦地接受这样的事实——父子之间，也不可相信。这就彻底颠覆了人伦，让人生活在社会如同生活在丛林，人心会因此冷酷。

三、相对于一两个具体案件是否能够公正处理，父子天伦亲情是人类更原始、更基本的价值，这种价值一旦被破坏，社会的基本细胞都要被破坏。汉宣帝地节四年（公元前66年）下诏明确规定："父子之亲，夫妇之道，天性也。虽有患祸，犹蒙死而存之。诚爱结于心，仁厚之至也，岂能违之哉！自今子首匿父母，妻匿夫，孙匿大父母，皆勿坐。其父母匿子，夫匿妻，大父母匿孙，罪殊死，皆上请廷尉以闻。"（《汉书·宣帝纪》）由于这段诏书深刻体现了中国的传统文化以及对人类普世价值的深切维护，其后中国历代法律，都有遵循此种价值的类似规定。甚至民国时期的《中华民国刑事诉讼法》也不例外，并延续至我国台湾地区目前所谓的"刑事诉讼法典"。

说它体现了人类的普世价值，是因为世界上很多国家的法律也有相关的"互隐"条例，比如，意大利、法国、韩国、日本等。汉宣帝诏书中对人类"天性"的维护和尊重，体现的就是对人类原始道德根基的维护意识，非常值得我们后人敬仰。

而一两件案件的错判或有罪而侥幸脱逃并不能对法律的整体尊严产生威胁，更不会颠覆人们对于道德和社会的基本信心。

所以，我的结论：孔子是对的，叶公是错的。

即使从法律角度而言，也有两条原则：

一、不能用违法的手段获取证据。假如把法律比喻为一条河流，那么，犯罪只是弄脏了河水；而用违法手段获取证据，就是弄脏了水源。所以，用违法手段获取证据，比犯罪更恶劣。

二、不能用破坏基本价值的方式和代价获取证据。举一个极端的例子：当罪犯把违法证据吞入肚子时，为了抢救证据，能否当场剖开他的肚子取证？答案当然是否定的。因为，剖开一个嫌疑犯的肚子杀死他，就是破坏了基本的价值。

所以，判断问题，不仅需要本专业的知识，还要具备价值判断力；不仅要考虑某一部分的价值，还要考虑整体的价值；不仅要考虑一时的价值，还要考虑永恒的价值。

鼓励或强迫亲属之间互相告发，我们曾经这样做过，并且离我们不远："文革"期间父子、夫妻、兄弟、恋人、朋友之间的互相揭发就是最为集中也最为极端的体现。结果，不但没有迎来所谓的政治和社会的文明，恰恰是破坏了人与人之间最基本的善意和互信，最终导致一个民族的道德滑坡。破坏道德并不能增加法律运行的有效性，恰恰相反，道德的大面积滑坡会大大增加法律的成本，且在增加了高额成本之后所获得的最大值也只能是孔子所说的"民免而无耻"——虽然慑于法律而遵纪守法，内心里却并不认可体面的生活，更不会追求体面的生活。

2011年8月24日十一届全国人大常委会第二十二次会议首次审议的《中华人民共和国刑事诉讼法修正案（草案）》中，在增加证人强制出庭作证条文的同时，有一条说明：配偶、父母、子女除外。这是中国传统的"亲亲互隐"思想在法律上的重新体现。

13.19

樊迟问仁，子曰："居处恭，执事敬，与人忠。虽之[1]夷狄，不可弃也。"

今译

樊迟问怎样是仁，夫子说："在家恭敬；做事敬业；为人忠诚。即使去了夷狄之地，这些也不可放弃呀。"

注释

1　之：动词。到，去，往。

导读

15.6章子张问行，孔子的回答："言忠信，行笃敬，虽蛮貊之邦，行矣。言不忠信，行不笃敬，虽州里，行乎哉？"与此章孔子答樊迟很像，于是有人疑惑此处的"问仁"乃是"问行"，"仁"是"行"字之误。但无论是人之"行"，还是人之"仁"，都不外乎与人相处之道，居家恭敬，做事敬业，为人忠诚，这是天下通行的道德，也是通行天下的资本。有此，则"虽之夷狄，不可弃也"；无此，则"虽州里，行乎哉？"但凡价值，必然普世普适，反对价值的普适性和普世性，其实是取消价值。

链接　15.6

13.20

子贡问曰："何如斯可谓之士矣？"子曰："行己有耻，使于四方，不辱君命，可谓士矣。"曰："敢问其次？"曰："宗族称孝焉，乡党称弟[1]焉。"曰："敢问其次？"曰："言必信，行必果，硁硁然小人[2]哉，抑亦可以为次矣。"曰："今之从政者何如？"子曰："噫！斗筲之人[3]，何足算也？"

今译

子贡问:"如何才算得上'士'?"夫子说:"对自己的行为能保持羞耻之心,出使他国,能不辜负君主委托的使命,这样的人可称为'士'了。"(子贡)说:"我冒昧地问,次一等的呢?"(夫子)说:"宗族里的人称赞他孝顺父母,乡里的人称赞他敬爱兄长。"(子贡)说:"我斗胆再问,再次一等的呢?"(夫子)说:"许下诺言后,不问是非曲直一定守信;做事也不论结果好坏一定要做到底。这一类糊涂而固执的小人,也可以作为次一等的了。"(子贡)说:"如今从政的人如何呢?"夫子说:"咳!这些器量狭小的人,哪里算得了士?"

注释

1 弟:同"悌",敬爱兄长。

2 硁硁(kēng)然:小石头又坚又方的样子。比喻不问是非曲直,只求所谓"守信"的固执糊涂之徒。

3 筲(shāo):盛饭用的小竹器。斗、筲容量都不大。引申来形容人的见识短浅,器量狭小。

导读

值得注意的是,13.28中,子路也有此一问。士本来就是一种社会阶层的称谓,这明白无疑。但子贡、子路为什么要对一个本来明白无疑的问题发问?这问本身,就说明了,孔子已经在对士进行重新塑造,赋予士新的内涵,正是孔子的这一努力,使得子贡、子路有此一问。

在孔子的回答里,我们惊讶地发现:从政之人,反而不是"士"。这与当时"士"而"仕"的士阶层的基本人生道路完全不同了。在孔子的观念里,士的基本特征是一种品格,而不再是一种身份了;士的可贵在于承担价值,而不是仕途经济了。

另外,值得注意的还有"言必信,行必果",一般人对此很是认可,可是孔子说这是"硁硁然小人哉"的行为,为什么?首先,孔子并不反对"言而有信"(1.7、2.22、12.7等),孔子反对的,是中间的那个"必"字(参9.4)。因为,它违背了另外一个原则:有错必改。假如我们说错了话,做错了事,就要改,而不能硬着头皮将错就错。简言之,"言"和"行"要遵照的最高原则是"义",其次才是别的。所以,孟子说:"大人者,言不必信,行不必果,惟义所在。"(《孟子·离娄下》)

成语　行己有耻　言必信,行必果　斗筲之人

链接　13.28；15.37

13.21

子曰:"不得中行而与¹之,必也狂狷乎?狂者进取,狷者有所不为²也。"

今译
夫子说:"找不到言行合乎中庸之道的人与他交往,那就一定要同狂者和狷者交往了吧。狂者进取,狷者有所不为呢。"

注释
1　中行:中庸的言行。与:交往。
2　狂者:指志意高远,敢作敢为,有进取精神的人。狷(juàn)者:指为人耿直,洁身自好,把握自己,绝不肯同流合污的人。有所不为:即有些事(不合仁德、违礼的事)是不做的。

导读
狂者的优点是有救世的热情,弱点是若无节制,则易变得不择手段。狷者的优点是道德纯洁,弱点是若无激励,则易流于消极避世。

中庸者则兼有二者之优点而无二者之缺点。

但若无中庸的人为友，就一定要找狂者或狷者，因为这二者毕竟有仁义之一端：一是"己欲立而立人，己欲达而达人"（6.30）；一是"己所不欲，勿施于人"（12.2、15.24）。一个忠，一个恕。只有孔子这样的圣人，才能兼二者而有之，"夫子之道，忠恕而已矣"（4.15）。忠与恕分开，则为狂者或狷者；融合而为一，则为中庸的圣人。

13.22

子曰："南人有言曰：'人而无恒，不可以作巫医[1]。'善夫！""不恒其德，或承之羞[2]。"子曰："不占而已矣[3]。"

今译

夫子说："南方人有句话说：'人如果没有恒心，不可以当巫医。'说得多好啊！"（《易经》上有句话说：）"如果不能持之以恒地保持自己的德行，总有人要承受羞辱。"夫子说："没有恒心的人不用占卦，因为他总要倒霉。"

注释

1　巫：巫师，能降神占卜的人。医：医师。古代巫、医往往合于一身。

2　"不恒"二句：见《易经·恒卦·九三爻辞》。意为：如果不能持之以恒地保持自己的德行，免不了要承受自己招来的羞辱。

3　占：占卜，算卦。孔子这句话的意思是：没有恒心的人一定会遇凶，这用不着占卜就会知道。

导读

没有恒心，不可以做巫，巫要沟通鬼神。

没有恒心，不可以为医，医要拯人生死。

没有恒心，能干什么？

除了游手好闲，什么正事也干不了。

种瓜得瓜，种豆得豆。

一切祸福，自作自受。

祸福无门，唯人自招，与占卜无关。

13.23

子曰："君子和而不同，小人同而不和。"

▎今译

夫子说："君子协调和谐而不强求一致；小人强求一致而不能协调和谐。"

▎导读

只有不同味道的调和，才会有美味；只有不同音符的调和，才能有音乐。这就叫和而不同，它包含的内涵是：只有不同，才能和。

如果我们一味追求一致，如菜中只要一种味，无论酸、甜、苦、辣、咸，都不再是美味；音乐只剩一个音符，都不再是音乐。这就叫同而不和，它包含的内涵是：要和，就不能要同。

《晏子春秋》卷一《景公游公阜一日有三过言晏子谏第十八》："景公出游于公阜，……梁丘据御六马而来，……公曰：'据与我和者夫！'晏子曰：'此所谓同也。所谓和者，君甘则臣酸，君淡则臣咸。今据也甘君亦甘，所谓同也，安得为和！'"

刘向《说苑·君道》："齐宣王谓尹文曰：'人君之事何如？'尹文对曰：'人君之事，无为而能容下。夫事寡易从，法省易因；故民不以政获罪也。大道容众，大德容下；圣人寡为而天下理矣。'"孔子所说的和而不同，其实包含着他对苛酷独裁政治的戒惧，对政治包容的呼唤。

成语　和而不同

链接　2.14；7.37；13.26

13.24

子贡问曰："乡人皆好¹之，何如？"子曰："未可也。""乡人皆恶²之，何如？"子曰："未可也。不如乡人之善者好之，其不善者恶之。"

今译

子贡问："（要举荐人才的话，）全乡的人都喜欢他，（这人）怎么样？"夫子说："还不行。"（子贡问：）"全乡的人都憎恶他，怎么样？"夫子说："还不行。最好是乡里的好人都喜欢他，坏人都讨厌他。"

注释

1　好（hào）：喜爱，称道，赞扬。
2　恶（wù）：憎恨，讨厌。

导读

乡人里有好人，也有坏人。全乡的人都喜欢他，也就是说坏人也喜欢他。这说明他谁也不得罪，毫无原则，甚至同流合污，这是"乡愿"，是"德之贼"（17.13）。

全乡的人都不喜欢他，也就是说好人也不喜欢他。这种人可能是行为乖戾之人，至少说明他没有与人交往的能力，严重缺少亲和力。这样的人，怎能做事？

所以，孔子提出了"善者好之""不善者恶之"的标准。这个标准以善恶是非为依据，不以人数多寡为依据，这才是真正的知人之道。

唯一的问题或招人疑虑的是：何以判断善者不善者？既能判断善者不善者，逻辑上则已超越了乡人之判断，也就是说，无须借助乡人的判断。

其实，善者不善者，在一个相对稳定的空间和相对较长的时间里，比如在一个熟人社区里，还是有公论的，这些公论可以帮助我们辨识善者不善者。借助这些善者不善者的舆论，我们就可以对一个人的德性和能力做出基本的判断。

知人之学，是人生的大学问，也是《论语》中的重要内容。

| 链接　15.28；17.13；17.24

13.25

子曰："君子易事而难说也。说之不以道，不说也，及其使人也，器之。小人难事而易说也。说之虽不以道，说也，及其使人也，求备焉。"

| 今译

夫子说："君子容易共事而难以讨好。不以正当的方式去讨好他，他是不喜欢的，等他用人的时候，却能对人量才使用。小人共事很难却容易讨好。即使不以正道去讨好他，他也会喜欢，但等他用人的时候，却对人求全责备。"

| 导读

君子做事不整人，对事不对人。小人整人不做事，对人不对事。

君子不喜欢歪门邪道，所以，想取悦他很难。但与他共事容易，在他手下做事更舒心：他能根据人的才能大小及特长而委派工作，而不是根据自己的好恶。小人反之。

13.26

子曰:"君子泰而不骄,小人骄而不泰。"

今译

夫子说:"君子安舒坦然而不骄傲放肆,小人骄傲放肆而不安舒坦然。"

导读

君子心地光明坦荡,和蔼平静,所以"泰而不骄";小人心地阴暗险恶,患得患失,所以"骄而不泰"。

成语　泰而不骄

链接　2.14;7.37;13.23

13.27

子曰:"刚,毅,木,讷,近仁。"

今译

夫子说:"刚强,果决,质朴,口讷,是接近于仁的品德的。"

导读

刚毅之人,不易屈服于外力,也能克制自己的欲望,所以近仁。

木讷之人,质朴而心思稳定,较少见异思迁,较少朝秦暮楚,所以近仁。

此章当与"巧言令色,鲜矣仁"(1.3)互参。

成语　刚毅木讷

13.28

子路问曰:"何如斯可谓之士矣?"子曰:"切切偲偲¹,怡怡²如也,可谓士矣。朋友切切偲偲,兄弟怡怡。"

今译

子路问:"如何才能算是'士'呢?"夫子说:"互相勉励,共同进步,和睦相处,可以称为'士'了。朋友之间要互相勉励,兄弟之间要和睦相处。"

注释

1 切切偲偲(sī):互相勉励,共同进步的样子。
2 怡怡(yí):和睦,愉快的样子。

导读

这个问题,13.20章子贡也问到了。孔子的回答不一样。子贡是个外交人才,所以孔子特别提到了"使于四方,不辱君命"。子路性格刚直粗野,所以孔子特别嘱咐他要搞好朋友和兄弟之间的关系。这是因材施教。

这种回答问题的角度,其实是从必要条件切入。子贡、子路之问,问的是充分条件;而孔子之答,乃是必要条件,且是部分必要条件:子路子贡之问,乃是"何如可谓士?"孔子之答,乃是"不何如则不可谓之士"。何如可谓士,答案必林林总总纷纭杂沓,解释何能尽举,而践行何处下脚?不何如则不可谓之士,则往往可以对症下药攻其一点渐次收功。做事做人,本来也该是有步骤次序,先从某一点开始,不可贪多求全。以此教人,正显示孔子的育人之道。

成语　切切偲偲　兄弟怡怡

链接　13.20

13.29

子曰:"善人教民七年,亦可以即戎¹矣。"

| 今译

夫子说:"善人教导百姓七年,也就可以(使百姓)从军作战了。"

| 注释

1　即:靠近,从事,参加。戎(róng):军队,战争。

| 导读

这地方讲的善人教民,肯定不是教导他们战阵之法等等,那还不如说"兵家教民"。善人教民,是教导人民爱其亲,亲其上,死其长。有这样情怀的人民,必是招之即来,来之能战,战之能胜的人民。

善人教人打仗,不是教人如何打仗,而是教人知道为何打仗,如文王武王之好勇,"一怒而安天下之民"(《孟子·梁惠王下》),则可以即戎矣。

| 链接　13.30

13.30

子曰:"以不教民¹战,是谓弃之。"

| 今译

夫子说:"驱使没有经过教化不明事理的人去打仗,等于把他们当炮灰。"

| 注释

1　不教民:即"不教之民"。

┃ 导读

此章当与上章对照读。人民不为别人打仗,人民只为自己和正义打仗。不让他们明白这一点,动辄驱使他们打仗,打不义之仗,就是把他们当炮灰。

┃ 链接　13.29

宪问第十四

14.1

宪问耻¹。子曰:"邦有道,谷²。邦无道,谷,耻也。""克、伐、怨、欲³,不行焉,可以为仁矣?"子曰:"可以为难矣,仁则吾不知也。"

▍今译

原宪问何为耻。夫子说:"国家有道,做官拿俸禄(是正当的)。国家无道,做官拿俸禄,耻也。"(原宪又问:)"好胜,自夸,怨恨,贪婪,(这些毛病)都被克制住了,可以算做到了仁吧?"夫子说:"可以认为这是很难得的了,至于算不算做到了仁,我不知道。"

▍注释

1 宪:原宪,字子思,也称原思。此章称名不称字,且不称姓,可能是原思自己的记录。耻:此字在古汉语中含义丰富,可作名词,耻辱;可作形容词,可耻;可作动词,知耻,以……为耻。此字在这里可以含有以上三种含义,故不译,以保持其丰富的内涵。

2 谷:谷米。此指做官拿俸禄。

3 克:争强好胜。伐:自我夸耀。怨:怨恨,埋怨。欲:贪婪多欲。

导读

"克、伐、怨、欲,不行焉",是仁之必要条件,仁之实现,还需要充分条件。类似这样提出几个必要条件然后期待获得肯定答案的提问,在《论语》里往往而见,而孔子对这类问题的回答,实际上是在纠正提问者的逻辑偏差。从这一点说,孔子的工作,与古希腊苏格拉底等人,有相同之处。

当然,原宪所提的问题颇见出孔门师徒对修身的强烈关注——一个关心什么是可耻,并时时提醒自己的人,是不会堕落的。"耻文化"是中国文化的特征之一。

成语 克伐怨欲

链接 5.21;8.13;15.7

14.2

子曰:"士而怀居¹,不足以为士矣。"

今译
夫子说:"一个士,如果留恋安逸,就不配做'士'了。"

注释
1 怀:留恋怀思。居:安居,引申为安于平庸琐屑的生活,安于舒适、熟悉、常规的生活圈子、生活方式与习惯等等。

导读
曾参说士"任重而道远"(8.7)。任重而道远,当然要弘大刚毅,坚忍不拔。有艰苦之劳作,方可为卓绝之事业。所以,一个"士",若贪图安逸,就无法承担"士"之重任,当然也就不配称作"士"。

"居"有二义：一直住的地方和一直在的状态。一直待在一个地方和一直保持一种状态，都不足以应对重任远道。

▎ **链接**　4.9；4.11；8.7；19.10

14.3

子曰："邦有道，危言危行¹；邦无道，危行言孙²。"

▎ **今译**
夫子说："国家有道，高言高行；国家无道，高行卑言。"

▎ **注释**
1　危：此处解释众多，不赘。朱熹《集注》："危，高峻也。"《后汉书·第五伦传注》引郑玄注："危，犹高也。据时高言高行者皆见危，故以为谕也。"窃以为危言危行释为"高言高行"较为顺畅。
2　孙：同"逊"。退让，避让，恭顺。

▎ **导读**
国家有道，诸事可做，诸话可说。既可高调行事，也可高调说话。

国家无道，诸事照做，说话低调。诸事照做者，不退不让不避责也。说话低调者，此等世道，正宜"先行其言而后从之"（2.13），"君子耻其言而过其行"（14.27），因无道之邦，必然处处掣肘，动辄得咎，君子虽然一意孤行，也有掣肘行不通之时，若大言已出，如何兑现？

《庄子·山木》："王独不见夫腾猿乎？其得柟梓豫章也，揽蔓其枝而王长其间，虽羿、蓬蒙不能眄睨也。及其得柘棘枳枸之间也，危行侧视，振动悼慄；此筋骨非有加急而不柔也，处势不便，未足以逞其能也。"故君子处无道之邦而有所收敛，非不欲正道直行，乃"处势不便，未足以逞其能也"。

鲁迅先生言:"正无需乎震骇一时的牺牲,不如深沉的韧性的战斗。"(《娜拉走后怎样》)所以,孔子所云的"言孙",并非提倡凡事畏葸,不敢直言,甚至面对黑暗,三缄其口,而是指言语之前乃至牺牲之前的掂量:死得其所,当然在所不辞放言无惮;若徒死无益,则不可轻掷生命。孔子要求我们见义勇为(2.24),却又总是不忘提醒我们保护自身。是之谓"明哲保身"。

成语　危言危行

链接　2.13;2.24;5.21;8.13;14.1;14.27;15.7

14.4

子曰:"有德者必有言,有言者不必有德。仁者必有勇,勇者不必有仁。"

今译

夫子说:"有德行者一定有嘉言,有嘉言者不一定有德行。仁德之人必定勇敢,勇敢之人不一定仁德。"

导读

这段话可以这样理解:有德行的人总会有一些有益于世道人心的言论;而光说不做的也大有人在。同样,仁德的人必定具有道德勇气,而勇于敢为;且所勇于敢为之事,必定是正义的事业,所谓"见义勇为"是也。而有些人也可以很勇敢,但未必是用他的勇敢去做好事,甚至可能是勇于做坏事,这就一点也谈不上有仁德了。

见义勇为之时,往往不是因为我们自忖有能力战胜邪恶,而是我们自觉有责任保护良善。勇敢，很多时候不是因为我们不怕敌人，而是因为我们害怕敌人伤害亲人。

值得注意的是，在孔子"有言者不必有德"和"勇者不必有仁"的并列表述中，我们可以看出，孔子仅把"勇"看作一种能力（如"言"），而没把无义之"勇"看作德性。显然，与"仁""智"相比，同样作为"三达德"之一的"勇"，在孔子的心中，地位是靠后的。

链接 2.13；17.23

14.5

南宫适问于孔子曰[1]："羿善射[2]，奡荡舟[3]，俱不得其死然。禹、稷[4]躬稼而有天下。"夫子不答。南宫适出。子曰："君子哉若人！尚德哉若人！"

今译

南宫适问孔子道："羿善于射箭，奡善于水战，都不得好死。禹、稷亲自种庄稼却取得了天下。"夫子没回答。南宫适出去了。夫子说："君子啊，这个人！崇尚道德啊，这个人！"

注释

1　南宫适：见5.2及11.6注释。凡弟子问，《论语》皆曰某某问曰，或某某问某事，此"南宫适问于孔子曰"属于例外，除此以外，尚有20.2之"子张问于孔子曰"，而下面孔子回答，又都书曰"子曰"，若记录者前后身份不同然。此体例颇可怪，阙疑。

2　羿：上古传说中有三个羿，都善射。一是射日的羿；二是帝喾时的射师；三是夏时有穷国的君主，一度篡夺了夏的政权而代理夏政。他荒淫喜猎，把朝政交给寒浞（zhuó）管理。后寒浞乘羿打猎回来毫无防备，将其杀害。本章中的羿即指有穷国的羿。

3　奡（ào）：一作"浇"，寒浞的儿子，是个大力士，善于水战。后被少康所杀。

4　禹：夏代开国祖先。稷（jì）：传说是帝喾（kù）之子，名弃，善农耕，尧举为农师。至舜时，受封于邰（今陕西省武功县西南），号曰"后稷"，是周朝的祖先。后世又被奉为谷神。

导读

南宫适发现了一个很有意义的现象：那些善于打仗的人，最终都没能胜出，反而一个一个不得好死；而禹和稷老老实实去种庄稼，发展生产，却"不战而屈人之兵"，最终取得了成功，得到了天下。

在孔子看来，南宫适既已发现并关注这一现象，他就已经有了答案：好战黩武、残民以逞的人都是不道德的，不得人心的，他们的最终失败是必然的。只有那些保护人民、安顿人民、使人民能安居乐业的人，才能最终得人心得天下。

发现问题有时比解答问题更需要智慧。南宫适能发现问题，他当然能自己解答问题。所以，孔子对他的提问"不答"。在孔子看来，南宫适能提出这样的问题，不仅仅证明了他的聪明，而且，还证明了他的德行。他能这样提出问题，已经表明他是一个真君子：毕竟，这世界有很多现象和本质，是只有某些特定品性的人才能发现的。有君子的品性，才能发现德性的力量。

孔子用"君子哉若人"同样的话，表扬过宓子贱（5.3）。

链接　5.2；5.3；11.6

14.6

子曰："君子而不仁者有矣夫，未有小人而仁者也。"

今译

夫子说:"君子而有时不够仁德有的呢,(可是)小人从来都不会有仁德哦。"

导读

这句话,这样理解可能更义理顺畅:君子的所作所为里,一定有不是出于仁德的。如,君子出处穷通,必当依乎仁德,而衣食住行,岂必出于仁德。

但是,小人从来不会纯粹出于仁德而做事。盖出于仁德而做事的那一时刻,他其实已经是一个君子——这是一个逻辑在先问题。

"小人"一词,在《论语》里有多义:有时指身份,指下层人;有时指胸襟境界不够之人,如孔子斥樊迟为小人;有时则指唯利是图的无原则之人。这里的"小人",是指这第三类人。

14.7

子曰:"爱之,能勿劳[1]乎?忠焉,能勿诲乎?"

今译

夫子说:"爱他,能不让他劳苦吗?忠于他,能不劝告教诲他吗?"

注释

1 劳:"使……劳苦"的意思。

导读

《国语·鲁语下》:"夫民劳则思,思则善心生;逸则淫,淫则忘善,忘善则恶心生。"我们爱一个人,就希望他成为一个善良的人,而劳动与勤奋,是一个人走上善良之境的必由之路。所以,爱他而使他勤劳,是对他最大的爱。

忠于一个人,关心一个人,也不能事事顺遂了他,当他有缺点与过失时要对他进行忠告,这才算是尽到了朋友的职责。对朋友的过失进行劝诫,这是最大的忠。

┃ 链接　12.16；12.23；16.4

14.8

子曰:"为命¹,裨谌²草创之,世叔³讨论之,行人子羽⁴修饰之,东里子产⁵润色之。"

┃ 今译

夫子说:"(郑国)撰写外交公文,总是由裨谌写草稿,世叔提意见,外交官员子羽做修改,再由东里的子产来润色。"

┃ 注释

1　命:会盟之辞,即外交辞令。

2　裨谌(bì chén):郑国大夫。

3　世叔:郑国大夫。

4　行人:外交官员。子羽:公孙挥,字子羽。郑国大夫。

5　东里:郑国邑名,在今河南省郑州市。子产:名侨,字子产。郑国宰相。

┃ 导读

外交辞令,事关两国关系,事关国家体面,当然需要慎重,需要考虑周详,还要措辞恰当。宰相子产为人慎重,善用人才,善治国家,从郑国拟定外交文件的慎重其事,可以窥一斑而见全豹。

14.9

或问子产，子曰："惠人也。"问子西[1]，曰："彼哉！彼哉[2]！"问管仲，曰："人也[3]。夺伯氏骈邑[4]三百，饭疏食，没齿无怨言[5]。"

▎今译

有人问（夫子）子产（是怎样的人），夫子说："是宽厚慈爱的人。"问到子西，（夫子）说："他呀！他呀！"问到管仲，（夫子）说："仁人啊。他剥夺了伯氏骈邑的三百户采地，（使伯氏）只得吃粗粮和蔬菜，（可是）直到老死，（伯氏）也没有怨言。"

▎注释

1　子西：春秋时，载入史籍的有三个子西。其一，楚国的公子申；其二，楚国的斗宜申；其三，郑国的公孙夏，是子产（公孙侨）的同宗兄弟。本章的子西，应该指的是子产的同宗兄弟。

2　"彼哉"二句：他呀！他呀！这是古代曾经流行的一个表示轻视的习惯用语，潜台词是他算得了什么。

3　人也：可能有脱字，或说前脱"夫"字，乃"夫人也"，或说前脱一"仁"字，乃"仁人也"。

4　伯氏：齐国大夫。骈邑：齐国的地名。

5　没（mò）齿：老到牙齿都掉没了，指老死，终身。史载：伯氏有罪，管仲为宰相，依法下令剥夺了伯氏的采邑三百户。因管仲执法公允，所以伯氏口服心服，始终无怨言。

▎导读

据《左传》记载，子产是孔子亲如兄弟的忘年交，亦师亦友，"子产卒，仲尼闻之出涕，曰：'古之遗爱也'"。这里孔子称他"惠"，惠者，惠爱人民也。孔子对管仲的评价也颇高（见14.16、14.17）。虽然也批评过他不知礼、器小、奢侈（见3.22），但对他的功德仍能予以极大的肯定。

成语　没齿无怨

链接　3.22；14.16；14.17

14.10

子曰："贫而无怨难，富而无骄易。"

今译

夫子说："贫穷而没有怨恨，很难；富裕了而不骄傲，是比较容易的。"

导读

贫穷之时，心理极不易平衡，所以无怨难。富贵了，心平气和，容易宽容世事。此时要做到不骄，比较起穷人之做到不怨，是较易的。

这一章，从两方面理解比较全面：一、体察；二、体谅。

从体察言，贫者多怨，富者多骄，这是普遍社会心理。而贫者怨有缘由，富者骄少涵养，这是基本人情判断。

从体谅言，对贫者之怨，要多理解；对富者之骄，要多抑制。骄，在此是及物动词，"骄人"，以财富骄人之意。所以，骄，其实是对他人的伤害。

14.11

子曰："孟公绰为赵、魏老[1]则优，不可以为滕、薛[2]大夫。"

今译

夫子说："孟公绰做赵氏、魏氏的家臣之长，是绰绰有余的；但是不可以做滕、薛的大夫。"

注释

1　孟公绰：鲁国大夫，是孔子尊以为老师的，但德高而才不足。赵、魏：晋国之卿大夫。老：古代对大夫家臣之长的尊称，也称"室老"。

2　滕、薛：两个小诸侯国。

导读

"室老"乃大夫之家臣，级别比大夫低。为何孟公绰宜任大国比如晋国大夫的家臣却不宜任小国的大夫呢？朱熹《集注》："大家势重，而无诸侯之事；家老望尊，而无官守之责。""无诸侯之事"，"无官守之责"，即无须处理烦琐而棘手的内外事务，所以，孟公绰这样廉静寡欲的人足可应付；而"滕、薛国小政繁，大夫位高责重"，像孟公绰这样缺少才干的人就不能应付了。

链接　14.12

14.12

子路问成人[1]，子曰："若臧武仲[2]之知，公绰之不欲，卞庄子[3]之勇，冉求之艺，文之以礼乐，亦可以为成人矣。"曰："今之成人者何必然？见利思义，见危授命，久要[4]不忘平生之言，亦可以为成人矣。"

今译

子路问怎样才是个完人，夫子说："像臧武仲那样明智，孟公绰那样不贪，卞庄子那样勇敢，冉求那样多才多艺，再用礼乐来文饰，也就可以成为完人了。"又说："可现在做一个完人何必一定这样呢？（只要他）

见利思义，见危授命，久处穷困能不忘平生志言夙愿，也就可以算是一个完人了。"

注释

1　成人：完人，德才兼备的人。

2　臧武仲：鲁国大夫，是一个善于预见又能取舍的明智的人。但似乎德不胜才，参见14.14注释1。

3　卞庄子：鲁国大夫。据说他曾一人搏虎，很勇敢。

4　久要（yāo）：久处于穷困。要：通"约"，穷困。

导读

在孔子看来，完美的人应该具有如下的美德或才干：智慧、道德（不欲）、勇敢、才艺。这些个性优点再加上礼乐的修饰——也就是说，完人，应该是一个具备德、智、勇三德，有才艺，同时又举止优雅的人。

注意孔子的口气——"亦可以为成人矣"，这是一个开放性而非排他性回答，这就为其他回答预留了空间，而他自己，也进而提出了一个稍微降低标准的完人条件——"见利思义，见危授命，久要不忘平生之言"。

14.1原宪问耻，本章子路问成人，孔子的私学，教的不是知识、技术和专业，而是"成人之学"。

成语　见利思义　见危授命

链接　14.1；14.11

14.13

子问公叔文子于公明贾¹，曰："信乎，夫子²不言、不笑、不取乎？"公明贾对曰："以告者过³也。夫子时然后言，人不厌其言；

乐然后笑，人不厌其笑；义然后取，人不厌其取。"子曰："其然？岂其然乎[4]？"

今译

夫子向公明贾问公叔文子的为人，说："是真的吗？公叔文子老先生不说话、不笑、不取财？"公明贾回答说："因为传话的人说得太过分了（才给人这样的印象）。公叔文子老先生时机适当才说话，别人就不讨厌他讲话；快乐了才笑，别人就不讨厌他笑；觉得该取时再取，别人就不讨厌他取财。"夫子说："原来这样的啊，他竟然能达到这么高的境界啊！"

注释

1　公叔文子：名拔（一作发），卫国大夫，死后谥"贞惠文子"，故称公叔文子。公明贾：姓公明，名贾，卫国人，公叔文子的使臣。

2　夫子：对别人的敬称，犹言"先生"。

3　过：过分，失当。

4　其然：是这样的，原来是这样的，释然之辞。岂其然乎：岂，难道，竟然，有赞叹有惊讶，也有半信半疑。

导读

时然后言，乐然后笑，义然后取——这是德性，也是气质。一切都大大方方，毫不矫情，毫不做作。

链接　14.18

14.14

子曰："臧武仲以防求为后于鲁[1]，虽曰不要[2]君，吾不信也。"

今译

夫子说:"臧武仲凭借他的采邑防城而请求(鲁国国君)立他在鲁国的后代为卿大夫,即使人们说(臧武仲这样做)没有要挟君主,我是不信的。"

注释

1　防:鲁国地名,臧武仲的封地。鲁襄公二十三年(公元前550年),臧武仲因帮助季氏废长立少得罪了孟孙氏,逃到邻近邾国。不久,他又回到他的故邑防城,向鲁国国君请求立他的后代为卿大夫,暗示若鲁君不答应,他将凭借防邑发动叛乱(见《左传·襄公二十三年》)。

2　要(yāo):胁迫,要挟。

导读

《左传·襄公二十三年》载有臧武仲请立臧氏之后的事,其请求之辞非常谦逊,所请求之事亦不为过分,所以他自称不曾"要君"。但这种据封邑而求立的行为本身,自有一种要挟的态势。所以孔子批评他。前章14.12说"臧武仲之知",固是肯定,但后面又说"文之以礼乐",可见,人虽有智,若无礼乐规矩之约束,往往不免为恶。

链接　14.12

14.15

子曰:"晋文公谲[1]而不正,齐桓公[2]正而不谲。"

今译

夫子说:"晋文公诡诈而不正派,齐桓公正派而不诡诈。"

注释

1　晋文公:春秋五霸之一。谲(jué):狡诈,玩弄诡计,耍弄阴谋。

2　齐桓公：春秋五霸中的第一个霸主。

导读

在晋文、齐桓这两霸之间，孔子显然褒扬后者而贬抑前者，他屡次称述管仲也就是赞扬齐桓公。桓公九合诸侯，不以兵车而一匡天下，这就是桓公的"正"。桓公不仅尊天子，还攘夷狄，佑华夏，桓公确有值得称道处。

这两个并列句有一个奇怪之处：如果这两句话换个前后次序，齐桓公在前，很正常，因为历史顺序如此，我们可以把孔子这两句话看成一种客观冷静的评价，一种对事实的描述。但现在这个次序，"晋文公谲而不正"，就有了失望的口气，"齐桓公正而不谲"，则有了一种对比的意思在，一种惋惜的意思在。我们可以在两句之间，加上一个转折词——可是："晋文公谲而不正，可是，曾经的齐桓公却是正而不谲啊。"并列关系变成了转折关系，看起来一般的陈述句，就变成了一声叹息。

成语　谲而不正

链接　14.9；14.16；14.17

14.16

子路曰："桓公杀公子纠[1]，召忽死之，管仲不死[2]。"曰："未仁乎？"子曰："桓公九合诸侯[3]，不以兵车[4]。管仲之力也！如其仁！如其仁！"

今译

子路说："齐桓公杀了公子纠，召忽自杀殉节，但管仲却没有自杀。"说："管仲不仁德吧？"夫子说："齐桓公多次召集各诸侯国会盟，却没用武力。这是管仲的力量啊！这就是他的仁德！这就是他的仁德！"

▍注释

1　公子纠与公子小白（即后来的齐桓公）二人都是齐襄公的弟弟。襄公无道，政局混乱，他二人怕受连累，小白由鲍叔牙事奉逃亡莒国，公子纠由管仲、召忽事奉逃亡鲁国。齐襄公被杀后，在鲁庄公发兵护送公子纠回齐国即位的时候，小白用计抢先回到齐国，被立为君，接着兴兵伐鲁，逼迫鲁国杀死了公子纠（见《左传》庄公八年、九年）。

2　召忽：他与管仲都是公子纠的师傅。公子纠被杀后，召忽自杀殉节。管仲却归服齐桓公，并由鲍叔牙推荐当了齐桓公的宰相。

3　九合诸侯：多次会合诸侯。九：表示多。合：集合。

4　不以：不用。兵车：战车，代指武力。

▍导读

"仁"，不是空洞的道德信条，"仁"也不能是消极的"临难一死报君王"。"仁"应该体现在事功上，那些做出大事业，为国为民带来福祉、消除灾难的人，才是真正的"仁"。

召忽自杀殉节了，这是召忽的"仁"，但却不适合管仲。

管仲不死，反而为之相——相者，引导者也。他引导桓公走在正道上，"正而不谲"，以其坦诚和道德风范，再加上大国的威慑力，保有了天下四十年的太平，人民得以安居乐业，中原文化得以保存和发展，这才是管仲的"仁"啊！

值得一提的是，子路（包括下一章的子贡）质疑管仲时，都以"仁"论而不以"忠"论。因为，此时尚不如后世那么强调君臣之忠。若以"忠"论，则孔子无立足之地；以"仁"论，则孔子有大空间。

▍链接　3.22；14.9；14.15；14.17

14.17

子贡曰:"管仲非仁者与?桓公杀公子纠,不能死,又相之。"子曰:"管仲相桓公,霸诸侯,一匡天下[1],民到于今受其赐。微[2]管仲,吾其被发左衽[3]矣。岂若匹夫匹妇之为谅[4]也,自经于沟渎[5]而莫之知也?"

▎今译

子贡说:"管仲不是仁人吧?桓公杀了公子纠,他没有以死殉忠,又来辅佐桓公。"夫子说:"管仲辅佐桓公,在诸侯中称霸,匡正了天下,人民到今天还受到他的好处。如果没有管仲,我们恐怕已经沦为披头散发在左边开衣襟的人了。管仲哪能像一般的平庸男女那样为了守小节,在小山沟沟里上吊自杀,还没有人知道呢?"

▎注释

1 一匡天下:使天下的一切得到匡正;或,使天下都得到匡扶。

2 微:没有。一般用于和既成事实相反的假设句前面。

3 被发左衽:当时夷狄等少数民族的风俗、打扮。被:同"披"。衽(rèn):衣襟。此代指文化落后。

4 匹夫匹妇:指普通平庸男女。谅:遵守信用。这里指拘泥小信小节。

5 自经:自缢,上吊自杀。沟渎(dú):古时,田间水道称沟,邑间水道称渎。这里指小山沟。

▎导读

有大仁,有小仁;有大信大节,有小信小节。管仲胸有经世济民之大志大才,岂能为小信小义而轻掷生命?

钱穆《论语新解》此章下,释曰:"管仲、召忽之于公子纠,君臣之分未定,且管仲之事子纠,非挟贰心,其力已尽,运穷势屈,则惟有死之一途而已。而人道之大,则尚有大于君臣之分者。华夷之防,事关百世。使无管仲,后世亦不复能有孔子。孔子之生,而即已编发左衽矣,更何有于孔门七十二弟子,与夫《论语》之传述?故知子路、子贡所疑,徒见其小,而孔子之言,实树万世之大教,非为管仲一人辩白也。盖子贡专以管仲对子纠言,孔子乃以管仲对天下后世言,故不同。"

上一章导读提到,子路、子贡不以"忠"责求管仲,而以"仁"立论,给了孔子腾挪的空间。忠者未必仁,而仁者有大忠也。

| **成语** 被发左衽　匹夫匹妇　自经沟渎

| **链接** 3.22;14.9;14.15;14.16

14.18

公叔文子之臣大夫僎,与文子同升诸公[1]。子闻之曰:"可以为文[2]矣。"

| **今译**
公叔文子的家臣大夫僎,(由文子推荐)与文子一道做了国家大臣。夫子听到这件事,说:"(这样,公叔文子将来)可以用'文'作谥号了。"

| **注释**
1　僎:人名。《说文》:从人巽声。士免切。朱熹《四书章句集注》:士免反。杜道生先生《论语新注新译》注音为xún(寻)。一般读为zhuàn,音义同"撰"。原是公叔文子的家臣,由于文子的推荐,当上卫国的大夫。同升诸公:指僎与文子同为卫国的大夫。

2　为文:谥号为"文"。后来卫君给公叔文子的谥号是"贞惠文子"。

导读

谥号为"文",是对人道德、品行、能力、知识的一种综合褒奖。公叔文子能把自己的家臣推荐为大夫与自己同列,这确实需要一种胸襟。所以,孔子称赞他。

也许,孔子是在暗示讽谏季康子:你为什么不学学公叔文子,也把冉求、子路、仲弓推荐给国君,使他们也位列大夫呢?

链接 14.13

14.19

子言卫灵公之无道也,康子曰:"夫如是,奚[1]而不丧?"孔子曰:"仲叔圉[2]治宾客,祝鮀[3]治宗庙,王孙贾[4]治军旅。夫如是,奚其丧?"

今译

夫子说到卫灵公的昏庸无道,季康子说:"像这样无道,为什么还不失位呢?"孔子说:"有仲叔圉接待宾客办理外交,祝鮀主管祭祀,王孙贾统率军队。像这样有贤人辅佐,怎么会失位呢?"

注释

1 奚:为何,为什么。
2 仲叔圉(yǔ):即孔文子。卫国大夫。
3 祝鮀(tuó):卫国大夫,世袭贵族。
4 王孙贾:卫国大夫。

导读

一个人的能力是有限的,做好事的能力是有限的,做坏事的能力也是有限的。所以，其危害也往往局限在有限的范围内，是可以得到控制而不至于不可收拾的。假如卫灵公是一个祸害，一个污染源，那他身边的这几个贤明的人就构成了一个屏壁，把他的错误导致的后果控制在一定的范围内，而不至于动摇整个国家的根基。卫灵公很糟糕，但他有一个优点：善于用人，能用好人来治理国家、管理国家的内外事务。就这一点，就可以保证他自己虽然无道，但国家却不受或少受危害了。参阅13.2导读。

此处孔子和康子的对话，可能还含有暗示康子重用有德有才之人，举荐自己弟子的用意。参阅14.18导读。

另，参阅15.1导读。

▎链接　13.2；14.8

14.20

子曰："其言之不怍[1]，则为之也难。"

▎今译

夫子说："一个人若大言不惭，那么实际去做就很困难。"

▎注释

1　怍（zuò）：惭愧。

▎导读

没经过认真思考而说出的话、许下的诺言，要兑现当然很难。但这种人，既大言了，不能兑现，到底也不惭愧。

▎链接　1.13；1.14；2.13；4.24；14.27

14.21

陈成子弑简公[1]。孔子沐浴而朝[2]，告于哀公曰："陈恒弑其君，请讨之。"公曰："告夫三子[3]。"孔子曰："以吾从大夫之后[4]，不敢不告也。君曰'告夫三子'者！"之[5]三子告，不可。孔子曰："以吾从大夫之后，不敢不告也。"

今译

陈成子杀了齐简公。孔子沐浴上朝，向鲁哀公报告："陈恒弑了他的君主，请出兵讨伐。"哀公说："您去报告三位大夫吧！"孔子说："因为我曾经当过大夫，不敢不来报告啊。君主却说出让我自己去报告三位大夫这种话！"（孔子）到三位大夫那里去报告，他们不同意（出兵）。孔子说："因为我曾当过大夫，不敢不来报告啊。"

注释

1　陈成子：齐国大夫陈恒，又名田成子。在鲁哀公十四年（公元前481年）杀死齐简公，当上了齐国国相。公元前391年，陈恒四世孙田和放逐齐康公，自立为齐君。公元前386年，田和被周安王正式列为诸侯，世称田太公，仍沿用齐国名号，世称田齐。到了他孙子田因齐，又自称为王，即齐威王。简公：齐简公。

2　沐浴而朝：上朝前为表示尊敬与严肃而行斋戒，清洁全身。

3　三子：指鲁国的"三桓"季孙氏、孟孙氏、叔孙氏。这三家权势很大，操纵鲁国政局，对讨伐陈恒这样的大事，鲁哀公不敢做主，故叫孔子去向这三位大夫报告。

4　从大夫之后：犹言我过去曾经当过大夫。参阅11.8。

5　之：去，到。

导读

《左传·哀公十四年》："齐陈恒弑其君壬于舒州。孔丘三日齐，而请伐齐三。公曰：'鲁为齐弱久矣，子之伐之，将若之何？'对曰：'陈恒弑其君，民之不与者半。以鲁之众加齐之半，可克也。'公曰：'子告季孙。'孔子辞，退而告人曰：'吾以从大夫之后也，故不敢不言。'"

陈恒弑君，孔子请讨，不特为尽大夫职责，亦是大义所在，为天下正风纪，行道义也。而鲁君竟然要孔子"告夫三子"，可见礼乐征伐，果出于大夫矣！天下无道至此，孔子退，语人曰："君曰'告夫三子'者！"一个"者"字，无限愤懑悲凉，我译为"说出这种话"，试图传达出孔子心中世事荒诞、大谬不然的无奈。

> **链接**　14.26

14.22

子路问事君，子曰："勿欺也，而犯[1]之。"

> **今译**

子路问怎样事奉君主，夫子说："不要光说好听的欺骗他，而要犯颜直言规劝他。"

> **注释**

1　犯：触犯，冒犯。这里引申为对君主犯颜诤谏。

> **导读**

此章当与1.2有子"不好犯上"的言论对照着看。犯上不犯上，不仅是对君上、师长的态度，很多时候涉及政治伦理：是服从真理还是服从权势。在这种时候，孔子的态度是明确的，那就是：从道不从君，从义不从父，从仁不从师（当仁不让于师）！

> **链接**　1.2

14.23

子曰:"君子上达,小人下达。"

| 今译

夫子说:"君子好好学习,天天向上;小人浑浑噩噩,日日沉沦。"

| 导读

上达,下达,有五种不同的解释:一、君子通达于仁义,小人通达于财利。二、上达指渐进而上,下达指渐流而下。有"君子天天长进向上,小人日日沉沦每下愈况"之意。三、君子循天理,故日进乎高明;小人徇人欲,故日究乎污下。四、君子追求高层次的通达,小人追求低层次的通达。五、君子上达达于道,小人下达达于器。此处译文取第二说。但这五种说法,都有道理,都是对孔子原话的合理发挥,并对我们有所启发。

14.24

子曰:"古之学者为己,今之学者为人。"

| 今译

夫子说:"古代学习者,是为了完善自己;现在学习者,是为了向别人表现。"

| 导读

这是孔子对"古人"的表扬,对"今人"的批评。孔子讲的"今",当然是指他那个时代。在孔子看来,他那个时代的学习风气已经很不好了,比不上"古"时候。因为孔子认为,学习不是为了对人表现,不是拿一些知识来装点门面，获取赏识，而是为了养成自身的道德修养。人格的养成，才是学习的最后目的。

14.25

蘧伯玉[1]使人于孔子。孔子与之坐而问焉，曰："夫子何为？"对曰："夫子欲寡其过而未能也。"使者出，子曰："使乎！使乎！"

▎今译

蘧伯玉派使者去看望孔子。孔子给他座位请他坐下，然后问道："蘧老先生在做些什么？"使者回答说："他老先生想减少自己的过错，还没能完成。"使者出门以后，夫子说："真是一个好使者啊！真是一个好使者啊！"

▎注释

1　蘧（qú）伯玉：姓蘧，名瑗，字伯玉，卫国大夫。孔子去卫国时，曾住在他家里。

▎导读

蘧伯玉是当时道德修养很高的人，古人对他有很多赞誉，如"蘧伯玉年五十而有四十九年非"（《淮南子·原道训》），"蘧伯玉行年六十而六十化"（《庄子·则阳》）。所谓化就是"与日俱新，随年变化"（郭庆藩《庄子集释》）之意。

人格的修养没有止境，人之一生，就是不断提高自己的道德修养，减少自己道德过失的过程。

14.26

子曰："不在其位，不谋其政。"曾子曰："君子思不出其位。"

> **今译**

夫子说:"不在那个职位上,不过问那方面的政事。"曾子说:"君子考虑事情,不超出他职责的范围。"

> **导读**

见8.14。

> **成语**　不在其位,不谋其政　思不出位

14.27

子曰:"君子耻其言而过其行。"

> **今译**

夫子说:"君子以说的比做的多为可耻。"

> **导读**

为什么言过其行可耻?因为:一、说得到做不到,就成了说大话、说空话,光说不做,就是虚伪;二、说过了做不到,就是违背诺言,至少是不能兑现承诺,这就是不诚信。

> **链接**　1.14;2.13;4.24;14.20

14.28

子曰:"君子道者三,我无能焉:仁者不忧,知者不惑,勇者不惧。"子贡曰:"夫子自道也。"

> **今译**

夫子说:"君子努力达到的境界有三条,我没能做到:仁者不忧,知

者不惑，勇者不惧。"子贡说："夫子自道啊！"

▌导读

仁德的人因为关爱万物，所以不会有一己得失的忧愁；智慧的人因为洞察万物，所以不会有一物难通的迷惑；勇敢的人因为勇气充溢心胸，所以不会有什么望而却步的畏怕。参阅9.29导读。

▌成语　夫子自道

▌链接　6.23；9.29

14.29

子贡方人[1]。子曰："赐也贤乎哉？夫我则不暇[2]。"

▌今译

子贡喜欢拿道义法则来比照别人。夫子说："赐呀，你就那么好吗？要叫我呀，可没有闲工夫（去纠正别人）。"

▌注释

1　方：有道义、法则、规范之意，此处作动词，指以道义法则比照别人，要求别人改正，有逼人"就范"之意。
2　不暇：没有空闲的时间。

▌导读

关于"方人"的解释，朱熹《论语集注》："方，比也。乎哉，疑辞。比方人物而较其短长，虽亦穷理之事，然专务为此，则心驰于外，而所以自治者疏矣。故褒之而疑其辞，复自贬以深抑之。"前面所云"比方人物而较其短长"非常好，但后面对"赐也贤乎哉"解释为"褒之而疑其辞"，显得曲折多事，不如杨伯峻《论语译注》"你就够好了吗"直白通达。钱穆先生认为"方人"有两说："一，方，比方义。比方人物，较其长短，犹言批评。一说，方，即谤字，声近通借。谓言人过恶。……方人若指谤人，孔子何以仅谓不暇，而又称其贤？故知'方人'当从前解。"很好。但钱先生又提出一个新问题："又按：一部《论语》，孔子方人之言多矣，何以曰'夫我则不暇'？"

其实，《论语》里确实有不少孔子批评别人的言论，但"方人"与"批评人"并不相同："批评"，只是一种衡量评价，局限于客观的描述，至于被批评之人是否因之改变，则只有期望而无强制；"方人"则有"以某种规矩方圆比照别人以迫其就范"的意思，犹如今日之"道德绑架"，这正是孔子反对的。

耶稣也曾批评过类似子贡的人，也曾说过类似的话，在《马太福音》第七章中，耶稣说："为什么看见你弟兄眼中有刺，却不去想想自己眼中有梁木呢？你自己眼中有梁木，你怎能对你弟兄说'让我去掉你眼中的刺'呢？你这假冒为善的人，先去掉自己眼中的梁木，然后才能够看清楚，去掉你弟兄眼中的刺。"

《论语》中，孔子更多的是要求我们"正己""正身"，而反对我们"方人"。

| 链接　15.15；15.21

14.30

子曰："不患人之不己知，患其不能也。"

| 今译

夫子说："不要担心别人不了解自己，要担心自己没有才能。"

导读

为什么这样？因为：一、从逻辑先后上说，你必须先有才能，然后才可能让人了解；二、一个人，假如真有才能，迟早都会被人认识到。

所以，君子不急于推销自己，而耐心磨砺自己。

链接　1.16；15.19

14.31

子曰："不逆[1]诈，不亿[2]不信，抑亦先觉者，是贤乎！"

今译

夫子说："事前不把别人的行为当欺诈来推测，不主观猜测别人是不诚实的，但（对欺诈和不诚实）也能及早发现察觉，这样的人该是贤人吧！"

注释

1　逆：推测。

2　亿：同"臆"。主观臆测，猜测。

导读

一个人，如果老用怀疑防范的目光看待人和事，他不仅会失去朋友，丢掉机会，让人反感；而且，他更失去了良好的心境和心理健康。心理健康的人是坦诚而信任别人的，哪怕受骗几次，那又怎么样呢？正如身体健康的人不大防范风吹日晒一样，哪怕为此感冒几回，又怎么样呢？我们总不能因为怕感冒，终日把自己裹在套子中吧？

中国有一句名言，叫"害人之心不可有，防人之心不可无"。"害人之心"当然不该有，但"防人之心"更不该有。因为"害人之心"哪怕有一两回,也可以打消,即便退一万步说,打消不了,想害的人也是有限的且锁定对象的。因而它只是偶然有之,不会每时每刻影响人的心情的。但"防人之心"是在所有的时空中针对所有的人,简直防不胜防。如果我们赞成"防人之心",不仅先毁了自己的心情,使我们的心灵永远阴暗而不见阳光直至生霉癌变,使自己成为一个名副其实的"套中人";而且,人人都防别人,这社会不就变成"一切人防一切人,一切人猜疑一切人",最后变成"一切人对一切人的战争"?

所以,两者相较,防人的人比害人的人给社会带来的危害更大。或者说,害人的人最可恶的还不是他害了几个人,而是他的"害人"行为造成了普遍"防人"的社会之癌。这种癌细胞一旦繁衍,这社会就麻烦了。

但我们因此就让自己成为不设防的城市,任害人的人狂轰滥炸?

适度的敏锐与自我保护还是需要的。掌握好这个度,不大容易,所以孔子说:抑亦先觉者,是贤乎!

14.32

微生亩[1]谓孔子曰:"丘,何为是栖栖[2]者与?无乃为佞[3]乎?"孔子曰:"非敢为佞也,疾固[4]也。"

▎今译

微生亩对孔子说:"孔丘,为什么这样盛饰威仪呢?岂不是为了装点门面讨好他人吗?"孔子说:"不敢讨好他人啊,我只是讨厌固陋不文呢。"

▎注释

1 微生亩:姓微生,名亩。传说是一位年长的隐士。隐士们认为天下已礼坏乐崩，所以认为孔子这样讲究礼仪是很无聊的。

2　栖栖（xī）：一般释为忙碌不安，到处奔波不定的样子。但奔波忙碌，如何是佞？且和后面"疾固"（一般又解为讨厌顽固不化执一不通）也难以通畅，于是注家纷纷，而语义终难通畅。《论语集释》引《群经平议》，释栖栖为棲棲，有整饬之意。又通作"萋萋"，有敬慎威仪之意。盖微生亩见孔子整饬威仪，疑其以此求悦于人，故曰"何为是栖栖者与？无乃为佞乎？"《晏子春秋》外篇载晏子之言曰："今孔丘盛声乐以侈世，饰弦歌鼓舞以聚徒，繁登降之礼，趋翔之节以观众。"此即微生亩之意。

3　佞：谄媚。

4　固，固陋。疾固：讨厌固陋不文。

| 导读

微生亩是隐士，且自居年齿之尊，倨傲以待孔子。这一类人，如原壤夷俟，唐突孔圣（14.43）；庄生衣布，倨见梁王（《庄子·山木》）。他们最抗拒嘲弄的，就是服饰周旋之礼，故微生亩不能理解孔子，且出言不逊。然孔子面对长者凌傲，以本诚答之，阐释自己，谦逊待人，反显得大气包容，胜人一筹。

| 链接　　14.37；14.38；18.5；18.6；18.7

14.33

子曰："骥¹不称其力，称其德²也。"

| 今译

夫子说："对于千里马，我们不要称羡它的气力，而要称赞它的品质。"

注释

1　骥（jì）：古代称善跑的千里马。
2　德：这里指千里马能吃苦耐劳服从调教的优良品质。

导读

这一章，不是在讲千里马的品质，而是在讲我们有取于千里马的何种品质。

我们称赞和学习姚明，是称赞他个子高呢，还是称赞他的刻苦练习和为人品德呢？

14.34

或曰："以德报怨[1]，何如？"子曰："何以报德？以直报怨，以德报德。"

今译

有人说："用恩惠来报答仇怨，如何呢？"夫子说："那用什么来报答恩惠呢？用公平正直来对待仇怨，用恩惠来报答恩惠。"

注释

1　以德报怨："德"，恩惠。"怨"，怨恨，仇怨。以德报怨是道家的思想。《老子》说："报怨以德。"孔子在此对这种思想提出了批评。

导读

关于如何报怨，有三种选择：

第一，以怨报怨；第二，以德报怨；第三，以直报怨。

《老子》里面，也有"报怨以德"的话，但是，结合上下文，老子对此是赞成还是反对，是提倡还是嘲讽，学术界有不同的看法。我们暂且不提。

而孔子明确表示反对。而且，他还说出了他反对的理由：

"如果你以德报怨，那你拿什么来报德呢？正确的做法是：用公正来对待仇怨，用恩德来报答恩德。"

首先，孔子没有说"以怨报怨"。这是必须坚决摒除的选项。理由很简单："以怨报怨"时，你将堕落到与你要报复的人同一境界，你将失去报复他的道德优势和正当理由，无正当性的报复不仅无助于建立道德价值，反而是对道德的再一次破坏。

其次，孔子不是说"以德报怨"不可以，他只是认为不应该提倡，不值得作为一个道德命题来讨论。具体到某一个人，针对某一件事和特定的一个人，如果他愿意，他是可以"以德报怨"的，并且能这样做还可能是很可贵的。

但作为一个伦理学家，孔子要考虑的是伦理学的秩序与平衡：假如一个人做了坏事，我们提倡以恩惠来报答他，那么，另外一个人做了好事，我们应该怎样报答他？孔子这个反问实际上蕴含着深刻的伦理内涵。回答这个反问的答案有两个：第一，以德报德；第二，以怨报德。第二个选项显然是不可想象的。于是，就剩下了：以德报德。

结果是：一个人做了坏事，我们"以德报怨"；另一个人做了好事，我们"以德报德"。也就是说，一个人，无论他是做好事，还是做坏事，他得到的社会或他人的报答是一样的：德。

这实际上就是打击好人，而怂恿坏人。

一个人做坏事理当受惩罚，付出代价，这样才能让人不敢做坏事；

一个人做了好事理当有好报，这才会鼓励人们做好事。

社会就应当形成这样的风气和大环境。

"以德报怨"还会使道德自身很尴尬，道德自身被置于一个或有或无的危险境地。因为，正如上面分析的，"以德报怨"使得一个人，做好事也好，做坏事也好，结果一样——道德约束力没有了。

其次，从道德的角度讲，当道德要求人们对坏人"以德报怨"时，道德就放弃了自己的职责。"以德报怨"这个命题更糟糕的地方就在这里：它把"道德"当作奖品，赠送给做坏事的人了。

孔子实际上在提醒我们：道德一旦极端化，不仅会取消自身，甚至会助纣为虐。

所以，"以德报怨"，看似"道德"，实际上倒是起了不道德的作用：使不道德的人可以肆无忌惮，不用担心承担什么后果。

可见，提倡"以德报怨"不但不能促进道德，反而要促退道德。

所以，孔子提出了"以直报怨"的观点。

用公正来对待仇怨。即使是坏人，他也应该得到公正的对待。既不特别宽恕他，更不过分报复他，让他得到他该得到的。

│ 成语　以德报怨　以直报怨　以德报德

14.35

子曰："莫我知也夫！"子贡曰："何为其莫知子也？"子曰："不怨天，不尤人，下学而上达¹。知我者其天乎！"

│ 今译

夫子说："没有人了解我啊！"子贡说："为什么会没有人了解您呢？"夫子说："不埋怨天，不归咎人，下学人事上达天命。了解我的大概只有天吧！"

│ 注释

1　下学：学人事，了解研究社会。上达：把握天命。

│ 导读

孔子感慨："没有人了解我啊！"好像有一丝寂寞，其实是大欣喜。

"莫我知也"者,不是遗憾之言,而是得意之言。为什么?因为后面回答:"知我者其天乎!"

孔子上达天命,下行天道(也是自身人间使命),此种境界之上,只有与天地晤对了。

孔子知天,天知孔子。

只能与天地晤对,当然有寂寞。能与天地晤对,却是人生大境界!

天,予我命;人,予我事。我行天命,我行人事,当尽力履诚,何能怨天尤人?

▎**成语** 怨天尤人 下学上达

▎**链接** 7.23;9.5;14.36;14.39

14.36

公伯寮愬¹子路于季孙。子服景伯²以告,曰:"夫子固有惑志于公伯寮,吾力犹能肆诸市朝³。"子曰:"道之将行也与,命也;道之将废也与,命也。公伯寮其如命何?"

▎**今译**

公伯寮对季孙说子路的坏话。子服景伯把这事告知孔子,说:"季孙老先生确已被公伯寮迷惑住了,我的力量还能把他的尸首摆到大街上示众。"夫子说:"我的道能得到实现吗,是天命;我的道将被废掉吗,也是天命。公伯寮能把天命怎么样?"

▎**注释**

1 公伯寮:字子周,也是孔子弟子,曾任季氏家臣。愬(sù):同"诉",这里是诬谤的意思。

2　子服景伯：姓子服，名何，字伯，"景"是死后谥号。鲁国大夫。
3　肆：指处以死刑后陈尸示众。市朝：被处死的罪犯中，自士以下的，陈尸于市集；自大夫以上的，陈尸于朝廷。

▎导读

此即不怨天不尤人之例证。行与不行，我之命，我之事。天，我命之所来；人，我命之所有。莫非命也，我何能怨天尤人？

且公伯寮固然是一个可恶的小人，师门叛逆和耻辱，但若让人去杀了他，陈尸大街，这种极端的报复，其实也是小人行为。

▎链接　7.23；9.5；14.35；14.39

14.37

子曰："贤者辟世[1]，其次辟地，其次辟色，其次辟言。"子曰："作者七人[2]矣。"

▎今译

夫子说："贤人避开社会而隐居；其次是避到别的地方去；再其次是避开别人难看的脸色；再其次是避开难听的恶言。"夫子说："这样做的已经有七人了。"

▎注释

1　辟世："辟"同"避"，避开。指不干预世事而隐居。下面几个"辟"，同。
2　七人：指传说中的七位贤人隐士。具体所指说法不一。有的说是：伯夷、叔齐、虞仲（太公）、夷逸、朱张、柳下惠、少连。有的说是：长沮、桀溺、荷蓧丈人、石门守门者、荷蒉者、仪封人、楚狂接舆。孔子所指，不可确考。

导读

这段话倒过来看,就好理解了:有人因为国君说了难听的恶言而避开他,但言可能有失,未必国君真的是恶人。而一旦脸色难看,对待自己已经没有了礼貌,这就说明他真的是厌烦自己,不会听从自己的主张了,这时要避开他。更甚者,不光是一个国君不好,他把一个国家都弄得混乱不堪,在这个国家显然已经不可能有什么作为,那还是离开混乱之国,去清明之邦吧。更甚者,是不仅一国混乱,整个天下都一片黑暗,已经无路可走,无国可去,没有一个地方可以实行自己的主张了,这时就只能彻底心灰意冷,避世而去,做一个隐士。

避言、避色,都是躲开某一特定的、不喜欢的人,可以称之为"避人",也就是说,除了这个人,可能还有好国君,所以,"避人"的人还不绝望,因为他认为还有别的国君能实行他的主张。避地比避人进了一层,不仅国君不好了,整个国家都已无可救药,只好离开这个国家。避世者更绝望,天下无一人、无一地可以实行他的主张,他只能避世而去,与世隔绝了。

从客观言,从言到色到乱邦到乱世,情形渐次恶劣;从主观言,从避言到避色到避地到避世,心情越来越冷,态度渐次决绝。程颐说:"四者虽以大小次第言之,然非有优劣也,所遇不同耳。"(朱熹《四书章句集注》)这个说法值得商榷。孔子明确用一连串的"其次",显然有层次与优劣之别。

链接   14.32;14.38;14.39;18.5;18.6;18.7

14.38

子路宿于石门[1]。晨门曰:"奚自[2]?"子路曰:"自孔氏。"曰:"是知其不可而为之者与?"

今译

子路在石门住了一夜。早晨负责开启城门的人问:"从哪里来?"子路说:"从孔氏那儿。"(这人)说:"是明知不可能成功而仍要坚持去做的那个人吗?"

注释

1 石门:鲁国都城(曲阜)外城的城门。
2 奚自:"自奚"的倒装。从哪里来。

导读

后人把孔子称为"圣人""万世师表""素王"等等。可他同时代的人,对他却有一些不同的说法。有崇拜他的,有讥讽他的,也有讥讽而又不得不表示佩服的。还有不少讥讽的话,本身就包含着对孔子伟大精神的概括的。像这一位"晨门",他对孔子的评价是"知其不可而为之"。这话说是讥讽也对,但这讥讽之中,岂不说出了孔子伟大的救世精神?因为"知其不可"却又"一意孤行"地"为之",是一种伟大、孤绝的人格与精神。

成语 知其不可而为之

链接 14.32;14.37;14.39;18.5;18.6;18.7

14.39

子击磬[1]于卫,有荷蒉[2]而过孔氏之门者,曰:"有心哉,击磬乎!"既而[3]曰:"鄙哉,硁硁[4]乎!莫己知也[5]!斯己而已矣。'深则厉,浅则揭[6]。'"子曰:"果[7]哉!末之难矣。"

今译

夫子在卫国,有一天正敲着磬,有位挑着草筐的人从孔子门口经过,说:"有心思啊,这样敲磬呢!"过了一会儿又说:"鄙陋啊,那硁硁的声音,(好像在说)没有人了解自己啊!(既然没有人了解自己,)也就索性算了罢。(《诗经》上有句比喻的话:)'水深,就穿着衣服泅过去;水浅,就撩起衣服蹚过去。'"夫子说:"他真是一位决然忘怀世事的人啊!(如果不能决然忘怀世事,)要像他那样也很困难啊!"

注释

1 磬(qìng):古代一种打击乐器。

2 荷(hè):背,扛,担负。蒉(kuì):草编的筐。据说此人是一个自食其力的隐士。

3 既而:不久,一会儿。

4 硁硁(kēng):象声词,击磬声。

5 莫己知也:即"莫知己也"。

6 "深则厉"二句:出自《诗经·邶风·匏有苦叶》:"匏有苦叶,济有深涉。深则厉,浅则揭。"大意是说:大葫芦儿叶已黄,济水有个大渡口。水深连衣泅过去,水浅撩衣蹚过去。

7 果:果决,果断,果于决,果于断。果有"忍"之意,决绝而无有牵挂。

导读

这一章里,"荷蒉者"以涉水为喻,说明:如果世道黑暗已深,不可救药,不妨听之任之,甚至同流合污;如果世道有弊,但还能救,那就保持节操,拯济风俗。显然,这位荷蒉者认为世道已经不可救药了,所以他暗示孔子不要"知其不可而为之",还不如与世同沉浮,冷眼看天下。

但孔子哪能做到如此心安理得?看着天下生灵涂炭,人民苦难深重,他"末之难矣"——无法保持心灵平静啊。

> **链接**　14.32；14.35；14.37；14.38；18.5；18.6；18.7

14.40

子张曰:"《书》云'高宗谅阴,三年不言¹',何谓也?"子曰:"何必高宗?古之人皆然。君薨²,百官总己以听于冢宰³三年。"

> **今译**
>
> 子张说:"《尚书》上说'殷高宗居丧守孝,住在凶庐,三年不问政事',说的是什么意思呢?"夫子说:"何必高宗才这样?古代的人都这样。君主死了,(继位的新君王三年不问政事,)文武百官处理自己的职事都去听从宰相的命令三年。"

> **注释**
>
> 1 "高宗"二句:出自《尚书·无逸》。高宗:殷王武丁,为商代王朝第十一世(第二十二任)的贤王。谅阴(liáng àn):同"梁闇",天子居丧时所住的房子,又叫凶庐。
> 2 薨(hōng):诸侯之死叫"薨"。
> 3 总己:约束自己。冢(zhǒng)宰:太宰,百官之首,相当于后世的宰相。

> **导读**
>
> 三年不问政事,是因为内心悲痛。而这份孝心又是道德的基础,所以重于一切。
>
> 从礼制角度说,守丧三年不问政事,本身即是政事。

> **链接**　17.21

14.41

子曰:"上好礼则民易使¹也。"

今译

夫子说:"在上位的人若依礼办事,人民就容易听从役使了。"

注释

1 使:使唤,役使。

导读

此章是对上一章(14.40)的总结和说明。其实子张之问,不是一个有关礼制的知识性问题,而是这样的一个疑惑:天子三年不言,不管国家事务,国家不会陷入混乱吗?孔子的回答分成两层:先说制度设计(14.40),再说这种制度的价值导向和伦理依据:那就是,只要天子带头遵守礼制,民亦看样依礼而行,天下事务都可以井井有条。

如果孔子对子张的回答只局限于14.40,则孔子的回答是一个不完全回答,而且没有对子张真正疑惑的问题作答。

链接 2.19;2.20;14.40

14.42

子路问君子,子曰:"修己以敬。"曰:"如斯而已乎?"曰:"修己以安人¹。"曰:"如斯而已乎?"曰:"修己以安百姓²。修己以安百姓,尧舜其犹病³诸!"

今译

子路问怎样才是君子,夫子说:"修养自己,养成恭敬的气质。"(子路）说："这样就够了吗？"（夫子）说："修养自己，使贵族、大夫们安乐。"（子路）说："这样就够了吗？"（夫子）说："修养自己，使全体百姓安乐。修养自己，使全体老百姓安乐，尧舜还担心自己不能完全做到哩！"

▍注释

1　人：与"己"相对。这里当指士大夫以上的贵族、上层人士。比下面的"百姓"所指范围要窄。

2　百姓：《书·泰誓中》："百姓有过，在予一人。"孔颖达疏："此'百姓'与下'百姓懔懔'皆谓天下众民也。"

3　病：担心，忧虑。

▍导读

道德的起点是什么？是修养自己的身心，提高自己的道德境界。道德的最高理想和最后目标是什么？是能够为人民带来幸福。没有空洞的道德境界。没有不关涉他人的独自的道德修养。一切道德修养最终都要从是否有益于人民那里受到检验。

▍成语　修己安人

▍链接　5.26

14.43

原壤夷俟[1]。子曰："幼而不孙弟，长而无述[2]焉，老而不死，是为贼。"以杖叩其胫[3]。

▍今译

原壤叉开两条腿坐在地上。夫子说："你年幼时不讲孝悌，长大了没有作为，老了还不死，简直是个害人的贼。"用手杖敲原壤的小腿（让他把腿收回去）。

注释

1 原壤：鲁国人。《礼记·檀弓》记载：原壤的母亲死了，孔子去帮助他治丧，他却站在棺材上大声歌唱。夷：指"箕踞"，即屁股坐地，两条腿左右斜伸出去，叉开两只脚呈八字形，像只簸箕，所以叫"箕踞"，这是最无礼貌的坐法。俟（sì）：等待。

2 孙：同"逊"。弟：同"悌"。长：长大，年长。无述：无作为，没成就，没贡献。

3 胫（jìng）：小腿。

导读

原壤挨打，说明：野蛮不文明，就要招打。

此章写孔子骂人，还打人。要看孔子骂人，还可参看：5.10、13.4、17.13、17.21等。《孟子·梁惠王上》还载有孔子骂人断子绝孙的话："始作俑者，其无后乎！"君子是有好恶的（17.24），对其所好，当然会称誉；对其所恶，自然也会加以排斥。"唯仁者能好人，能恶人。"（4.3）孔子有时还一连串说出一大堆他厌恶的事和人："恶紫之夺朱也，恶郑声之乱雅乐也，恶利口之覆邦家者。"（17.18）讲是非，显爱憎，有良知，存善拒恶，这才是真道德，真修养。

成语 老而不死是为贼

链接 4.3；5.10；13.4；17.13；17.18；17.21；17.24

14.44

阙党童子将命¹。或问子曰："益者与？"子曰："吾见其居于位²也，见其与先生³并行也。非求益者也，欲速成者也。"

今译

阙党地方的一个童子来向孔子传信。有人问孔子："（这小孩）是肯求上进的人吗？"夫子说："我见他趾高气扬地坐在位子上，又见他与长辈并肩而行。这不是个求上进的人，而是一个急于求成的人。"

注释

1　阙（què）党：鲁国地名。将（jiāng）命：传达信息，传话。

2　居于位：坐在席位上。按古代礼节，大人就座时，儿童应该站在旁边。可是，这位童子却与大人一起坐在席位上，可见其不知礼。

3　先生：这里是对年长者、长辈的尊称。

导读

上一章记了一个老不懂事的，这一章记了一个小不懂事的。

追求上进是追求道德的完善与学问的精进，不是虚荣，不是面子上的有派头。虚荣心与摆派头正是道德有缺、学问不足的表现。

链接　14.43

卫灵公第十五

15.1

卫灵公问陈[1]于孔子。孔子对曰:"俎豆[2]之事,则尝闻之矣;军旅之事,未之学也。"明日遂行。

> **今译**
>
> 卫灵公向孔子问军队怎样列阵。孔子回答说:"礼节仪式方面的事,我曾听说一些;军队作战方面的事,我没学过呢。"第二天,(孔子)就离开了卫国。

> **注释**
>
> 1　陈:同"阵"。军队作战布列阵势。
>
> 2　俎(zǔ)豆:古代祭祀宴享用的两种礼器。此处代指礼仪。

> **导读**
>
> 孔子主张礼治,反对使用武力。何况卫本小国,搞先军政策不但不会威慑他国安全自己,只会加重本国百姓负担,这又是孔子反对的。
>
> 更重要的是,战阵这种事,拿来问孔子,显然有视孔子为自家谋士之意。孔子何能为一国一君谋划此类具体事务,为一国一君谋划此类具体国务,孔子又何以自处。孔子大圣,以天下为念,谋道不谋君,忧民不

忧国。

视孔子为僚属，期孔子如仲叔圉、祝鮀、王孙贾，卫灵公能用能，而不能用圣、贤也。孟子曰："尊贤使能。"（《公孙丑上》）能可使而贤不可使也。贤且不可使，况大圣乎！能用能，故卫灵公可保国；不能用圣贤，故卫灵公终于无道也（参14.19）。

15.2

在陈绝粮，从者病[1]，莫能兴[2]。子路愠见[3]曰："君子亦有穷乎？"子曰："君子固穷，小人穷，斯滥[4]矣。"

▎今译

孔子在陈国断绝了粮食，随从的弟子们都饿坏了，爬不起来。子路脸上堆满了怨怒，说："君子也有困厄的时候吗？"夫子说："君子本来就常常是在困厄之中（且心安理得的），小人困厄了就不约束自己而胡作非为了。"

▎注释

1　病：苦，困。这里指饿坏了。
2　兴：起来，起身。
3　愠（yùn）：恼怒，怨恨。见：即"现"。
4　滥：像水一样泛滥而没有方向，没有约束。

▎导读

这是孔子在周游列国时所碰到的诸多磨难中比较严重的一次。绝了粮，弟子们饿得爬不起来，够严重的了。这时性情刚猛而直率的子路"愠见"——他满脸恼怒，是可以理解的。他不理解的是，我们都是君子，都是德行高尚之人，才能杰出之辈，难道我们这样的人在人世间还会如此困厄而一筹莫展吗？——他是对道德及道德行为的有效性提出了怀疑。他认为，一个人，既然是尊崇道德的，就应该受到道德的保护，享受实行道德而该有的好处和报酬。

孔子显然是预感到了子路的信仰正面临危机。孔子此时必须给他一点忠告，或者竟是警告：道德行为会给人带来什么好处？答案是：唯一的好处就是使人道德。小人在困厄时是无恶不作的，无所不为的，如同河水泛滥，不仅自己没有了方向，还给世界带来祸害。而君子却能安守困厄，穷且益坚，不坠青云之志。保持自家精神不倒人格坚挺，这难道不是道德给人的最大好处吗？

| **成语**　君子固穷

15.3

子曰："赐也，女以予为多学而识之者与？"对曰："然。非与？"曰："非也。予一以贯之。"

| **今译**

夫子说："端木赐呀，你以为我是学了很多而又一一记住的吗？"端木赐回答说："是呀。不是这样吗？"夫子说："不是。我是一以贯之的。"

| **导读**

"多学而识之"的是什么？是知识。孔子显然担心他的弟子们以为他只是博学多识——后来更多的人这么以为——于是，他主动跟子贡谈起这个问题，以提醒人们：有一个一以贯之的系统的思想与原则，比拥有无数鸡零狗碎的"知识"重要得多。

这次对话，关键词是两个："多"和"一"。多，是指知识；一，是指思想方法或价值观。一个正确的价值观或思想方法，胜过无数的琐碎的知识。

一个人的境界,不取决于他知识的面有多大,而取决于他认知能力有多强;不取决于他知识的宽度,而取决于他精神的高度和深度。

┃成语 一以贯之

┃链接 4.15

15.4

子曰:"由!知德者鲜矣!"

┃今译

夫子说:"仲由!懂得道德的人少啊!"

┃导读

这一章非常突兀,没有上下文,让人觉得莫名其妙。朱熹《四书章句集注》:"自第一章至此,疑皆一时之言,此章盖为愠见发也。"这接连的四章应该放一起看。15.1是起因,离开卫国;15.2在陈绝粮,子路愠见,抱怨君子亦有穷,孔子告诉他"君子固穷";15.3,《史记·孔子世家》:"子贡色作。孔子曰:'赐,尔以予为多学而识之者与?'曰:'然。非与?'孔子曰:'非也。予一以贯之。'"意为自己无论穷通,道则一以贯之。至此,15.4,孔子对子路感慨:"由!知德者鲜矣!"

┃链接 15.1;15.2;15.3

15.5

子曰:"无为而治者,其舜也与?夫何为哉?恭己正南面而已矣。"

今译

夫子说:"无所作为而使天下得到治理的,大概只有虞舜吧?他做了些什么呢?他只是庄严端正地脸朝南面(坐着)而已。"

导读

无为——权力无为,统治者个人意志和欲望得到管制而无所作为。

治——礼乐制度、良风善俗之治。社会自有规矩法度,约定俗成,不受权力摆布。

舜垂拱而治,不以个人意志强加社会,不随心所欲淆乱制度,这是舜的权力谦卑。

成语　无为而治

链接　13.6

15.6

子张问行。子曰:"言忠信,行笃敬,虽蛮貊[1]之邦,行矣。言不忠信,行不笃敬,虽州里[2],行乎哉?立则见其参[3]于前也,在舆则见其倚于衡[4]也,夫然后行。"子张书诸绅[5]。

今译

子张问如何能让自己处处行得通。夫子说:"说话忠诚守信,行为敦厚恭敬,即使到遥远的边荒地区,也行得通。说话不忠诚守信,行为不忠厚恭敬,即使在本乡州里,能行得通吗?站着,仿佛看见'忠信笃敬'这几个字直立在眼前;坐车,仿佛看见这几个字斜刻在车辕的横木上:这样就能处处行得通。"子张(把这几个字)写在自己的衣带上。

注释

1　蛮：南蛮，泛指南方边疆少数民族。貊（mò）：北狄，泛指北方边疆少数民族。

2　州里：本乡本土。

3　参：本义为直、高。此处意为高高直立于前。

4　衡：车辕前的横木。

5　绅：系在腰间下垂的宽大的衣带。

导读

子张才高意广，为人简慢，自信自大。所以孔子教导他做事做人要有分寸，要取信于人，示人以诚恳，待人以敬爱，这样才能得人之力，行己之事，成己之业。

子张问行，相当于我们今天问如何走遍天下都不怕。孔子之答，我们要从有字处看，还要从无字处看。有字无字合起来看，结论是：要走遍天下都不怕，主要不是你有何种知识技能，而是你得有德性。有普世的价值观，你才是普世可行走、可安身之人。

链接　13.19

15.7

子曰："直哉史鱼[1]！邦有道如矢，邦无道如矢。君子哉蘧伯玉！邦有道，则仕，邦无道，则可卷而怀之[2]。"

今译

夫子说："正直啊！史鱼！国家有道，像箭头一样直；国家无道，也像箭头一样直。君子啊！蘧伯玉！国家有道，出来做官；国家无道，就收起自己的才智自守大道。"

注释

1　史鱼：卫国大夫，名鳅（qiū），字子鱼。他曾多次向卫灵公推荐贤臣蘧伯玉，未被采纳。史鱼病危临终时，嘱咐儿子，不要"治丧正堂"，把尸体放在侧室，用这种做法再次劝告卫灵公一定要进用蘧伯玉，而贬斥奸臣弥子瑕。这种行为，古人称之为"尸谏"（事见《孔子家语》及《韩诗外传》）。

2　卷而怀之：收卷起来怀藏自守。

导读

史鱼如箭，决不阿世。蘧伯玉则审时度势：国家有道，政治清明，就出来做官；国家无道，政治黑暗，就隐藏起自己的才智，辞官隐居。

孔子把蘧伯玉称许为"君子"，而只用"直"这一单一品质来称许史鱼。虽然同是赞许，但有重轻之别。

这一章让人困惑处在于：史鱼正道直行，而蘧伯玉似不免枉道保身，为什么反而得到孔子更高的褒奖？

史鱼固然直，但他是绑定一个国君，忠于一个国君，也终于一个国君——忠者终也，不事二君。其人生追求是得君行道，如此，不得君则不能行道，有自家道德主体性缺乏之患。并且，有"事君数，斯辱矣"（4.26）之病。

而蘧伯玉觉得国君与自己只是君臣义合，不合则决绝，无忠于一人之观念，更无终于一人之意愿。我自行道，何待于君？得志，与君由之；不得志，独行其道。中道而立，能者从之，君若不能从我以行道，岂有我从君行无道之理？故蘧伯玉有平等意识和自由意志。

孟子曰："无罪而杀士，则大夫可以去；无罪而戮民，则士可以徙。"（《孟子·离娄下》）孟子所谓"去"与"徙"，即孔子"卷而怀之"也。

孟子曰："待文王而后兴者，凡民也。若夫豪杰之士，虽无文王犹兴。"（《孟子·尽心上》）文王尚且可不待而兴，遑论下主卫灵公之流！

故从人格上讲,史鱼得君行道,是依附的,不自由的,臣服的;而蘧伯玉既可得君行道,也可独行其道,是平等的,自由的,独立的。

| 链接　4.26；5.21；8.13；14.1；14.25

15.8

子曰:"可与言而不与之言,失人;不可与言而与之言,失言。知者不失人,亦不失言。"

| 今译

夫子说:"可以与他交谈却不与他交谈,这是失人;不可与他交谈却与他交谈,就是失言。智者既不失人,也不失言。"

| 导读

应该和他交谈沟通却不与他交谈沟通,就失去了一个获得教益的机会。
说话不看对象,把话对不该说的人说,就失去了说话的意义,甚至招来后患。
智者知道哪种人有助于自己提升,以友辅仁,所以,他既不失去交结人物的机会,也不会对道不同者浪费言辞。前者是汇聚精神,后者是不浪费精力。

15.9

子曰:"志士仁人,无求生以害仁,有杀身以成仁[1]。"

| 今译

夫子说:"志士仁人,没有为求生而害仁的,只有为成就仁而不惜杀身的。"

注释

1　杀身以成仁：在危急关头自我牺牲，为仁义而死。

导读

孔子有明哲保身的一面，但他更有至大至刚的一面。这至大至刚的一面就是"杀身成仁"的勇气。这至大至刚的一面又为孟子所继承，养成"富贵不能淫，贫贱不能移，威武不能屈"的一种"大丈夫"人格。

孔子没有创立教派，他只是创立了学派；他也没有创立宗教，他创立的是文教。但是，"杀身成仁"的生命体验，其实就是宗教情怀。

孟子的"舍生取义"，与孔子的"杀身成仁"一脉相承，而有"取义成仁"的成语。

成语　志士仁人（仁人志士）　杀身成仁

链接　4.9；8.6；8.7；14.2；19.1

15.10

子贡问为仁，子曰："工欲善[1]其事，必先利[2]其器。居是邦也，事[3]其大夫之贤者，友其士之仁者。"

今译

子贡问怎样才能做仁德之事，夫子说："工匠要把活干得好，必须先把工具弄得精良称手。住在一个国家，就要事奉大夫中有贤德的人，与士中有仁德的人交朋友。"

注释

1　善：用作动词，使……完善。

2　利：用作动词，使……精良。

3　事：事奉，为……服务。

| 导读

"为仁"需要意愿，也需要相应的能力。没有能力而奢谈为仁，近乎"言之不怍"（14.20）。故"君子不器"，并非指君子没有器用，恰恰是指君子以其器用用之于仁德，此谓之"为仁"。而君子欲使自己有器用能施仁，必友事贤者仁者，从他们身上学习取法。此"不践迹，亦不入于室"（11.20）之意也。孔子教子张善人之道，与教子贡为仁之道，其道一也。

需要提醒的是，这里的"器"，只是一个比方，它指的是一个人的修为境界，从这个意义上说，此"器"正是"君子不器"之"不器"。

| 成语　工欲善其事，必先利其器

| 链接　2.12；11.20；14.20

15.11

颜渊问为¹邦，子曰："行夏之时²，乘殷之辂³，服周之冕⁴，乐则《韶》《舞》⁵。放郑声⁶，远⁷佞人。郑声淫，佞人殆。"

| 今译

颜渊问怎样治理国家，夫子说："用夏代历法，乘殷代车子，戴周代礼帽，音乐用《韶》《舞》。扬弃郑乐，远离小人。郑乐淫秽放荡，小人危险。"

| 注释

1　为：治理。
2　时：此指历法。夏之时：就是夏历（又称阴历、农历）。夏历最

合于农时，有利于农业生产，故孔子主张推行夏历。

3　辂（lù）：大车。殷代的大车俭朴实用，故孔子提倡"乘殷之辂"。

4　冕：礼帽。周代的礼帽完善华美，孔子一向提倡礼服应讲究、华美，故说要"服周之冕"。

5　《舞》：同《武》。《韶》《武》：参阅3.25注释1、3。

6　放：放弃。郑声：郑国的民间音乐。孔子认为它是靡靡之音，不合古典，情调不健康，故主张"放郑声"。

7　远：作动词用，疏远。

导读

一个君子，可以给国君以好的影响，使他走正道，干好事，从而把国家治好。一个小人，可以给国君以坏的影响，使他走邪道，干坏事，从而把国家弄乱。所以，孔子特别担心国君身边有小人。"亲贤臣，远佞人"成为中国古代最有名的政治格言。

当然，环境的影响除了"人"之外，还有别的，比如历法、器物、服饰、音乐，等等，这些人们日常厮守执行之制度、器物，都在无形中影响我们的心理和伦理观念。比如孔子认为音乐可以陶冶人的性情，正派典雅的音乐能陶铸美好的灵魂，而淫邪不正的音乐就会使人心变坏。所以，他也特别排斥像"郑声"这样的"流行音乐"。

成语　放郑声，远佞人

15.12

子曰："人无远虑，必有近忧。"

今译

夫子说："人若没有考虑未来的大规划大理想，必定会被眼前的忧患所困扰。"

┃导读

一句老话：前途是光明的，道路是曲折的。在曲折的道路上如何才能保持旺盛的斗志与乐观的精神状态？那就是相信未来，相信眼前的一切磨难和挫折都是奔向那光明未来途中必须付出的辛苦。

┃成语　人无远虑，必有近忧

15.13

子曰："已矣乎，吾未见好德如好色者也。"

┃今译

夫子说："算了吧，我没见过爱慕德行就像爱慕美色的人。"

┃导读

爱慕德行，是社会对人的要求，也是人之所以为人的基本内涵。人之为人，就是克服自然本性而进之于伦理人格。

而爱慕美色，则与生俱来，如孟子所说，人一旦成年，则知"慕少艾"（爱慕年轻美貌的人）。

知道慕少艾，不过生理本性。知道爱慕品德，才是伦理品性。

此章与9.18几乎重出。

┃链接　9.18；15.4

15.14

子曰："臧文仲其窃位[1]者与？知柳下惠[2]之贤，而不与立[3]也。"

今译

夫子说:"臧文仲大概是个居官位却不尽责的人吧?明知柳下惠贤良,却不援引举荐与之并立大夫之位。"

注释

1 臧文仲:鲁国大夫,历仕鲁庄公、鲁闵公、鲁僖公、鲁文公四朝,知贤而不举,故孔子批评他"窃位"。窃位:窃据高位,指占有官位而不称职、不尽责。参见5.18注释1。

2 柳下惠:鲁国大夫,姓展,名获,字禽,又名展季。他的封地(一说是居处)叫"柳下"。死后,由他的妻子倡议,给他的"私谥"为"惠",故称"柳下惠"(《列女传》)。

3 与立:一说"并立",朱子《集注》:"与立,谓与之并立于朝。"一说"立"同"位"(俞樾《群经平议》),杨伯峻取之,"与立",即"与位",给予官位。我取朱子说。

导读

此章若和14.18对照着读,便见其好处。在孔子看来,天下的官职是天下人的,唯能者居之。手握官位,不给称职的人,就是窃位。若能打破常规,破格举荐人才如公叔文子,就可以谥为"文"。

此章若和上一章15.13同读,也有意思。则"吾未见好德如好色者也",有所指也。

链接 5.18;14.18;15.13

15.15

子曰:"躬自厚而薄责于人¹,则远怨矣。"

今译

夫子说:"多责备自己而少责备别人,就可以避开怨恨了。"

注释

1 躬自厚:即"躬自厚责","责"字探下文"薄责"省略。意为多责备自己。薄责于人:少责备别人。

导读

多责备自己,就能让自己远离错误;少责备别人,就能让别人亲近自己;多责备自己少苛责别人,就能减少心中对他人的埋怨。

成语 躬自厚而薄责于人

链接 14.29;15.21

15.16

子曰:"不曰'如之何,如之何'者,吾末如之何也已矣[1]。"

今译

夫子说:"(遇事)不说'怎么办,怎么办'向人求助的人,我对他也没法施助啊。"

注释

1 如之何:犹言怎么办,多为求助语。末:义同"无"。曰如之何者,求助于人也。末如之何者,如何帮到他呢。

导读

这是在说"临事而惧,好谋而成"(7.11)。刘邦每遇大事,总是很紧张，口里不停地说："为之奈何？"但正是他，取得了最后的胜利。而项羽刚愎自用，无所畏惧，动辄大怒，看起来雷厉风行，但最后自刎乌江。

刘邦每每问张良"为之奈何"，催生出张良的责任感甚至保姆情结，项伯呼与同去而张良不去者，保姆不能丢弃婴孩也。

这也是在说"不愤不启，不悱不发"，有"举一隅不以三隅反，则不复"之意。

▍**链接**　5.20；7.11；11.22

15.17

子曰："群居终日，言不及义，好行小慧，难矣哉！"

▍**今译**

夫子说："一堆人聚在一处，说的话从不涉及义理，还好卖弄小聪明，（对这种人）真难啊！"

▍**导读**

群居终日——耐不住寂寞，缺少独处能力，不能安静地独立思考。

言不及义——浮光掠影，隔靴搔痒，废话连篇，空耗时日。

好行小慧——卖弄口才以逞能，耍小聪明以炫耀，哓哓善辩以取宠。

三者的关键是第一句：群居终日。一旦群居终日，必然言不及义，且好行小慧。

▍**成语**　群居终日　言不及义

▍**链接**　17.22

15.18

子曰:"君子义以为质¹,礼以行之,孙以出之²,信以成之。君子哉!"

| 今译

夫子说:"君子(做事)以适宜为原则,依礼节来实行,以谦逊来表达,以忠诚来完成。君子就这样啊!"

| 注释

1　质:本义为本质、质地,引申为基本原则,根本。
2　出:出言,表达。有成语"出言不逊"与此意正相反。

| 导读

这是说君子做事之动机、方法、态度和目标。

义为做事之本,礼为行事之规,逊乃临事之态,信为成事之责——不成则不信。做事,出乎义,行乎礼,临以逊,成以信。

15.19

子曰:"君子病无能焉,不病人之不己知也。"

| 今译

夫子说:"君子只忧虑(自己)没有才能,不忧虑别人不了解自己的才能。"

| 导读

无能,是自己的事,要自己操心。

不为人知,是别人的事,无须牵挂。

而且，一个真有才能有品德的人，别人终会了解，所以也不必担心。

> **链接** 1.16；14.30

15.20

子曰："君子疾没世而名不称焉。"

> **今译**
> 夫子说："君子很怕死后名声不被人称颂啊。"

> **导读**
> 人，若死而速朽，很快从人们的记忆中消失，肯定是因为他没有做过什么于人有益的事。故君子非求名也，求事业建树与有益于世道人心也。
> "疾"字重。疾，焦虑也。焦虑是成功的第一动力。

15.21

子曰："君子求诸己，小人求诸人。"

> **今译**
> 夫子说："君子要求自己，小人要求别人。"

> **导读**
> 君子总是磨砺自己，小人总是算计别人。

> **链接** 14.29；15.15

15.22

子曰:"君子矜而不争,群而不党。"

| 今译

夫子说:"君子庄重矜持而不争夺,合群而不结小宗派。"

| 导读

君子只是无私,故不争、不党。

| 成语　群而不党

15.23

子曰:"君子不以言举人,不以人废言。"

| 今译

夫子说:"君子不根据人的言论提拔人才,又不因人的人品而废弃他(有价值)的言论。"

| 导读

第一句是说言不足据。漂亮话谁都会说,而且越是坏人越会说漂亮话。所以,要听其言而观其行才对。

第二句又说言有其独立价值。言论固然不能反映人的品性,但好的言论则有助于我们的道德培养。一句有价值有道理的话,哪怕是坏人说的,也有价值。

这两句都在说语言相对于人的独立性:一个人的语言不代表他的道德水平,也不因人道德水平的高低而增值或贬值。

| 成语　因人废言(不因人废言)

链接 5.10；11.21

15.24

子贡问曰:"有一言而可以终身行之者乎?"子曰:"其恕乎!己所不欲,勿施于人。"

今译

子贡问道:"有一句话而可以终身奉行的吗?"夫子说:"那就是恕吧!自己不愿意的,不要强加给别人。"

导读

孔子一以贯之的道是"忠"与"恕"(见4.15),但"忠"是对别人的帮助,帮助别人是需要能力的,没有能力怎么"忠"?可见,"忠"并不是人人能做到的,也不是一个人时时能做到的。只有"恕",则是谁都可以做到的,因为"己所不欲,勿施于人",就是不把自己不愿意的强加给别人。简单地说,"忠"是对别人做有益的事;"恕"是不对别人做有害的事。再简化一下,"忠"是"做";"恕"是"不做";"做"要能力,要条件,所以不是人人能做,时时能做;"不做"不要能力,不要条件,我们人人可以不做,时时可以不做,所以,我们可以终身行之。

"忠"和"恕"的区别还不仅在此。"忠"的定义是"己欲立而立人,己欲达而达人"(6.30)。但问题是,人是不同的。人与人之间有相同的欲求,也有不相同的爱好。简单地以为自己想要的别人也一定想要,从而一定让别人要,就是强加于人,是好心而办的坏事。

所以,"忠"是有界限、有适用范围、应当加以约束和警惕的。实际上,孔门师徒对此是有警惕的。孔子就劝过子贡:"忠告而善道之,不可则止,毋自辱焉。"(12.23)子游说:"事君数,斯辱矣;朋友数,斯疏矣。"（4.26）除了对君，对友，在4.18中，孔子提到对父母，也要适可而止。

可见，"忠"，只是相对真理。它是一柄双刃剑。一不小心，它还会被坏人利用。坏人假冒对我们"忠"，来代替我们选择和思想，从而奴役了我们的灵魂。如果说武力的压服和专制是强奸民意，那么，以"忠"的面目来实现的专制，就是诱奸民意。

孔子在回答仲弓问仁时，也以"己所不欲，勿施于人"答之（见12.2），世界各民族都有类似的格言，它是全世界各民族共同遵守的"黄金法则"。

特别需要指出的是，"恕"所包含的"己所不欲，勿施于人"的信念，恰恰是对"忠"的片面性的纠正，是对"忠"有可能导致的严重后果的预防，是对"忠"历史的、现行的、潜在的罪行的控告、反抗与警告。

| 成语　　己所不欲，勿施于人

| 链接　　4.15；4.18；4.26；6.30；12.2；12.23

15.25

子曰："吾之于人也，谁毁谁誉？如有所誉者，其有所试矣。[斯民也，三代之所以直道而行也[1]。]"

| 今译

夫子说："我对于别人，诋毁过谁？赞誉过谁？如有所赞誉，那是经过了考验的。[因了这样的人，夏商周三代才能直道而行。]"

| 注释

1　斯：此，如此。民：人。三代：指夏、商、周。此句与上文语气不顺，疑此一句是错简在此，本应在下一章。详下15.26。

导读

毁誉即是评价，社会的评价系统是社会价值观的直接体现。评价的偏颇，就是价值的偏颇。价值一旦失落，评价系统就会出问题；而价值体系的坚挺，也会使社会舆论激浊扬清，使整个社会行走在正道上。

孔子之"于人"之人，两种人：一、历史人物；二、当世人物。作为历史学家，他必评价历史人物；作为公共知识分子，他必评价当世人物。既如此，他评价之时，必有所依据，也必须对时人有所交代。此章所记，乃孔子交代之言也。

谁毁谁誉：后面只说誉而不及毁，盖毁乃诋毁，孔子只有据实评价而无有诋毁。而孔子所誉之人，不过尧、舜、禹、汤、文、武、周公，下及伯夷、叔齐、虞仲、夷逸、朱张、柳下惠、少连之类，皆三代有试之人物也，言之有据也。

此接连三章（15.23、15.24、15.25）可通看。15.23孔子讲言之价值，然后有15.24子贡问何言可终身行之，此章孔子自叙其论人之言持平有据也。

成语　直道而行

链接　15.23；15.24；15.26

15.26

子曰："吾犹及史之阙文也，有马者借[1]人乘之。（斯民也，三代之所以直道而行也。）今亡矣夫[2]！"

今译

夫子说："我还能看到史书存疑的地方（，这是古人诚实，不知必阙之，以待能者，绝不以己意妄断）。犹如有马的人不善驯马，必借助别人来调服（而自己决不逞能）。（因这样的人啊，夏商周三代才能直道而行。）（这种人）今天没有了啊。"

注释

1　借：藉也，依赖，凭借。

2　这段文字很难连贯理解。其一，"吾犹及史之阙文也"与"有马者借人乘之"之间，不知如何联系。杨伯峻《论语译注》："包咸的《论语章句》和皇侃的《义疏》都把它们看成两件不相关的事。宋叶梦得《石林燕语》却根据《汉书·艺文志》的引文无'有马'等七个字，因疑这七个字是衍文。其他穿凿的解释很多，依我看来，还是把它看为两件事较妥当。又有人说这七字当作'有焉者晋人之乘'（见《诂经精舍六集》卷九《方赞尧有马者借人乘之解》），更是毫无凭据的臆测。"我把"阙文"和"借人乘之"理解为一种借喻关系，前一句为本体，后一句为喻体，说明古人诚实不欺，不掩己陋而善假于物也，中间省略了喻词。具体见译文。其二，"有马者借人乘之"与"今亡矣夫"的联结也很突兀。"有马者借人乘之"，何晏《集解》引包咸说："有马不能调良，则借人乘习之。"或解如子路车马与朋友共。不管这两种解释的哪一种，都不应该得出"今亡矣夫"的结论，前一种"有马不能调良，则借人乘习之"，势在必然，如何今人弃之？弃之则今人如何调马？后一种，则子路就是车马与朋友共之例，何言今亡矣夫。故我疑上一章之"斯民也，三代之所以直道而行也"一句，是错简，应该在本章"今亡矣夫"之前，则本章全章为：子曰："吾犹及史之阙文也，有马者借人乘之。斯民也，三代之所以直道而行也。今亡矣夫！"以"三代"对"今"，发今古之慨，正当其宜。

导读

史阙文者，史官记事，有疑即宁阙不臆，以俟君子，这是谨慎认真。

马未驯服，借能人代为驯服，这是诚实，也是君子善假于物，故孔子以此借喻古人书史之谨慎不欺。孔子教学内容中，有书，有御，孔子以古人的诚实笃良对比今人，有世风不古之慨。

15.27

子曰："巧言乱德。小不忍¹则乱大谋。"

▍今译

夫子说："花言巧语会败坏道德。小事不放下就会坏了大事。"

▍注释

1　小不忍：诸多版本解释"小不忍"为"小事不能忍耐"。但，忍，在先秦典籍里，多作"忍心"解，不作"忍耐"解。不忍：即不忍心，不舍得。

▍导读

孔子对"巧言"——能说会道特别反感，他特别警惕"巧言"对德行的破坏。

小不忍则乱大谋者，不舍小则不得大也。忍者，舍也。

小者何？谓恶衣恶食也，不义富贵也。

大者何？谓德之不修，学之不讲，闻义不能徙，不善不能改也（7.3）。

孟子："体有贵贱，有小大。无以小害大，无以贱害贵。养其小者为小人，养其大者为大人。……饮食之人，则人贱之矣，为其养小以失大也。"（《告子上》）可为注脚。

▍成语　小不忍则乱大谋

▍链接　1.3；5.25；6.18；7.3；16.13；17.17；17.18

15.28

子曰:"众恶之,必察焉;众好之,必察焉。"

▎今译

夫子说:"众人都厌恶他,一定要仔细考察这个人;众人都喜欢他,一定要仔细考察这个人。"

▎导读

一个人,人人都厌恶他,未必真有大恶;

一个人,人人都喜欢他,往往恰是大奸。

众好众恶,必有不真实的东西在。

一个人,哪怕是君子,只要有事业,就必有对手;只要有原则,就必不容于人,必有所好恶(4.3、17.24)。人人都喜欢他,定是没有原则而别有用心的大奸。只有"乡人之善者好之,其不善者恶之"(13.24)的人,才是真正的好人。

提示:本篇自23章"君子不以言举人"始,24、25、26、27、28都是在讲"言"。23章讲不因一人一言而定人;此章讲亦不以众人众言而失察。

▎成语　众恶必察　众好必察

▎链接　4.3;13.24;15.23;15.24;15.25;15.26;15.27;17.24

15.29

子曰:"人能弘道,非道弘人。"

今译

夫子说:"人能够弘扬道,不是道能弘扬人。"

导读

道就在我们的行为举止里。如果我们的行为举止合乎道,道就在;如果我们的行为举止不合乎道,道就消失了。

黑暗降临邪恶横行,如果我们群起反抗,道就在,且在保护良善;如果我们集体沉默退缩自保,道就消失,且不再保护良善:此之谓人能弘道。

但坚守道义的人未必通达,常常倒是君子固穷——此之谓非道弘人。

人有义务弘扬道,人无权利要挟道。

人可以弘扬道,而道不可为人挟持。

强者弘扬道,却不求道的护佑;

弱者不敢保护道,却在自己危困时吁求道的保护,但此时道早已在人间消失。

15.30

子曰:"过而不改,是谓过矣。"

今译

夫子说:"有过错而不改,这叫又错了。"

导读

错了马上就改,就变为无过错了——"过而改之,是不过也。"(《韩诗外传》引孔子话)这话与本章正好相对。人非圣贤,孰能无过?"过则勿惮改。"(1.8、9.25)

链接　1.8;9.25;19.21

15.31

子曰:"吾尝终日不食,终夜不寝,以思,无益,不如学也。"

| 今译

夫子说:"我曾经整天地不吃饭,整夜地不睡觉,冥思苦想,对自己的知识没有什么进益,不如去学习。"

| 导读

此章要点:

第一,孔子怀疑并反对通过个人冥想能达到真理,而主张打开自己,面向世界,向古人学习,以及向今人学习。

知识有两个来源,直接知识和间接知识。直接知识,自家领悟、实践而来。这类知识的获得,从效率和总量上讲,不及通过向他人学习而来的间接知识。

第二,所谓明心见性,亦非后儒所津津乐道之个人冥想,而是参与世事纷争,为正义而战。故独自闭门自修之明心见性功夫,非孔门正道。

岂独孔子,即如摩西、佛陀、苏格拉底、耶稣,又哪里是不问世事,只是闭门修炼心性?鼓吹不问世事修炼心性者,往往乃是不敢面对世界、不敢主持公道之偷懒自私,不特修炼不了心性,恰恰是修炼成精致的利己而已。

| 链接 2.15

15.32

子曰:"君子谋道不谋食。耕也,馁在其中矣;学也,禄在其中矣。君子忧道不忧贫。"

今译

夫子说:"君子谋求道义,不谋求衣食。耕田,未必不挨饿;学习知识谋求大道,反而可能获得俸禄。君子只担忧道义不行,不担忧自家贫穷。"

导读

前后两句,谋道忧道,陈义极高。

中间两句,耕学馁禄,属意平实。

一如慈父劝子,悬帜甚高而立足家常。墨子劝学而许人做官,皆此类也。

不忧贫者,一则忧贫未必可脱贫,何如不忧?人生在世,自有一份口粮。二则君子坦荡,知命达义,若贫不可免达不可求,何如放下不忧?三则为人不可太直接功利汲汲以求,为谋食而径直耕稼为圃,未必得食;谋道而学,或有俸禄随之。人生何必数数然?

链接 13.4

15.33

子曰:"知及之,仁不能守之,虽得之,必失之。知及之,仁能守之,不庄以莅[1]之,则民不敬。知及之,仁能守之,庄以莅之,动之不以礼,未善也。"

今译

夫子说:"依靠聪明才智得到的,(如果)不能用仁德去守,虽然得到,也必定会失去。依靠聪明才智得到的,能够用仁德去守,(但如)不用庄重严肃的态度去对待,百姓也不会敬服。依靠聪明才智得到的,能用仁德去守,又能用庄重严肃的态度去认真对待,(但是)行为不合礼义,也不是完善的。"

注释

1　莅（lì）：此处意为面临，面对。引申为对待，处理。

导读

得天下可以用智，守天下必须用仁，治天下需要庄重严肃，政策行为还得合乎礼。

只用智，其失在诈；只用仁，其失在宽；只用庄，其失在猛。

如何不诈而仁，不宽也不猛，恰到好处？——以礼来调节。

"礼之用，和为贵"（1.12）。

链接　1.12

15.34

子曰："君子不可小知而可大受[1]也，小人不可大受而可小知也。"

今译

夫子说："君子，不可从他做的小事情上来考察他，但他是可承担大事的；小人，不可让他接受重大任务，而可从小事情上来使用他。"

注释

1　知：考察。小知，即从其所做的小事情上来观察他。受：受命，受任。

导读

君子做小事，未必做得好，故不可小知，但材堪大用。

小人不堪大用，但未必一无是处。做些小事，往往倒做得好。

千里马推磨未必推得好。经过训练的驽马是推磨的好材料。

这里讲的是如何识人、用人。从做事上识人。用人所长，避其所短。

▎**成语** 大受小知

▎**链接** 2.10

15.35

子曰:"民之于仁也,甚于水火。水火吾见蹈而死者矣,未见蹈仁而死者也。"

▎**今译**

夫子说:"人民需要仁德,比在日常生活中对水火的需要更急切。我见过溺水蹈火而死的,却没见过实践仁德而死的。"

▎**导读**

人的自然生命需要水火。人的道德生命需要仁德。水火有时还会伤人。仁德只会护佑人。可悲的是,人们往往只知道水火的重要,不知道仁德的不可或缺。

还有一种理解:"甚于……"一般用于消极事物。则这段意思是:老百姓远离仁德啊,简直比避让水火还厉害。我见过自蹈水火而死掉的,我咋没见踏足仁德之境而死掉的呢!——如此,此章的意思,是孔子的感叹愤激之辞,情绪与子曰"吾未见好德如好色者也"(15.13)类似,而与子曰"我未见好仁者,恶不仁者。好仁者,无以尚之;恶不仁者,其为仁矣,不使不仁者加乎其身。有能一日用其力于仁矣乎?我未见力不足者。盖有之矣,我未之见也"(4.6)意蕴最近。

▎**成语** 如蹈水火

▎**链接** 4.6;15.13

15.36

子曰:"当仁不让于师。"

今译

夫子说:"面对着仁德,即使对老师,也不必谦让。"

导读

这正应着亚里士多德的话:"吾爱吾师,吾更爱真理。"

东哲西哲,心理攸同。

《荀子·子道》"传曰:'从道不从君,从义不从父'",也应该是孔子的话,与此章合并,则是孔儒"三从":从道不从君,从义不从父,从仁不从师。这是先秦儒者的魁伟杰出处。

成语 当仁不让

15.37

子曰:"君子贞而不谅[1]。"

今译

夫子说:"君子守信却不固执。"

注释

1 贞:守信。谅:同"勍",固执。

导读

守信是对的,但假如以前的许诺是错误的呢?难道我们可以不管是非黑白,一定要履行以前错误的谎言吗?那不成了"硁硁然小人"(13.20)了吗?

所以，守信，但不要固执。错了就改，看起来是违背"信诺"，却是归于正道。

> **成语** 贞而不谅

> **链接** 2.4；4.10；9.4；13.20

15.38

子曰："事君，敬其事而后其食[1]。"

> **今译**
> 夫子说："事奉君主，先恭敬谨慎地办事，再考虑俸禄的事。"

> **注释**
> 1 食：食禄，俸禄，官吏的薪水。

> **导读**
> 先尽责任，再享权利，俸禄是做事的报酬。

> **成语** 敬事后食

15.39

子曰："有教无类。"

> **今译**
> 夫子说："有教育，就应该不分人群（地给他们受教育的机会）。"

> **导读**
> 孔子提倡全民教育，希望所有的人都有受教育的机会。他的弟子中，

富有的（如冉有、子贡），贫穷的（如颜渊、原思），地位高的（如孟懿子为鲁国贵族），地位低的（如子路为卞之野人），鲁钝一点的（如曾参），愚笨一点的（如高柴），各种人都有。

"有教无类"还可以理解为：经过了教育，原先很多不同的人，都成了平等相同的人了。

▎成语　有教无类

▎链接　7.7

15.40

子曰："道不同，不相为谋。"

▎今译

夫子说："信念、主张不同，就不能在一起谋划。"

▎导读

"谁能出不由户？何莫由斯道也？"（6.17）故天下无二道，道不同者，不由道也，出不由户也，不由斯道也，非另有一道也。我循道，由斯道，彼不循道，不由斯道，如何相为谋？相为谋者，以文会友，以友辅仁。不相为谋者，夫子所谓"不可与言而与之言，失言"（15.8）是也。

孟子曰："中道而立，能者从之。"（《孟子·尽心上》）不能从道者，如之何相为谋？"君子引而不发，跃如也"，君子只是做出示范，只有人从道，何能道就人？

仪封人曰："天下之无道也久矣，天将以夫子为木铎。"（3.24）夫子临终，语子贡曰："天下无道久矣，莫能宗予。"（《史记·孔子世家》）道不同者，不应木铎，莫能宗予者也。不应莫宗，何能相与谋？故"可与

共学，未可与适道。可与适道，未可与立。可与立，未可与权"（9.30），
"不相为谋"者，"未可与谋"也。

┃ **成语**　道不同，不相为谋

┃ **链接**　3.24；6.17；9.30；15.8

15.41

子曰："辞达而已矣。"

┃ **今译**

夫子说："言辞足以表达意思就行了。"

┃ **导读**

"而已矣"的语气，是表示限定，到此为止。"辞"与"实"对，辞者所以达实，不达则不及；达而不止，则过，过犹不及。所以，辞达而已矣，不野不史，无过无不及也。

┃ **链接**　1.3；15.27；17.17

15.42

师冕[1]见，及阶，子曰："阶也。"及席，子曰："席也。"皆坐，子告之曰："某在斯，某在斯。"师冕出，子张问曰："与师言之道与?"子曰："然，固相[2]师之道也。"

┃ **今译**

师冕来见孔子，走到台阶边，夫子说："台阶到了。"走到坐席边，

夫子说:"这是坐席。"大家都坐下后,夫子告诉他说:"某人在这里,某人在那里。"师冕走了以后,子张问:"这就是与乐师讲话的方式吗?"夫子说:"是的,这本就是帮助盲人乐师的方式。"

▎注释

1 师:盲乐师。冕:这位盲乐师的名字。
2 相:为盲人引路叫"相"。

▎导读

按说,古代的盲人乐师都有"相",也就是扶持他走路的人,不必孔子如此费心指点,何况此时孔子身边还有很多学生,也可以照顾这个特殊的来访者。但是,孔子看见盲人进来,眼睛就没离开过他的一举一动,并随时予以提醒。这些提醒,也许对师冕不必要,但是,于孔子自己,却是一种自然的关心与牵挂。这不是思考了自己是否应该这样做之后的理性指导下的道德行为,而是出于自然而然仁慈内心的第一反应;也不是理性思考了这种关注于对方是否必要的问题,而是感性感受对自己是否必需的问题。简言之,这种关心,不是对方需要,而是我们需要:假如我们心灵中有自发的仁慈,这种关心就几乎是本能的,不加以关心倒是很令我们难受的,这种感受迫使我们对对方施加关心,甚至是多余而不必要的关心。

这世界,太多的关心,于事不必要,于心不可缺。因为,"关心"一词,意思就是:它不是关乎对方,而是关乎我们自己的心。

这位盲人乐师,虽然看不见孔子的面容,但是听着孔子温和关切的提醒,他的内心,岂不感知到一种温暖!不必要的提醒里,包含着人生不可缺的温暖!

两千多年以后,我们读到这一段,孔子对盲人无微不至的关照,一一指点的爱护,那种场景也还是如在目前,那种圣人的慈祥,也还令我们感动不已!

其实,当场,就有一个学生被感动了,那就是子张。

师冕走了以后,子张问:"这就是与乐师讲话的方式吗?"

孔子说:"是的,这本就是帮助盲人乐师的方式。"

这就是"仁"在日常举止中的体现啊!

"仁"也就该体现在待人接物的日常举止中啊!

链接 7.9;7.10;9.10;《乡党第十》篇

季氏第十六

16.1

季氏将伐颛臾[1]。冉有、季路[2]见于孔子曰:"季氏将有事[3]于颛臾。"

孔子曰:"求!无乃尔是过[4]与?夫颛臾,昔者先王以为东蒙主[5],且在邦域之中矣,是社稷之臣[6]也,何以伐为[7]?"

冉有曰:"夫子[8]欲之,吾二臣者皆不欲也。"

孔子曰:"求!周任[9]有言曰:'陈力就列[10],不能者止。'危而不持,颠而不扶,则将焉用彼相[11]矣?且尔言过矣。虎兕出于柙[12],龟玉毁于椟[13]中,是谁之过与?"

冉有曰:"今夫颛臾,固而近于费[14]。今不取,后世必为子孙忧。"

孔子曰:"求!君子疾夫舍曰欲之而必为之辞[15]。丘也闻有国有家者,不患寡而患不均,不患贫而患不安。盖均无贫,和无寡[16],安无倾。夫如是,故远人不服,则修文德以来之。既来之,则安之。今由与求也,相夫子,远人不服而不能来也,邦分崩离析而不能守也,而谋动干戈于邦内。吾恐季孙之忧,不在颛臾,而在萧墙之内也[17]。"

今译

季氏将要讨伐颛臾。冉有、子路两人来见孔子,说:"季氏将对颛臾有所行动。"

孔子说:"冉求!这难道不该归咎于你吗?颛臾,上代国君曾经授权它主持东蒙山的祭祀,而且就在鲁国的疆域之中,是和我们鲁国共安危的臣属,有什么理由讨伐他呢?"

冉有说:"季氏要这样干。我们两位下属都不愿意。"

孔子说:"冉求!周任有句话说:'依据自己的实际才力担任职务;没有这个能力,就该辞职。'(现在的情形就如同盲人)遇到危险你不扶,摔倒在地你不搀,那么,用您这个'相'做什么呢?而且你的话错了。老虎、犀牛从关它的笼子里跑了出来,占卜用的龟甲、祭祀用的玉器在木匣中被毁坏了,这是谁的责任呢?"

冉有说:"如今颛臾城墙坚固,而且离费邑很近。现在不攻取它,后世必然成为子孙的祸患。"

孔子说:"冉求!君子厌恶那种嘴上不明说'想要',却要找个借口的人。我听说,对于拥有国家的诸侯和拥有采邑的大夫来说,他们要担心的不是财少,而是分配不均;要担心的不是贫穷,而是社会不安定。因为财富分配均匀了,就无所谓财少;国内和睦团结了,就不显得贫穷;社会安定了,国家就没有倾覆的危险。做到了这样,远方的人还不归服,便再提倡仁义礼乐道德教化,以招徕他们。(远方的人)来归附以后,就使他们安心住下来。现在仲由、冉求你们二人辅佐季康子,远处的人不归服而不能招徕他们;国家四分五裂而不能保全;反而打算在国境之内使用武力。我只怕季孙氏的忧患,不在颛臾,而在于萧墙之内呢。"

注释

1 季氏:指季康子季肥。颛臾(zhuān yú):附属于鲁国的一个小国。故城在今山东省费县西北八十里。

2 冉有、季路:此时他俩在季氏手下做官。子路、冉求同来,论齿当子路在前,而此章冉求在前,盖冉求在季氏那里地位和影响力高于子路，故下文孔子亦独责冉求。

3 有事：采取军事行动的委婉说法。

4 本篇格式与其他篇不同：他篇"子曰"处本篇皆书"孔子曰"。无乃：岂不是，恐怕是，难道不是。过：动词，责备，归罪。尔是过：过尔，归罪于你。

5 先王：上代国君。东蒙主：谓主祭东蒙山。"东蒙"，即蒙山，因在鲁国东部，故称东蒙。主：主持祭祀。

6 社稷之臣：国家的重臣。

7 何以：以何，有什么理由。为：语气助词。何以伐为：有什么理由讨伐他呢？

8 夫子：这里指季康子。

9 周任：古代的一位史官。

10 陈力：凭借、依据自己的才力。就列：走进当官的行列，担任职务。

11 相：辅佐，帮助。古时称扶引盲人的人叫"相"。后引申为宰相、丞相等义。

12 柙（xiá）：关猛兽的木笼子。

13 椟（dú）：木制的柜子，匣子。

14 费（bì）：现在也读fèi。季氏的采邑。在今山东省费县西南。颛臾与费邑相距仅七十里，故说"近于费"。

15 疾：厌恶，痛恨。辞：推辞，借口。

16 "不患寡"句：此"不患寡而患不均，不患贫而患不安"一句，自俞樾《群经平议》认为当作"不患贫而患不均，不患寡而患不安"后，一般注家都从之。实际上，"寡"与"均"相对，"贫"与"安"相对，正合适。有可能弄错的倒在下一句——"均无贫，和无寡"，应为"均无寡，和无贫"。上面译文以此为据。

17 萧墙：宫殿当门的小墙，或称"屏"。古代臣子进见国君，至屏而肃然起敬，故称"肃墙"。"萧""肃"古字通。这里用"萧墙之内"，借指宫内。当时鲁国的国君鲁哀公名义上在位，实际上政权被季康子把持，这样发展下去，总有大祸临头的一天。所以孔子含蓄地说了这话。

导读

季氏谋动干戈于邦内，孔子反对。更令孔子生气的是，他自己的两个弟子还帮助季氏。这两个弟子知道孔子的态度，心中虚怯，便先来讨口风，卖卖乖。孔子气不打一处来，把季氏、冉求、子路绑在一起，骂了个痛快。

值得注意的是，夫子说"不患寡而患不均，不患贫而患不安"，还说"均无寡，和无贫，安无倾"。此处的"不患"和"患"都是相比较而言的，意思是，在"寡"和"不均"之间，"贫"和"不安"之间，更值得我们担心的，是"不均"和"不安"，而不是说"寡"与"贫"不值得担忧。孔子的意思是：社会的公正公平公道，是社会发展的目标，也是社会发展过程中必须坚持的底线。

成语

社稷之臣　危而不持　虎兕出柙　龟玉毁椟　既来之，则安之　分崩离析　大动干戈　事在萧墙

链接

16.2；16.3

16.2

孔子曰："天下有道，则礼乐征伐自天子出；天下无道，则礼乐征伐自诸侯出。自诸侯出，盖十世希[1]不失矣；自大夫出，五世希不失矣；陪臣[2]执国命，三世希不失矣。天下有道，则政不在大夫。天下有道，则庶人不议。"

今译

孔子说:"天下有道,礼乐之事和征伐之事都由天子决定;天下无道,礼乐之事和征伐之事便由诸侯决定。由诸侯决定,十代左右就很少有不丧失政权的;由大夫决定,五代左右就很少有不丧失政权的;由家臣来掌握国家的命运,三代左右就很少有不丧失政权的。天下有道,国家政治不会取决于大夫。天下有道,黎民百姓就不议论朝政了。"

注释

1 希:同"稀"。少有。
2 陪臣:卿、大夫的家臣。

导读

春秋后期,周天子已失去了控制天下诸侯的能力,诸侯国各行其是,还互相攻伐。

可这些诸侯怎么样呢?也往往大权旁落,比如鲁哀公的国君大权就落到了季氏等大夫手里。

大夫又怎样呢?也有很多不能自己做主了:家臣控制了他。如季氏的大权一度被家臣阳虎(又名阳货)控制。

天子管不了鲁君,鲁君要听季氏的,季氏又要听阳货的……在孔子看来,这是国家政治权力秩序极度混乱的表现,其结果便是天下大乱,国破家亡。

"天下有道,则庶人不议",则孔子的意思,若天下无道,人民就可以议,就有批评朝政的权利。实际上,孔子时代,"处士横议",批评政治是正常的,只是到了后来集权专制社会,才压制人民言论,不允许人民议论政府了。

提示:此一章,上接16.1而下连16.3,当是同一次谈话。

链接 16.1;16.3

16.3

孔子曰:"禄之去公室五世¹矣,政逮于大夫四世²矣,故夫三桓之子孙微³矣。"

今译

孔子说:"国家政权离开鲁君已经有五代了,政权落在大夫季孙氏手里有四代了,(现在家臣们又控制了大权,)三桓的子孙也衰微了。"

注释

1　禄:爵禄。这里指封爵任职的国家权力。公室:指诸侯国政权之核心机构或集团。此指鲁国公室。公元前609年,鲁文公死,大夫东门遂杀嫡长子子赤而立宣公,控制了鲁国大权。后来,鲁国大权又落到季氏手里,经成公、襄公、昭公、定公(孔子说这话的时候),鲁国国君大权旁落已历五世,其中季氏专权,已经四世。

2　逮:及,到。四世:指季孙氏文子、武子、平子、桓子四代。

3　三桓:即鲁国的"三卿"——季孙氏、叔孙氏、孟孙氏。因这三家都是鲁桓公的后代,故称"三桓"。这三家一直掌握鲁国政权,到鲁定公时,又出现"陪臣执国命"的局面,大权又落到阳货等家臣手里,"三桓"势力一度衰弱。

导读

这是孔子感伤父母之邦——鲁国的衰微。孔子对鲁国的感情是双重的:一、鲁国是他的父母之国;二、鲁国是礼乐之国,是保存周礼最多的国家。父母之国如夕阳西下,礼乐之国偏无礼乐,孔子怎能不伤心?

链接　16.1;16.2

16.4

孔子曰:"益者三友,损者三友。友直,友谅[1],友多闻,益矣。友便辟[2],友善柔[3],友便佞[4],损矣。"

今译

孔子说:"有益的朋友三种,有害的朋友三种。与正直的人交友,与诚信的人交友,与见闻广博的人交友,是有益的。与行为不轨的人交友,与谄媚奉承的人交友,与花言巧语的人交友,是有害的。"

注释

1 自"友直"以下的六个"友",都作动词,"与……交友"。谅:诚实。

2 便辟(pián pì):行为不轨,举止不端。

3 善柔:巧于奉承,谄媚讨好。

4 便佞(pián nìng):花言巧语,华而不实。

导读

交友如何,对人一生事业的成败,生活的穷通,至关重要。俗语谓"多一个朋友多一条路",诚然。但不同的朋友是不同的路:益友是正道,损友是邪路。走在正道上我们会节节上升,无论是道德还是事业。走在邪路上我们会节节败退,甚至堕落。可不慎哉?

自此章而下,16.5、16.6、16.7、16.8都在讲"三"——三乐,三愆,三戒,三畏,乃孔子对人生的观察与体验,是生活经验的总结。细细体味,于我们的人生,教益无穷。

成语　直谅多闻

链接　12.24；16.5；16.6；16.7；16.8

16.5

孔子曰:"益者三乐[1],损者三乐。乐节礼乐,乐道人之善,乐多贤友,益矣。乐骄乐,乐佚游,乐晏乐,损矣。"

今译

孔子说:"对人有益的爱好有三种,对人有损的爱好有三种。爱好礼乐的调节,爱好称道别人的优点,爱好有很多贤德的友人,这些是有益的。爱好骄奢放肆,爱好游手好闲,爱好宴饮纵欲,这些是有害的。"

注释

1 乐:读yào,意指心中所好。注意区别后面"礼乐"之乐(yuè)与"骄乐""晏乐"之乐(lè)的读音与语义。

导读

真正有益的快乐,来自道德行为,至少符合而不违逆道德。而骄奢淫逸,游手好闲等等,看似快乐,而祸亦随之。

所以,爱好什么,就会成就什么。或成就事业,或成就灾祸。

链接
12.24;16.4;16.6;16.7;16.8

16.6

孔子曰:"侍于君子有三愆[1]:言未及之而言,谓之躁;言及之而不言,谓之隐;未见颜色而言,谓之瞽[2]。"

今译

孔子说:"侍奉君子坐着时有三种过失:还未轮到说话就抢先说话,叫躁;该说话时还不说,叫隐;不看(别人)脸色喋喋不休,叫瞽。"

注释

1　愆（qiān）：过失，差错。
2　瞽（gǔ）：盲人。这里比喻说话不看时机。

导读

君子与人交流，要"察言而观色"（12.20），说话要看场合，要看人脸色，要坦诚，这是自家教养有眼色，也是对他人的尊重和体谅。

链接　12.20；12.24；16.4；16.5；16.7；16.8

16.7

孔子曰："君子有三戒：少之时，血气未定，戒之在色；及其壮也，血气方刚，戒之在斗；及其老也，血气既衰，戒之在得。"

今译

孔子说："君子有三戒：年轻时，血气还不成熟，要戒备的是贪恋女色；到了壮年时，血气正旺盛，要警惕的是争强好斗；到了老年时，血气已经衰弱，要戒的是贪得无厌。"

导读

孔子深察人性的弱点，并且了解这些弱点在不同生命阶段的表现。

他深知生命脆弱，易受伤害，道德无瑕，易受污染，所以，要我们一戒二戒三戒，善待生命，勿过分耗损生命，更警惕无端浪掷生命。同时，要我们保持晚节。可见孔子对我们生命的关心，以及对我们道德的维护。

这三戒中，前两种，年轻人贪了色或壮年人争了强，是生命的血性冲动，病在生命力超过理智；而后一种老年人"戒之在得"，说的是老年人贪得无厌，生命不息，贪求不止，从心理学的角度，是人老了，自控力下降，不能很好地管控自己的不当欲望，病在意志力衰退。

无论是理智不胜血性，不能管好自己的"一朝之忿"，还是意志衰退，不能管好自己的不当欲望，其实都是不能"修慝"（12.21），都是缺少对自己的修剪。

成语　君子三戒　血气方刚

链接　12.21；12.24；16.4；16.5；16.6；16.8

16.8

孔子曰："君子有三畏：畏天命，畏大人[1]，畏圣人之言。小人不知天命而不畏也，狎[2]大人，侮圣人之言。"

今译

孔子说："君子有三畏：敬畏天命，敬畏德高望重的人，敬畏圣人的话。小人不知天命而不畏，不尊重德高望重的人，蔑视圣人的话。"

注释

1　畏：怕，这里指心存敬畏，敬服。大人：一般指地位高者，《论语集释》引《朱子语类》："大人不止有位者，是指有位有齿有德者。"当从。

2　狎（xiá）：狎侮，轻慢，不尊重。

导读

人，总要有所敬畏。一个没有敬畏心的人，是可怕的人，也是靠不住的人。

有一种观点，认为天命不存在，信天命是迷信。其实，孔子所说的天命，第一，它客观存在；第二，它不但不是迷信，还是正信。

孔子的"天命"，到底包含什么内涵，我们现在不能确切地知道。但是，大致应当包括客观和主观两方面：

客观方面包括人与自然的关系，人与社会的关系，人与人的关系，人的命运，等等。这些都是先我们而存在，不以我们主观意志而改变的。这一切，都是我们必须认知和认同的，必须无条件接受的。接受了这些之后，你还得尽相应的责任，这就是天命的主观方面了。

主观方面包括人的道德责任、为人的准则、人的出处穷通等丰富的含义。认知天命就是能认识到人是有道德使命的，人不仅是一个道德存在，从而区别于一般动物，而且，人还负有建设道德世界的责任。

所以，按照孔子的理解，他的"知天命"的"知"，不仅是指"知晓""认知"，更是"履行"，是"知行"的合一。

具体地讲，有以下三点：

第一，我们必须认知天命。认识到天命确实存在。人总是在一定的条件下生存，在一定的背景下寄托，在一定的凭借中发展。而且，生而为人，必须有所承担，这样的承担，无从推卸，因为是你与生俱来的天命。

第二，我们必须敬畏天命。敬畏这些命定的先天的一切，而不是嫌弃这些。这是敬畏心。敬畏天命，不会导致我们随波逐流、得过且过、听之任之，恰恰相反，我们会更加义无反顾。因为天命本身包含了我们主观上的努力，尤其是包含了我们必须承担的道德责任。

第三，我们必须履行天命。知"天命"即是知"使命"。在认识到并敬畏这既定的人生依托的前提下，也能认识到人作为万物之长，也是天命力量的一部分，天意表现在个体身上，就是个体的历史使命，知天命，知天意，知天道，也就是知道自己的历史使命，有历史使命感，从而顺应既定的条件、背景和凭借，乘势而为，百折不挠向着命定的方向前行，完成自己的历史使命。所以，敬畏天命可以使我们拥有一个更加积极和义无反顾的人生。

也就是说，知天命不仅使我们有敬畏心，还赋予我们进取心。

认知天命，是仁；

敬畏天命，是礼；

履行天命，是义。

▌链接　12.24；16.4；16.5；16.6；16.7

16.9

孔子曰："生而知之者，上也；学而知之者，次也；困而学之，又其次也；困而不学，民斯为下矣。"

▌今译

孔子说："生来就知道的，是上等；经过学习然后知道的，是次一等；实践中遇到问题然后再学习，是再次一等；遇到不懂的问题还不学习，这样的百姓就是下等的了。"

▌导读

生下来就懂得很多的人，大约没有。连孔子也说自己是"学而知之"的。那么，学习的人就剩两种情况：知道学习的重要，主动去学习的人；在实践中遇到不能解决的问题，然后再去学习的人。情况虽不同，但最终的结果是一样的：都通过"学"到达了"知"。

只有那些不懂又不学的人，是万劫不复，无法辅救的下愚之人。

生而知之者，神也；学而知之者，圣也；困而学之者，众人也；困而不学者，下愚不移之人也。

人是有高低贵贱之别的，这种差别，不是来自血缘、出身，而是自身的修为。

| 成语　困而学之　困而不学

| 链接　2.4；2.15；5.15；5.28；9.19；17.2；17.3

16.10

孔子曰："君子有九思：视思明，听思聪，色思温，貌思恭，言思忠，事思敬，疑思问，忿思难[1]，见得思义。"

| 今译

孔子说："君子有九个方面需用心想着：看，想着如何看得清；听，想着如何听得明；脸色，想着如何温和；态度，想着如何庄重；说话，想着如何忠诚老实；做事，想着如何认真谨慎；有疑难，想着如何请教别人；发脾气，想着会有什么后患；见到财利，想着是否该得。"

| 注释

1　难（nàn）：灾难，后患。

| 导读

君子对自己的感官、理智、情感、道德，都特别在意修炼。在不断的修炼里，提升自己感觉的敏锐、理智的深刻、情感的纯正和道德的高尚。

特别需要说明的是，"视思明，听思聪"，并非指耳目之聪明，而是指思辨之聪明。看到的听到的往往是表象或现象，只有思辨才能让你看到真相看到本质。所以，思聪，思明，乃是指对看到的听到的进行理性的思考辨别，由思而聪，由思而明。

《论语》中有25个"思"字，除了"原思"一处为人名外，其余全部是指思考、辨别、追慕等意义，此处更是对"思"与人生关系的集中阐发。九思，即是在生活中保持沉思的状态。行止若无沉思，便慌慌张张，没有沉稳周详之安排；便懵懵懂懂，没有意义价值之发明。

▎**成语**　见得思义

▎**链接**　19.1

16.11

孔子曰："见善如不及，见不善如探汤¹。吾见其人矣，吾闻其语矣。隐居以求其志，行义以达其道。吾闻其语矣，未见其人也。"

▎**今译**

孔子说："看见仁善，趋之生怕赶不上；看见邪恶，避之如手入开水。我见过这种人，我听过这种话。隐居以求其志，行义以达其道。我听过这种话，没见过这种人。"

▎**注释**

1　汤：开水，热水。探汤：把手伸到滚烫的水里，指要赶紧躲避开。

▎**导读**

趋避之间，见出人的追求。近朱者赤，近墨者黑，"蓬生麻中，不扶而直，白沙在涅，与之俱黑"（《荀子·劝学》）。所以，要"见贤思齐"（4.17），并要主动避开不良的环境与人物。而假如"择不处仁"（4.1），岂止不智，简直是自渎。

为什么"隐居以求其志，行义以达其道"，闻其语未见其人？因为，难。显达以求其志，行利以达其道，易。隐居以求志，即"久要不忘平生之言"（14.12），需要富贵不淫，贫贱不移；行义以达道，即"无终食之间违仁，造次必于是，颠沛必于是"（4.5），需要无复依傍，独行其道。此类大丈夫，本不易见。

▎链接　4.1；4.5；4.17；7.22；14.12

16.12

齐景公有马千驷[1]，死之日，民无德而称焉。伯夷、叔齐饿于首阳[2]之下，民到于今称之。（"诚不以富，亦只以异[3]。"）其斯之谓与？

▎今译

齐景公有四千匹马，他死的时候，人民找不到他的什么美德来称颂。伯夷、叔齐饿死在首阳山下，人民至今还在称颂他们。（《诗经》上说："人是否受称颂，确实不在于富或不富，也就只为品德不同。"）说的就是这个意思吧？

▎注释

1　千驷：古代一辆车套四匹马，驷就是四匹马的统称。千驷就是四千匹马。

2　首阳：首阳山，在今山西省运城（一说永济）县南，为当年伯夷、叔齐采薇隐居处。参见5.23注释1。

3　"诚不"二句：这两句原在12.10中。程颐说应加在这里，与后句"其斯之谓与"衔接。参见12.10注释2。

▎导读

在历史上，谁仅仅因为富有而被人们记诵称誉呢？恰恰相反，那些品行高尚有所贡献的贫寒之士，往往永垂不朽。

16.13

陈亢问于伯鱼[1]曰:"子亦有异闻乎?"对曰:"未也。尝独立,鲤趋[2]而过庭。曰:'学《诗》乎?'对曰:'未也。''不学《诗》,无以言。'鲤退而学《诗》。他日,又独立,鲤趋而过庭。曰:'学礼乎?'对曰:'未也。''不学礼,无以立。'鲤退而学礼。闻斯二者。"陈亢退而喜曰:"问一得三,闻《诗》,闻礼,又闻君子之远其子[3]也。"

今译

陈亢问伯鱼道:"您(在您父亲那里)听到过什么与别人不同的教导吗?"伯鱼回答:"没有。有一天,(我父亲)一个人站在那里,我快步经过庭院。(父亲)问:'学过《诗经》吗?'(我)回答:'没有。'(父亲说:)'不学《诗经》,就不会说话。'我回去就学《诗经》。又一天,(父亲)又一个人站在那里,我快步经过庭院。(父亲)问:'学过礼吗?'(我)回答:'没有。'(父亲说:)'不学礼,就不能在社会上立足。'我回去就学礼。我只得到这两次教导。"陈亢回去高兴地说:"问了一件事,得到三个收获:听到学《诗经》的意义,听到学礼的好处,也听到君子并不偏向自己的儿子。"

注释

1 陈亢:字子禽。孔子弟子。伯鱼:孔子的儿子,名鲤,字伯鱼。
2 趋:小步快速而行,以示恭敬。
3 远:不亲近。这里指对自己的儿子不偏爱,没有特殊照顾和过分关照。

导读

我们也同样闻一知三:知道了孔子对经典的态度及对自己儿子的教导,并且这教导也是他对学生的普遍要求;知道了伯鱼对父亲教导的遵从；知道了陈亢有小人之心，故疑圣人私其子，不知圣人传道于天下，公其道于天下而无所隐也。7.24："子曰：'二三子以我为隐乎？吾无隐乎尔。吾无行而不与二三子者，是丘也。'"或当时如陈亢者，不止一陈亢也。

| 成语 过庭之训

| 链接 1.10；2.2；7.24；8.8；13.5；17.9；17.10

16.14

邦君之妻，君称之曰夫人，夫人自称曰小童；邦人称之曰君夫人，称诸异邦曰寡小君；异邦人称之亦曰君夫人。

| 今译

国君的妻子，国君称她为"夫人"，夫人自称为"小童"；国内的人称她为"君夫人"，在对其他国家的人说到时就称为"寡小君"；其他国家的人也称呼她为"君夫人"。

| 导读

此章钱穆列为"附记混入正文之误"，言："皆或与孔门无关，或文义不类，疑皆非原有之正文也。(本崔述《洙泗考信录》)"(《四书释义》)

但对于一个邦君之妻的称谓，如此珍重，倒是与孔子的"正名"思想颇一致。

阳货第十七

17.1

阳货欲见孔子,孔子不见[1]。归孔子豚[2]。孔子时其亡[3]也,而往拜之。遇诸涂[4]。谓孔子曰:"来!予与尔言。"曰:"怀其宝而迷其邦[5],可谓仁乎?"曰:"不可。""好从事而亟[6]失时,可谓知乎?"曰:"不可。""日月逝矣,岁不我与。"孔子曰:"诺,吾将仕矣。"

今译

阳货想让孔子去拜见他,孔子不去见。他给孔子赠送一只(蒸熟的)小猪。孔子暗中打听到阳货不在家,才假装去回拜他。两人却在途中遇见了。(阳货)对孔子说:"过来!我跟你说。"(孔子只好走过去,阳货)说:"把自己的才能藏起来而听任国家迷乱,可以称为仁吗?"(孔子)说:"不可以。"(阳货又说:)"喜欢参与政事而又屡次错过机会,可以称为智吗?"(孔子)说:"不可以。"(阳货又说:)"时光流逝了,年岁也不等人啊。"孔子说:"好吧,我准备出仕吧。"

注释

1 阳货:又名阳虎,杨虎。鲁国季氏的家臣。此时掌握着季氏一家的大权,并通过控制季氏而掌握了鲁国的大权,是孔子说的"陪臣执国命"(16.2)的人物。他此时想拉拢孔子为他出力,孔子当然避着他。

2　归：同"馈"，赠送。豚（tún）：小猪。这里指蒸熟了的小猪。按周礼，大夫给士送礼物，如果士没能在家里接受，就要回拜大夫。阳货即以此来逼迫孔子回拜，以造成孔子投靠的舆论。

3　时：同"伺"，窥伺，暗中打听。亡：同"无"，外出，出门。这里指不在家。

4　涂：即"途"，途中。

5　迷其邦：听任自己的国家迷乱动荡。

6　亟（qì）：屡次。

▍导读

这一段对话，虽然阳货言之凿凿敦之切切，而孔子也表现出不争不辩洗耳恭听的风度，给了阳货很大的面子。但是，孔子其实也给了阳货一个明确的信号：只要你把持鲁国政坛，我就不可能出来从政。

但我们也不能把阳货仅仅看成孔子人生里一个消极负面的角色。他要孔子出仕，看他批评孔子"怀宝迷邦"，言之何等谆谆；提醒孔子"时不我与"，诫之何等切切。孔子不辩，朱熹等人皆以为孔子不屑辩，但是，我认为，阳货句句在理，孔子亦不因人废言，则又何从而辩？

▍**成语**　岁不我与　怀宝迷邦

▍**链接**　9.13

17.2

子曰："性相近也，习相远也。"

▍**今译**

夫子说："人性是相近的，不同的环境与后天习得又使人与人相距很远了。"

导读

见17.3。

链接　17.3

17.3

子曰:"唯上知与下愚不移。"

今译

夫子说:"只有上等智慧的人和下等愚笨的人的本性是不能改变的。"

导读

孔子一面承认所有人的本性是相近的——这一点很重要,因为这是人人生而平等的生理前提——一面又指出两类特殊的人:上智之人与下愚之人。

此一句"唯上知与下愚不移",接"习相远",而非"性相近"。不移者,乃习得也,非天性也。

习得为何不移? 王阳明曾就此回答:"问:'上智下愚,如何不可移?'先生曰:'不是不可移。只是不肯移。'"(《传习录》109)

困而不学,当然不能移。困而不学者,就是下愚之人。

此章与上一章合一,解释后天习得对人的影响。上智之人,不会被环境濡染变坏;下愚之人,则是不愿上进不愿通过后天习得变好。

链接　2.4; 2.15; 5.15; 5.28; 9.19; 16.9; 17.2

17.4

子之武城[1],闻弦歌之声。夫子莞尔[2]而笑曰:"割鸡焉用牛刀？"子游对曰："昔者偃也闻诸夫子曰：'君子学道则爱人，小人学道则易使也。'"子曰："二三子，偃之言是也。前言戏之耳。"

今译

夫子到了武城，听见弹琴唱歌的声音。夫子莞尔一笑说："杀鸡哪里用得着宰牛的刀呢？"子游回答说："过去我言偃听夫子说：'君子学了道就能惠爱百姓；老百姓学了道就容易听使唤了。'"夫子说："各位，言偃的话对啊。我刚才的话是开个玩笑罢了。"

注释

1　武城：鲁国的一个小城邑。孔子学生言偃（子游），此时任武城行政长官。之：到。

2　莞（wǎn）尔：微笑的样子。

导读

孔子会和弟子们开玩笑，并不像后人想象的那样不苟言笑。当然，今天孔子的心情特别好。为什么呢？因为他的弟子，武城的行政长官言偃在武城实践着他的礼乐治国的主张呢。听着满城飘来的弦歌之声，好像他所向往的古朴民风又回来了，他能不高兴吗？

细揣"割鸡焉用牛刀"之语，则亦若有憾焉：天下之大，而孔门仅得一武城以礼乐治之。岂礼乐之牛刀，不能宰治天下，仅得料理武城耶！

成语　　割鸡焉用牛刀

链接　　17.5；17.7

17.5

公山弗扰以费畔[1]，召，子欲往。子路不说，曰："末之也已[2]，何必公山氏之之也³？"子曰："夫召我者，而岂徒哉⁴？如有用我者，吾其为东周乎⁵！"

今译

公山弗扰占据费邑叛乱，来召请，夫子想去。子路不高兴了，说："没有可去的地方就算了嘛，为什么非去公山氏那里不可呢？"夫子说："他召我去的目的，难道是白白招的吗？如果有用我的人，我是要在东方复兴周公之道啊！"

注释

1 公山弗扰：可能就是《左传》提到的公山不狃（niǔ）。季氏家臣，后据费邑叛季氏。公山弗扰以费畔，招孔子：若此事是指定公十二年之事，则此时孔子为鲁司寇，推行"堕三都"，公山弗扰不肯堕，叛，岂有招孔子之理，孔子又焉能有欲往之理。故此事或指定公八年阳货叛乱，公山弗扰据费，阴观成败，暗为呼应，故《论语》亦称为"畔（叛）"。他大约知道孔子不满季氏，所以才想来招他，而公山弗扰与阳货不同，或许孔子对他抱有幻想，故欲往。畔：同"叛"。

2 末之也已：没有可去的地方就算了。末：没有。之：去，往。已：止，算了。

3 何必公山氏之之也："何必之公山氏也"的倒装。第一个"之"，起倒装作用，后一个"之"，去，往。

4 而岂徒哉：省略句，说完全是"而岂徒召我哉"，难道是白白召我吗？

5 吾其为东周乎：此句不好理解，钱穆《论语新解》云："一说：言兴周道于东方。一说：东周指平王东迁以后，孔子谓如有用我者，我不致如东周之一无作为，言必兴起西周之盛也。就文理言，注重乎字，语气较重，应如后说。注重其字，语气较缓，应依前说。惟前说径直，后说委曲，当从前说为是。"此处译文取第一说。

▍导读

孔子太想有一块用武之地、一块试验场，让他实践他的政治理论，实现他的政治理想了。此章可与上章、17.7对照看，武城与费、中牟，只是立足点，而礼乐乃治天下之道，孔子有治天下之志也。

▍链接　17.4；17.7

17.6

子张问仁于孔子[1]。孔子曰："能行五者于天下，为仁矣。""请问之。"曰："恭，宽，信，敏，惠。恭则不侮，宽则得众，信则人任焉，敏则有功，惠则足以使人。"

▍今译

子张向孔子问怎样才算仁。孔子说："能在天下做到五点，算是仁了。"（子张说：）"请问哪五点？"（孔子）说："恭敬，宽容，忠信，勤敏，慈惠。恭敬就不会侮辱别人；宽容就能获得众人拥戴；忠信别人就会任用你；勤敏就能建立功业；慈惠就足以役使别人。"

▍注释

1　"于孔子"三字，与《论语》一般体例不同。一般弟子问，都不加"于孔子"。下句"孔子曰"也不符合一般弟子问，只以"子曰"答之的体例，且后面"曰"前又无"孔子"或"子"。此章或是后来者从其他书籍编采而来。钱穆《论语新解》："《论语》记孔子与君大夫问答始称孔子，对弟子问只称子，此处对子张问亦称孔子曰，后人疑是依《齐论》，亦无的据。"

导读

这是孔子针对子张的性格说的话。子张自信、自大、眼高于顶,往往轻忽他人,为人大意而不小心,做事大略而不细心。所以孔子要他恭敬、宽容、守信、勤敏、慈惠,这样才能得众,才能有所成功。

17.7

佛肸召¹,子欲往。子路曰:"昔者由也闻诸夫子曰:'亲于其身为不善者,君子不入也。'佛肸以中牟畔²,子之往也,如之何?"子曰:"然,有是言也。不曰坚乎,磨而不磷³?不曰白乎,涅而不缁⁴?吾岂匏瓜⁵也哉?焉能系而不食?"

今译

佛肸召请,夫子想去。子路说:"从前我从老师那里听说过:'亲身做坏事的人那里,君子是不去的。'如今佛肸据中牟叛乱,您却要去,怎么说呢?"夫子说:"是啊,我说过这话。不是还有这样的话吗:坚硬啊,磨也磨不薄,洁白啊,染也染不黑?我难道是个匏瓜吗?只挂在那里不给人吃?"

注释

1　佛肸(bì xī):晋国大夫范中行的家臣,中牟城的行政长官。公元前490年,晋国赵简子攻打范氏,包围中牟,佛肸据守中牟抵抗。子路说他叛乱,即指此事。佛肸此时召请孔子,也是想借重孔子的名望(《左传·哀公五年》)。

2　中牟:晋国地名,约在今河北省邢台市和邯郸市之间,与河南中牟无关。畔:同"叛"。

3　磷:薄,磨薄。

4　涅（niè）：一种黑色矿物，可用作黑色染料。这里作动词用：染黑。缁（zī）：黑色。

5　匏（páo）瓜：葫芦的一种，一般不作食用。

▎导读

一会儿要去公山弗扰那儿，一会儿又要去佛肸那儿。这两个人哪是孔子看得上的人呢！他只是看中了一块地方——他想找一块政治试验田啊！公山弗扰与佛肸不足与行道，然二人亦不足以坏道。以夫子之坚白，岂磨涅于二人？夫子既以行道为使命，岂能无以身犯难之勇气，独步险境之决心与夫涉水不溺之自信？系而不食者，无勇决之心也。坐而论道，何如起而行道！

而夫子终于不往者，则另有不往之命在焉。

▎成语　磨而不磷　涅而不缁

▎链接　17.4；17.5

17.8

子曰："由也，女闻六言六蔽[1]矣乎？"对曰："未也。""居[2]！吾语女。

"好仁不好学，其蔽也愚；

"好知不好学，其蔽也荡[3]；

"好信不好学，其蔽也贼[4]；

"好直不好学，其蔽也绞[5]；

"好勇不好学，其蔽也乱；

"好刚不好学，其蔽也狂。"

今译

夫子说："仲由，你听说过六种德行和六种伴随而来的弊病吗？"（子路）回答："没有。"（夫子说：）"坐下！我来告诉你。

"爱仁德却不爱学习，其弊病是愚蠢；

"爱聪明却不爱学习，其弊病是放荡；

"爱诚实却不爱学习，其弊病是固执；

"爱正直却不爱学习，其弊病是尖刻；

"爱勇敢却不爱学习，其弊病是悖乱；

"爱刚强却不爱学习，其弊病是狂妄。"

注释

1　六言：六个字的德行，即下文中的仁、知、信、直、勇、刚。蔽：通"弊"，弊病。六弊：即下文的愚、荡、贼、绞、乱、狂。

2　居：坐下来。

3　荡：放荡。

4　贼：固守诺言，不问是非正义，似守信而实为"德之贼"（参13.20、17.13）。

5　绞：尖酸刻薄。

导读

这几句，句句都是在批评子路，因为子路好仁、好知（智）、好信、好直、好勇、好刚，有这么多优点，却就有那么一个缺点：不大好学。子路比较注重实践，而对读书不大有兴趣。孔子便说他只因不好学，便有了六种毛病：愚、荡、贼、绞、乱、狂。其实，子路很优秀，较一般人也很好学，这六种毛病在他那儿并不明显，孔子只是给他预警而已。

读书之功用之一，在于能让我们分清伦理的边界，纠正气质的偏差，平衡性情的清浊。

17.9

子曰:"小子何莫学夫《诗》?《诗》可以兴,可以观,可以群,可以怨;迩之事父,远之事君;多识于鸟兽草木之名。"

▎今译

夫子说:"弟子们何不学习《诗》呢?《诗》可以培养人的联想力,可以提高人的观察力,可以教人合群,可以让人学会发舒情怀;在家可以侍奉父母,做官可以事奉君主;还可以多认识鸟兽草木的名称。"

▎导读

何谓"兴观群怨"?

"兴",有情怀,有热情,有性情,于一切事业上投注自己的生命力。乃生命的觉醒。

"观",有洞察力、判断力,于一切事务上敢于运用理性。乃理性的觉醒。

"群",有群体意识、公共意识,有社会责任感,能维护公共福祉而不是专注个人一己之私的。乃责任意识的觉醒。

"怨",有独立见解,有批判精神。乃个人意识的觉醒。

"兴",热爱社会。"观",理解社会。"群",融入社会。"怨",批判社会。

▎成语　兴观群怨

▎链接　2.2;8.8;13.5;16.13;17.10

17.10

子谓伯鱼曰:"女为《周南》《召南》[1]矣乎?人而不为《周南》

《召南》，其犹正墙面而立也与！"

今译

夫子对伯鱼说："你研习《周南》《召南》了吗？人如果不学《周南》《召南》，就好像正对墙壁站着啊！"

注释

1 《周南》《召（shào）南》：《诗经》十五国风中的两风。此处有两解：一种认为以《周南》《召南》指代《诗经》。一种认为，二南即专指特指，《论语集释》引刘氏《正义》："二南皆言夫妇之道，为王化之始，故君子反身必先修诸己，而后可刑于寡妻，至于兄弟，以御于家邦。"又引《论语述要》："此章即夫子告伯鱼善处夫妇之意。《周南》十一篇，言夫妇男女者九；《召南》十五篇，言夫妇男女者十一，皆无淫荡狎亵之私，而有肃穆庄敬之德；无乖离伤义之苦，而有敦笃深挚之情。夫妇道德之盛极矣。……伯鱼出妻，意当日夫妇之间，必有苦痛不可言者，子特指二南为训，其有意乎？"当从。

导读

伯鱼出妻，夫妇之间，当有不可与外人道者。然夫妇为人伦之始，如何自处及处分对方，亦当有大义在者。即使面对儿女，父母也是外人；然既是父母，又何可自外而不闻不问？故孔子特指《周》《召》二南，嘱伯鱼温习感悟，使之冲决情感藩篱而不致正墙面而立，慈父有以指点而又不失分寸，使伯鱼自觉而自决也。

成语　墙面而立（面墙而立）

链接　16.13；17.9

17.11

子曰:"礼云礼云,玉帛¹云乎哉?乐云乐云,钟鼓²云乎哉?"

| 今译

夫子说:"礼呀礼呀,(难道是指)玉帛之类的礼器吗?乐呀乐呀,(难道是指)钟鼓之类的乐器吗?"

| 注释

1　玉帛:举行礼仪时使用的礼器。
2　钟鼓:宴乐时演奏的乐器。

| 导读

礼呀,乐呀,先王制礼作乐,后人演礼奏乐,其目的在于提倡一种道德政治,让人民恭敬、和睦。礼,不仅是礼器、礼仪、礼数,其后有价值在。乐,不仅是乐器、鼓舞,其中有理念在。礼,乃是别尊卑之礼;乐,乃是和天下之乐。质言之,乐器也是礼器,而礼者,天下之大事也,立人之大要也。

| 链接　3.17；6.25

17.12

子曰:"色厉而内荏¹,譬诸小人,其犹穿窬²之盗也与!"

| 今译

夫子说:"神色严厉而内心怯懦,若从小人中找一类来做比喻,那就像是挖墙洞行窃的小偷吧!"

注释

1 色厉而内荏：外表似乎很厉害很强大，其实内心懦弱胆怯。荏（rěn）：软弱，怯懦，虚弱。

2 穿：挖。窬（yú）：洞，窟窿。

导读

用小偷的心态来比喻那些色厉内荏的人，很准确。其实，内荏才需要色厉。真正强大的人，往往不动声色。

成语　色厉内荏　穿窬之徒（穿窬之盗）

17.13

子曰："乡愿[1]，德之贼[2]也。"

今译

夫子说："那些'乡愿'，是败坏道德的小人。"

注释

1 乡愿：指社会上那种不论是非，不讲原则，处处讨好卖乖，时时点头哈腰，谁也不得罪，永远装公允的乡里"老好人"。

2 贼：戕害，危害。

导读

在孔子所骂的人之中，这种人最可恶，最该骂。孔子也骂得最重：德之贼。

《孟子·尽心下》记这一段，前面还有一句："孔子曰：'过我门而不入我室，我不憾焉者，其惟乡原乎！乡原，德之贼也。'"可见孔子对乡愿的峻拒。

为什么乡愿是"德之贼"？

——当你做好事时，他的态度无足轻重。

——当你做坏事时，他也不得罪你，你会觉得他好。

——当你受了不公时，他也不会站在你的一边，甚至他反过来劝你要宽容一些，想开一些，让你理解体谅宽容坏人坏事，接受对你的不公。

把上面几点一综合，一合并，我们可以看出，所谓"好好先生"，永远是在坏人坏事面前"好好"的人，他永远怂恿坏人坏事，永远包庇坏人坏事，永远抹杀是非界限，永远没有原则。他永远不会站在正义一边，站在善良一边，站在弱小一边，永远不会抵制坏人坏事。他只是劝说好人受害者受压迫者受侮辱者：要宽容坏人施害者压迫者侮辱者！

好像是南非大主教图图，说过这样的话：一个人，如果在不公正的情形下保持中立，那他其实已选择站在邪恶者一边。如果一只大象踩在老鼠的尾巴上，而你说你是中立的，老鼠就不会欣赏你的中立！

这种人绝顶自私，绝顶懦弱，绝顶孱头，绝顶卑琐，绝顶伪善——他可不正是"德之贼！"

人要堂堂正正，就要是非分明，爱憎分明，敢说敢做敢承当，这才是君子。

孟子对这种"德之贼"也曾大加挞伐，骂得比孔子更具体："阉然媚于世也者，是乡原也……同乎流俗，合乎污世。居之似忠信，行之似廉洁。众皆悦之，自以为是。"（《孟子·尽心下》）

鲁迅把这种人称为"叭儿狗"："它却虽然是狗，又很像猫，折中，公允，调和，平正之状于掬，悠悠然摆出别个无不偏激，惟独自己得了'中庸之道'似的脸来。"（《论"费厄泼赖"应该缓行》）

正派正直正道直行正大光明的人，愿意正派正直正道直行正大光明地活着的人，不可能不痛恨这种人！

11.21孔子所说的"色庄者"，也即"乡愿"。可并看。

链接 11.21；13.24；15.28；17.24

17.14

子曰:"道听而涂说,德之弃也。"

| 今译

夫子说:"从路上听,又在路上说,这是德性的垃圾。"

| 导读

学问之道,修身之学,必尊师重傅,崇圣希贤,"事其大夫之贤者,友其士之仁者"(15.10),"如切如磋,如琢如磨"(1.15),岂能道听而获得,途说而卖弄?道听而获,言其轻易;途说而卖,言其轻率。这类人,听之于张三说之于李四,闻之于甲地而卖弄于乙处,轻易轻率,不重不威,是对自家德性的放弃。

上章讲"德之贼",此章讲"德之弃",宜并看。

| 成语　道听途说

| 链接　1.15; 15.10; 17.13

17.15

子曰:"鄙夫[1]可与事君也与哉?其未得之也,患得之[2];既得之,患失之。苟患失之,无所不至矣。"

| 今译

夫子说:"与鄙吝的人怎么可以在一起事奉君主呢?他没得到职位时,生怕得不到;已经得到后,又生怕失掉。假如(一个人)老怕失掉职位,那就无论什么事都干得出来了。"

注释

1　鄙夫：庸俗低级的人。

2　患得之：即"患不能得之"。

导读

患得患失的人，便没有稳定的心态与恒定的心志。为了得，他可能不择手段；为了保住所得，他更会无所不用其极。如此之人，当然不可共事。

《荀子·子道》引孔子曰："小人者，其未得也，则忧不得；既已得之，又恐失之。是以有终身之忧，无一日之乐也。"可参阅。

需要说明的是：患得患失是个人道德毛病，更是社会制度毛病。没有基本个人权利保障的社会制度，是造成全社会患得患失的根源。

成语　　患得患失　　无所不至

17.16

子曰："古者民有三疾[1]，今也或是之亡[2]也。古之狂也肆，今之狂也荡；古之矜也廉[3]，今之矜也忿戾[4]；古之愚也直，今之愚也诈而已矣。"

今译

夫子说："古代的百姓有三种（可爱的）毛病，今天的人或许连那样的毛病也没有了。古代狂妄的人奔放，现在狂妄的人放荡；古代自大的人方正，现在自大的人凶暴；古代愚笨的人忠直，现在愚笨的人却还要奸诈。"

注释

1　疾：这里指气质品行上的缺点。

2 亡：同"无"。

3 矜（jīn）：自尊自大。廉：行为方正，不可触犯。

4 忿戾（lì）：凶恶残忍，蛮横无理。

导读

与8.16对看。

链接 8.16

17.17

子曰："巧言令色，鲜矣仁。"

导读

此章与1.3重。

17.18

子曰："恶紫之夺朱[1]也，恶郑声之乱雅乐也，恶利口之覆邦家者。"

今译

夫子说："厌恶用紫色代替红色，厌恶用郑国的俗乐淆乱雅乐，厌恶那些巧言善辩倾覆国家的人。"

注释

1 夺：改变，顶替。朱：大红色，传统上的正色。紫色虽与红色接近，却属于杂色。春秋时期，鲁桓公、齐桓公都喜欢穿紫色衣服。孔子认为这是破坏礼的行为。

导读

紫色非正色,郑声非正声,利口非正论。服饰、音乐、言论都是政治,政者正也,三者不正,非政也。故孔子恶之。

成语　恶紫夺朱　郑声乱雅

链接　4.3;17.24

17.19

子曰:"予欲无言。"子贡曰:"子如不言,则小子何述焉?"子曰:"天何言哉?四时行焉,百物生焉。天何言哉?"

今译

夫子说:"我想不说话了。"子贡说:"您如果不说话,那么我们传述什么呢?"夫子说:"天说了什么呢?四季运行,百物生长。天说了什么呢?"

导读

天地不言,四季运行,百物生长;
圣人不言,人道运行,伦理常在。
本来孔子只是发一声浩叹,而子贡顶真了,逼得孔子只好认真作答,而答出如此诗情画意要言妙道。孔子暗示子贡,跟老师学,不仅要从有言处学,还要善于从无言处学。圣人一动一静,无非妙道;一语一默,莫非精义。善学者不仅从言语观圣人,还善于从无言处观圣人。

17.20

孺悲欲见孔子,孔子辞以疾[1]。将命者出户,取瑟而歌,使之闻之。

今译

孺悲想见孔子,孔子推辞说有病,不见。传话人刚出门,(孔子便)拿过瑟来弹唱,让孺悲听到。

注释

1 孺悲:鲁国人。《礼记·杂记下》:"恤由之丧,哀公使孺悲之孔子学士丧礼,士丧礼于是乎书。"既言"士丧礼于是乎书",则孔子是接见他并教导他了。这次拒绝接见应该是后来发生的事。

导读

孔子不愿见人家,推托有病,却又故意又弹又唱,让对方听到,使对方知道自己不屑于见他。孔子不愿意见他,很大的可能是他"挟贵而问"(依仗鲁哀公的推荐),也可能是他其他的行为招致孔子反感。《孟子·尽心上》:"挟贵而问,挟贤而问,挟长而问,挟有勋劳而问,挟故而问,皆所不答也。"

《孟子·告子下》:"教亦多术矣,予不屑之教诲也者,是亦教诲之而已矣。"

不屑于教他,且让他知道,是故意刺激人的自尊心,使之知耻而后勇,有所作为;也是让他从中了解自己的层次和水平,知不足而后学。

17.21

宰我问:"三年之丧,期已久矣。君子三年不为礼,礼必坏;三年不为乐,乐必崩。旧谷既没,新谷既升,钻燧改火[1],期可已[2]矣。"子曰:"食夫稻[3],衣夫锦,于女安乎?"曰:"安。""女安,则为之!夫君子之居丧,食旨[4]不甘,闻乐不乐,居处不安,故不为也。今女安,则为之!"宰我出。子曰:"予之不仁也!子生三年,然后免于父母之怀。夫三年之丧，天下之通丧也。予也有三年之爱于其父母乎？"

▎今译

宰我问："三年的守丧期，为期太长了。君子三年不讲习礼仪，礼仪必然荒废；三年不演奏音乐，音乐必然生疏。（况且经过一年，）旧谷子已吃完，新谷子已上场，取火用的木料也都轮了一遍，（一个周期过去，一切重新开始，）丧期可以结束了。"夫子说："（父母去世还不满三年）你便吃那白米饭，穿那锦绸缎，你心安吗？"（宰我）说："心安。"（夫子说：）"你心安，你就这样做吧！君子守孝，吃美味不觉香甜，听音乐不觉快乐，住好房子不觉安适，所以才不那样做。如今你心安，你就去做吧！"宰我出去了。夫子说："宰予真不仁啊！孩子生下三年之后，才能脱离父母的怀抱。为父母守孝三年，是天下通行的丧礼。像宰予这样，他会有三年的爱心报答于他的父母吗？"

▎注释

1　钻燧改火：古人钻木取火，所用的木料四季不同。各种木料一年轮用一遍，一年一个轮回，叫"改火"。钻燧改火，即指过了一年。

2　已：结束。

3　食夫稻："夫"，指示代词，这，那。古代水稻的种植面积很小，大米是很珍贵的粮食，所以拿它来和珍贵的"锦"相对。

4　旨：美味，好吃的食物。

▎导读

孔子不喜欢宰我。这人白天睡了一个懒觉，被孔子抓住了，大骂他"朽木不可雕也，粪土之墙不可杇也"（5.10）。汉代的王充都认为孔子待宰我太刻薄了（《论衡·问孔》），睡了一个懒觉，不算太大的罪过，何至于被骂为"朽木""粪土"？可能孔子对宰我有成见。这个成见，也体现在他俩之间的这次关于三年之丧的对话中。

这场对话，宰予也有些委屈。关于守丧三年的礼制，那时候持反对意见的就不少，比如据说也是孔子后学的墨子，就对这三年之丧深恶痛绝，大加挞伐。并且，真实行的人也不多，据《孟子》载，连孔子的父母之国，礼乐文化最昌盛的鲁国也没有实行（《孟子·滕文公上》）。既然如此，宰予有此疑问，也是正常的。

但孔子觉得这是子女对父母的情感问题，而孔子对于孝道，是从感情角度来理解和立论。"女安，则为之！""今女安，则为之！"这既是孔子对宰予失望以至愤怒之辞，也是实在话：三年之丧，行之，是心安。不行，也是心安：一个感情问题，用不着那么多理性分析，也没有什么对不对好不好的问题。

| 链接　　5.10；14.40

17.22

子曰："饱食终日，无所用心，难矣哉！不有博弈¹者乎？为之，犹贤乎已²。"

| 今译

夫子说："饱食终日，无所用心，不行啊！不是有掷彩下棋的游戏吗？下下棋，也比什么都不干要好些。"

| 注释

1　博：博彩。弈：下围棋。
2　贤：好，胜过，超过。已：止，指什么也不干。

| 导读

孔子此处是说人生要有个不懈怠的状态，而人心更不可久废不用。

博弈固非大道，但也不违乎道，与其饱食终日无所用心而使其心废殆，还不如从事博弈，一则保持其心的活泼状态，二则或者由此悟道，也未可知。

| 成语　饱食终日，无所用心

| 链接　15.17

17.23

子路曰："君子尚勇乎？"子曰："君子义以为上。君子有勇而无义为乱，小人有勇而无义为盗。"

| 今译

子路问道："君子崇尚勇敢吗？"夫子说："君子把义看得最高。君子有勇而无义，就会作乱；小人有勇而无义，就会做强盗。"

| 导读

面对"君子尚勇乎"之问，正当的回答应该是："君子尚勇。"因为，勇是"三达德"之一，《中庸》："知、仁、勇三者，天下之达德也。"这也是子路期待并有信心等到的回答。但子路既然期待这样的回答，他的真正用心就不在此，而是下一个问题：我以勇敢自许，可以吗？

孔子当然知道他在等什么，于是避开了正面回答，而是告诉他："勇"需要"义"的节制。"勇"是一种生物潜能，是一种性格和气质，它既能用于干好事，也可用于干坏事。

总体而言，孔子对"勇"保持高度警惕，一般情况下，他不做肯定性的评价。

子路此问，有非常明显的自我肯定的意味，而孔子对子路的这种骄勇之气深为忧虑，故以此告之。

> 链接　14.4

17.24

子贡曰："君子亦有恶乎？"子曰："有恶。恶称人之恶者，恶居下流而讪上者[1]，恶勇而无礼者，恶果敢而窒[2]者。"曰："赐也亦有恶乎？""恶徼[3]以为知者，恶不孙以为勇者，恶讦[4]以为直者。"

> 今译

子贡问道："君子也有憎恶吗？"夫子说："有憎恶。憎恶专好指称别人缺点的人，憎恶身居下流而诽谤上流的人，憎恶恃强勇敢而无礼的人，憎恶果决敢为却不通事理的人。"（夫子）问："端木赐呀，你也有所憎恶吗？"（子贡说：）"憎恶把追求侥幸得手当成聪明的人，憎恶把不谦逊当成是勇敢的人，憎恶把攻讦别人隐私当成正直的人。"

> 注释

1　流：晚唐以前的本子没有"流"字。讪（shàn）：诽谤，诋毁。此上下，乃是指境界修养之上下，非地位高低之上下。19.20子贡言"君子恶居下流"，可证。

2　窒（zhì）：阻塞不通。引申为固执。

3　徼（jiǎo）：通"侥"，侥幸。

4　讦（jié）：攻击别人的短处，揭发别人的隐私。

> 导读

喜称人之恶，少忠厚者也。境界不高学问不深而谤讪上流之人，不向学而嫉妒者也。勇而无礼，乱也。果敢而窒，有决断而不通人情也。

此孔子恶之。

以侥幸为聪明而沾沾自喜，以不逊为勇敢而洋洋自得，以攻讦为正直而自以为是，皆气质恶劣者也。此子贡恶之。

参阅4.3导读。

| **成语**　居下讪上　讦以为直

| **链接**　4.3；17.18

17.25

子曰："唯女子与小人为难养¹也，近之则不孙，远之则怨。"

| **今译**

夫子说："那些倾向于小人趣味的女人是难以相处的。亲近了就亵狎无礼；疏远了就满腹怨恨。"

| **注释**

1　唯：似不能译为"唯独、只有"。应为发语词，不译。养：供养，共同相处。

| **导读**

孔子的这句话由于曾被理解为"女人和小人是难以相处的"，而被当作孔子蔑视女人的证据，并且产生了对女人不利的影响。

但是，这种理解其实有很大的问题。第一，与孔子的"仁者爱人"相冲突，爱人，当然也包括女人；第二，有很多现实中和历史上的女人是孔子非常敬爱和关爱的，比如他自己的母亲，自己的女儿、侄女，而历史上古公亶父娶太姜生王季，王季娶太任生文王，文王娶太姒生武王，这三个女人，在孔子删定的《诗经》里都有诗歌歌颂，所以，孔子不可能一棍子打翻一船人，用全称的方式否定天下所有女人。

历来注家，多把这个"女人"理解为特称，也就是"某些"特定身份的女人，如朱熹即解为侍妾。"小人"是人中一部分，"某些女人"是女人中的一部分，这样也才能对等。窃以为，把这个女人理解为"特定身份"，不如理解为"特定性情"。"女子与小人"中，"与小人"可以是后置定语，则"女子与小人"应该是"女人中那些倾向于小人趣味气质的"，生活中这类女人尽有，本质上是好人，善良勤劳，但是，却认同一些小人的趣味、爱好，琐碎、小气、狭隘，这样的女子，当然"难养"了。

17.26

子曰："年四十而见恶[1]焉，其终也已。"

今译

夫子说："年纪到了四十岁还表现出恶，也就算是完了。"

注释

1　见：现，呈现。恶：丑恶之恶。一说：见，被，表示被动。恶，好恶之恶。

导读

一般解释为："年至四十尚被人厌恶，这也算完了。"但13.24子贡问曰："乡人皆好之，何如？"子曰："未可也。""乡人皆恶之，何如？"子曰："未可也。不如乡人之善者好之，其不善者恶之。"则君子岂能不被人嫉恨厌恶？被人嫉恨厌恶岂能就"其终也已"？故不取。

4.4子曰:"苟志于仁矣,无恶也。"则四十而有恶,非志于仁者。9.23:"四十、五十而无闻焉,斯亦不足畏也已。"则"其终也已",谓不足畏也。

▎链接　4.4；9.23；13.24

微子第十八

18.1

微子去之¹，箕子为之奴²，比干谏而死³。孔子曰："殷有三仁焉！"

今译

（纣王残暴无道的时候，）微子离开了他，箕子做了他的奴隶，比干力谏不休被（纣王）杀死。孔子说："殷朝有三位仁人啊！"

注释

1　微子：纣王的同母兄。但其出生时，其母只是帝乙的妾，后来才立为正妻。纣是其母立为正妻后生的，所以纣获得立嗣的正统地位而继承了帝位，微子则被封为子爵。纣王无道，微子屡谏不听，遂隐居荒野。之：与下文"为之奴"的"之"均代指殷纣王。

2　箕子：纣王的叔父。曾多次劝说纣王，纣王不听。箕子为求自保，遂披发装疯，被降为奴隶。

3　比干：纣王的叔父。强谏纣王，纣王大怒，曰："吾闻圣人心有七窍。"遂将比干剖胸挖心（《史记·殷本纪》）。

导读

这三人的行为，为我们提供了在黑暗时代不愿同流合污时最常见的三种处世方式：当隐士远离黑暗政治；佯狂自污以求生；正道直行杀身成仁。方式不同，但不满于黑暗，坚决不同流合污则一，都属于仁德之人。他们的存在，证明了时代并未完全沉沦，人性尚未全面失陷，他们是污浊时代残存的光芒。殷商末世，也正因为他们的存在，这个连绵数百年的朝代，尚存最后的光荣与体面。作为殷商的子孙，孔子对此深有体会并深感庆幸。

18.2

柳下惠为士师[1]，三黜[2]。人曰："子未可以去[3]乎？"曰："直道而事人，焉往而不三黜？枉道而事人，何必去父母之邦？"

▌今译

柳下惠做法官，多次被免职。有人说："您不可以离开鲁国吗？"柳下惠说："正直地事奉人君，到哪一国去不会被多次免职？（如果为了保住职位而）不正直地事奉人君，何必要离开自己的祖国？"

▌注释

1　士师：古代掌管司法刑狱的官员。
2　三黜（chù）：多次被罢免。三：表示多次。黜：罢免。
3　去：离开。

▌导读

柳下惠把官场看透了，也把自己看透了。禄位是不枉道事人保不住的，自己是决不会枉道事人的。那么，多次被罢黜，也就是命了。认了。

本章主要讲柳下惠之通达，而非正直。通达之人须正直以立己；正直之人须通达以宽己。正直之人若不通达，则气死自己呕死他人；通达之人若不正直，则泛滥放僻无不为已。

| **成语**　直道事人　父母之邦

18.3

齐景公待孔子曰："若季氏，则吾不能；以季孟之间待之。"曰："吾老矣，不能用也。"孔子行[1]。

| **今译**

齐景公讲到对孔子的待遇时说："像（鲁国国君）对待季氏那样，那我做不到；我用介于季孙氏和孟孙氏之间的待遇来对待孔子。"（后来又）说："我老了，不能用他了。"孔子便离开了齐国。

| **注释**

1　孔子行：鲁昭公二十五年（公元前517年），昭公攻季氏，三家反击，昭公奔齐，孔子随后也到了齐国，齐景公想重用他，但齐国大夫中有人反对，甚至扬言要杀孔子。齐景公迫于压力，只好放弃了这一想法。孔子于是离开齐国。

| **导读**

齐景公此前（公元前522年）曾到鲁国，见过孔子，并讨教过秦国穆公的强盛之道，对此时31岁的孔子印象颇好（见《史记·孔子世家》）。这次孔子因为鲁国内乱昭公出奔齐国，他也随后离鲁适齐，齐景公很想用他，甚至给予他极高的待遇（鲁国大夫，"三桓"最贵，"三桓"之中，季氏最高，孟孙氏次之，以季孟之间待之，是极高的规格）。但是，待遇高是一回事，是否信任他，以国事委之又是一回事。不能用事，只是贪图俸禄，岂是孔子所忍为？枉道而事人，何必去父母之邦？所以，孔子回来了。

18.4

齐人归¹女乐，季桓子受之，三日不朝，孔子行。

今译

齐国人送了一群歌姬舞女给鲁国，季桓子接受了，三天不上朝，孔子便离开了鲁国。

注释

1　归：同"馈"。赠送。

导读

《史记》："鲁定公十年，孔子为鲁司寇，方当政，齐人谋沮之，馈鲁以女乐，定公与季孙君臣相与观之，废朝礼三日，孔子遂行。"孔子认为季桓子如此重色轻德轻贤，不是个能做大事的人，再加上此前"堕三都"不顺利，"三桓"对他开始怀疑与疏远，孔子就辞职离开鲁国，开始了他十四年的周游列国之旅。

18.5

楚狂接舆¹歌而过孔子曰："凤兮！凤兮！何德之衰²？往者不可谏³，来者犹可追。已而！已而！今之从政者殆而！"孔子下，欲与之言。趋而辟之，不得与之言。

今译

楚国的狂人接舆唱着歌从孔子的车旁经过，他唱道："凤凰呀！凤凰呀！为何德性这么衰颓？你过去做过的事不能改变，将来的事你还来得及改弦易辙。算了吧！算了吧！如今从政的人危险啊！"孔子赶紧下车，想同他谈谈。他快步避开了，没同他说上话。

注释

1　接：迎。舆：车。此楚国狂生忽然而来，倏然而去，当然不知其姓名，因他出现时迎面遇着孔子的车，就把这人叫"接舆"。下章中"长沮""桀溺"的称名亦如此。

2　凤：凤凰。传说凤凰有道则见，无道则隐，而孔子世无道却不能隐，所以接舆说孔子这只凤凰德性衰微。

3　谏：此处是改正的意思。

导读

见18.7。

成语　往者不可谏，来者犹可追

链接　14.32；14.37；14.38；18.6；18.7；18.8

18.6

长沮、桀溺耦¹而耕，孔子过之，使子路问津焉。长沮曰："夫执舆者²为谁？"子路曰："为孔丘。"曰："是鲁孔丘与³？"曰："是也。"曰："是知津矣。"

问于桀溺。桀溺曰："子为谁？"曰："为仲由。"曰："是鲁孔丘之徒与？"对曰："然。"曰："滔滔者天下皆是也，而谁以⁴易之？且而与其从辟人之士也，岂若从辟世之士⁵哉。"耰⁶而不辍。

子路行以告。夫子怃然⁷曰："鸟兽不可与同群，吾非斯人之徒⁸与而谁与？天下有道，丘不与易⁹也。"

今译

长沮、桀溺两人并力耕田，孔子经过他们那里，让子路去打听渡口。

长沮问:"那驾车的人是谁?"子路说:"是孔丘。"长沮说:"是鲁国孔丘吗?"子路说:"正是。"长沮说:"那他自己该知道渡口在哪里。"

子路只好去问桀溺。桀溺说:"您是谁?"子路说:"是仲由。"桀溺说:"是鲁国孔丘的学生吗?"子路说:"正是。"桀溺说:"世道纷乱滔滔,礼坏乐崩处处如此。你们和谁去改变这种现状呢?(至于你么,)你与其跟随孔丘那种避人的人,还不如跟随我们这些避世的人呢。"一边说,一边还不停地翻土覆盖播下的种子。

子路回来把这些话告诉孔子。孔子怅惘地叹息说:"人是不能与鸟兽生活在一起的,我不同这世上的人在一起,还同谁在一起呢?(不正是由于天下无道,才要我们来努力治理吗?)假若天下有道,我孔丘就不会来改变它。"

注释

1 长沮、桀溺:在泥水中劳动的一高(长)一壮(桀)的两个隐士。沮(jǔ):泥水之处。溺:浸在水中。长沮、桀溺,都是因形因境造名。参阅18.5注释1。耦(ǒu):齐头并力耕种或前后接力耕种。

2 执舆者:驾车的人,指孔子。

3 与:通"欤",吗。

4 以:此处作"与"讲。

5 且:而且。而:同"尔",你。辟人之士和辟世之士:参阅14.37导读。

6 耰(yōu):平整土地,覆盖种子。

7 怃(wǔ)然:怅惘失意的样子。

8 斯人之徒:指世上的人们。

9 与:相与,参与。易:变易,改革。

导读

见18.7。

| **成语**　滔滔者天下皆是

| **链接**　14.32；14.37；14.38；18.5；18.7

18.7

　　子路从而后，遇丈人¹，以杖荷蓧²。子路问曰："子见夫子乎？"丈人曰："四体不勤，五谷不分，孰为夫子？"植其杖而芸³。子路拱而立。

　　止子路宿，杀鸡为黍而食⁴之，见其二子焉。明日，子路行以告。子曰："隐者也。"使子路反见之，至，则行矣。子路曰："不仕无义。长幼之节不可废也，君臣之义如之何其废之？欲洁其身而乱大伦。君子之仕也，行其义也，道之不行，已知之矣。"

| **今译**

　　子路跟随孔子周游列国，掉队了。遇上一位老人，用木杖挑着除草的农具。子路问："您看见我老师了吗？"老人说："四肢不勤劳，五谷分不清。谁是老师？"把木杖插在地上，开始除草。子路拱手站在一旁。

　　老人留子路住宿，杀鸡、做黍米饭给子路吃，让两个孩子出来见了子路。第二天，子路赶上孔子，把这件事告诉了老师。夫子说："这是隐士啊。"让子路回去看老人。子路到了那里，老人却走开了。子路说："不出来做官是不义的。（让孩子出来见我，长幼之间还是有规矩的。）长幼之间的礼节不可废弃，君臣之间的名分为什么就废弃了呢？想洁身自好，却乱了君臣间大的伦理关系（，这是因小失大）。君子之所以要从政做官，是为了推行义（而不是为了个人富贵）。至于道不能行得通，我们早就知道的了。"

注释

1 丈人：老年男子。
2 荷（hè）：挑，担，扛。蓧（diào）：古代一种除草工具。
3 芸：同"耘"。除草。
4 食（sì）：拿东西给别人吃。

导读

18.5、18.6、18.7这三章，集中地体现了孔子伟大的救世精神。正是这种精神，使孔子有别于一般的哲学家、思想家，而是一位伟大的先知、宗教家，是佛陀、基督一类的伟大人物。他所处的时代是混乱的、野蛮的、堕落的，在这样的时代，一般人早已绝望，甚至同流合污。只有他坚持着，绝不放弃。他兴办私学，招集天下英才，他凭借个人巨大的德行魅力，聚集社会精英，带领他们致力于建构新的理想，承担道统。这个道统就是文武之道，这个理想就是"仁"。他坚持"杀身以成仁"，反对"求生以害仁"（15.9）。他为了这个"仁"，"造次必于是，颠沛必于是"（4.5）。虽然处处碰壁，但痴心不改，"知其不可而为之"（14.38）！

在这过程中，他不仅受到了小人的排挤，昏君的冷遇，他还受到"隐士们"的嘲讽。接舆、长沮、桀溺、荷蓧丈人，都是隐士。他们对这个社会冷了心，自称"避世之士"，把孔子看成"避人之士"，高傲地认为自己比孔子高明，甚至还认为自己德行也比孔子高尚。孔子感慨万端："鸟兽不可与同群，吾非斯人之徒与而谁与？天下有道，丘不与易也。"不正因为天下无道，才需要我们挺身而出去承担责任吗？

"贤者辟世，其次辟地，其次辟色，其次辟言。"（14.37）贤者避世，孔子离开齐国，是避开齐景公；离开鲁国，是避开季桓子和鲁定公；离开卫国，是避开卫灵公。但他绝不避世！所以，孔子不是贤者，而是圣者！

圣在贤之上。

孔子不避世，这就是儒家和道家的区别。孔子不避世，他和老子之间就有界限了，儒家和道家就有区别了。儒家，就是纠缠于世道之中，介入当时的纷争，为正义而战。这是孔子给我们塑造的士的精神！

成语 四体不勤，五谷不分

链接 4.5；14.32；14.37；14.38；15.9；18.5；18.6

18.8

逸民[1]：伯夷，叔齐，虞仲，夷逸，朱张，柳下惠，少连[2]。子曰："不降其志，不辱其身，伯夷、叔齐与！"谓柳下惠、少连："降志辱身矣，言中[3]伦，行中虑，其斯而已矣。"谓虞仲、夷逸："隐居放言，身中清，废中权。""我则异于是，无可无不可[4]。"

今译

逸民有：伯夷，叔齐，虞仲，夷逸，朱张，柳下惠，少连。夫子说："不降低自己的志向，不辱没自己的身份，就是伯夷、叔齐吧！"说柳下惠、少连："降低志向辱没身份了，但言辞合乎伦理，行为经过深思熟虑，他们也就这样了。"说虞仲、夷逸："隐居山林，说话放肆，立身合乎清白，弃官合乎权变。"（又说：）"我却与这些人不同：没有什么可以，也没有什么不可以。"

注释

1 逸民：隐退不仕的闲散之人。
2 伯夷等七人：都是古代的道德高尚的人物。
3 中（zhòng）：符合，合于。
4 "无可"句：意思是不固执一端，而是随机应变，见机行事。

导读

此章的要义在于"无可无不可",这是一种境界,是"从心所欲,不逾矩"(2.4)的境界。

世事有变有常,丈夫能屈能伸。屈伸之间,唯义是从。

孔子列七人,而评述六人,独缺朱张,不知何故。存疑。"君子于其所不知,盖阙如也。"(13.3)

成语　降志辱身　无可无不可

链接　2.4；4.10；9.4；13.3；13.20；15.37

18.9

太师挚[1]适齐,亚饭干适楚,三饭缭适蔡,四饭缺适秦[2];鼓方叔入于河[3],播鼗武[4]入于汉;少师阳、击磬襄[5]入于海。

今译

太师挚去了齐国,亚饭乐师干去了楚国,三饭乐师缭去了蔡国,四饭乐师缺去了秦国;打鼓的方叔去了黄河之滨,摇小鼓的武去了汉水之涯;少师阳和击磬的襄去了海滨。

注释

1　太师挚:可能就是师挚,参阅8.15注释1。

2　亚饭:按周朝制度规定,天子和诸侯吃饭时要奏乐。"亚饭"可能是第二次吃饭时奏乐的乐师,"三饭""四饭"依此类推。干,以及下文"缭""缺",均为乐师名。

3　鼓方叔:打鼓的乐师,名方叔。河:黄河。

4　播:摇。鼗(táo):长柄摇鼓,两旁系有小槌。武:摇小鼓的乐师的名字。

5　少师：副乐师，乐师的助理。阳：人名。击磬襄：敲磬的乐师，名襄。

| 导读

这几句话看起来很枯燥，实际却是"一声何满子，双泪落君前"（张祜《宫词》）。这些人原来都是鲁国的乐师，他们在的时候，可见鲁国国力之强与礼乐之盛。现在鲁国衰落了，这些人谋生无着，纷纷流落四方，各找出路。此章不言"子曰"，可能是编者附记于此。但鲁国是孔子的父母之国，此类人蹈海依河，云散飘零之状，颇合夫子"天下无道久矣"（《史记·孔子世家》）之叹，与夫曾子"上失其道，民散久矣"（19.19）之悲悯。

| 链接　　8.15；13.7；16.2；18.5；18.6；18.7；19.19

18.10

周公谓鲁公[1]曰："君子不施[2]其亲，不使大臣怨乎不以[3]。故旧无大故，则不弃也。无求备于一人。"

| 今译

周公对鲁公说："君子不疏远自己的亲族，不让大臣埋怨不任用他们。旧臣故友没有重大过错，就不离弃他们。不要对一个人求全责备。"

| 注释

1　周公：武王之弟，名姬旦。鲁公：周公的儿子伯禽。
2　施：同"弛"，松弛。引申为疏离，疏远。
3　以：用，任用。

> **导读**
>
> 这段话,应该是孔子向弟子们转述的周公对儿子说的话。
>
> 周王朝建立后,周公留在成周辅佐成王,而让他的儿子去封地(即后来的鲁国)主政。这大约是父子临别时,周公对儿子的叮嘱之语。从中可见出周公的宽厚仁慈,以及周朝以德治国的理念。孔子转述这样的话,见出他对周公的深厚敬意,对周王朝文化的无限怀念。

> **链接** 19.22

18.11

周有八士:伯达,伯适,仲突,仲忽,叔夜,叔夏,季随,季骚。

> **今译**
>
> 周朝有八位名士:伯达,伯适,仲突,仲忽,叔夜,叔夏,季随,季骚。

> **导读**
>
> 本篇,先述殷之三仁,后称柳下惠,再叹楚狂接舆、长沮、桀溺,又论逸民七人,乐师八人,终以赞周人才之盛:一门之中,兄弟八人人人皆贤。这是真正的时代祥瑞!而孔子身处衰世,前不见古人,后不见来者,念天地之悠悠,独怆然而涕下!
>
> 这一章及上一章,另16.14,钱穆都列为"附记混入正文之误",言:"皆或与孔门无关,或文义不类,疑皆非原有之正文也。(本崔述《洙泗考信录》)"(《四书释义》)

子张第十九

19.1

子张曰:"士见危致命,见得思义,祭思敬,丧思哀,其可已矣。"

| 今译

子张说:"士遇见国家危难能献出自己生命;见到利能想到义;祭祀时想着恭敬严肃;临丧时想着悲伤哀痛。这样也可以了。"

| 导读

见危致命是忠勇,见得思义是礼义,丧祭哀敬是慈悲与敬畏。一是责任心,一是廉耻心,一是敬畏心。人而有此,可以为士矣。

| 成语　　见危致命

| 链接　　8.6;8.7;14.2;16.10

19.2

子张曰:"执德不弘,信道不笃[1],焉能为有?焉能为亡[2]?"

今译

子张说:"对心中的仁德不能发扬光大,对道义的信仰不能坚定诚实,(这种人)是算他有,还是算他没?"

注释

1 弘:弘扬,发扬光大。笃:坚定。朱熹《论语集注》:"有所得而守之太狭,则德孤;有所闻而信之不笃,则道废。"

2 焉能:怎能。为:算是。亡:同"无"。此句一般认为是说这种人无足轻重,译文暂从。但窃疑子张本意,是说"德"与"道"。意为:虽执德而不能发扬,虽信道而不能坚定,这种若存若无的"德"和"道",算你有,还是算你没有?

钱穆先生译此二句为:"这样,怎好算他有,又怎好算他没有。"李泽厚先生译为:"这怎么能算有,又怎么能算没有?"

导读

子张有身份,说话有口气,有居高临下之态。曾子曰"士不可以不弘毅"(8.7),曰"可以托六尺之孤,可以寄百里之命,临大节而不可夺也"(8.6);子张曰"士见危致命"(19.1),本章曰"执德不弘,信道不笃,焉能为有?焉能为亡?"孔门此二人,都有一种为天下士人立规矩、为天下事物下定义的气魄。

链接 8.6;8.7;19.1

19.3

子夏之门人问交于子张。子张曰:"子夏云何?"对曰:"子夏曰:'可者与之,其不可者拒之。'"子张曰:"异乎吾所闻:君子尊贤而容众,嘉善而矜[1]不能。我之大贤与,于人何所不容?我之不贤与,人将拒我，如之何其拒人也？"

| 今译

子夏的门人向子张询问交友之道。子张反问："子夏怎么说的？"（子夏的门人）回答："子夏说：'可交的就与他交，那些不可交的就拒之门外。'"子张说："不同于我听说的：君子尊敬贤人，容纳众人；赞美好人，善待能力差的人。我很贤明吗？对别人为什么不能容纳呢？我不贤明吗？别人将会拒绝我，还怎能拒绝别人呢？"

| 注释

1　矜（jīn）：怜悯，同情，善待。

| 导读

子夏高傲矜持，至察无徒，交友之时择善而从，其不善者拒之，有心胸狭隘之弊；子张才高意广，志意放旷，交友之时无所不容，嘉善而矜不能，又有藏污纳垢之嫌。相较而言，子夏之道似更易于实行。他们的老师孔子还说："毋友不如己者。"（1.8、9.25）子张难道比他老师肚量还大吗？

其实，子夏谈的是交友，子张谈的是交往。子夏谈的是狭义的交结朋友，而子张谈的是与一般人打交道。如是，则两者并不矛盾：子夏拒绝和不可者"交友"，但必不至于不和他们"交往"；子张可以"矜不能"，但他未必与"不能"的人"交友"。

| 链接　1.8；9.25

19.4

子夏曰："虽小道[1]，必有可观者焉。致远恐泥[2]，是以君子不为也。"

▎今译

子夏说:"即使一些小技艺小技巧,也一定有可取之处。但要凭借这些通达大道,恐怕就要有所妨碍了,所以君子不从事这些小技艺。"

▎注释

1 小道:指某一方面的技能,技艺。
2 泥(nì):留滞,拘泥,纠缠其中而不能脱身。

▎导读

小技巧,小手艺,虽有巧,有艺,有技,甚至可得道之一体,但不脱于"小","虽小却好,虽好却小",局限性比较大,若孜孜于小不能脱颖而出,钻牛角尖而不知大道在后,则愈钻愈狭,于求大道反如南辕北辙。况且,如庄生所言,生也有涯,而知也无涯,世上"小道"无数,而人之生命有限,孜孜于小道,则不免殆已。所以,君子深知沉湎于小技的危险性,一般不从事于这些小道。此即2.17之"不知为不知"也。

《荀子·儒效》有一段论知识之轻重缓急,录此参阅:

"君子之所谓贤者,非能遍能人之所能之谓也;君子之所谓知者,非能遍知人之所知之谓也;君子之所谓辩者,非能遍辩人之所辩之谓也;君子之所谓察者,非能遍察人之所察之谓也;有所止矣。相高下,视垆肥,序五种,君子不如农人;通货财,相美恶,辩贵贱,君子不如贾人;设规矩,陈绳墨,便备用,君子不如工人;不恤是非然不然之情,以相荐撙,以相耻怍,君子不若惠施、邓析。若夫谪德而定次,量能而授官,使贤不肖皆得其位,能不能皆得其官,万物得其宜,事变得其应,慎、墨不得进其谈,惠施、邓析不敢窜其察,言必当理,事必当务,是然后君子之所长也。

"凡事行,有益于理者,立之;无益于理者,废之。夫是之谓中事。凡知说,有益于理者,为之;无益于理者,舍之。夫是之谓中说。事行失中，谓之奸事；知说失中，谓之奸道。奸事、奸道，治世之所弃，而乱世之所从服也。若夫充虚之相施易也，坚白、同异之分隔也，是聪耳之所不能听也，明目之所不能见也，辩士之所不能言也，虽有圣人之知，未能偻指也。不知无害为君子，知之无损为小人。工匠不知，无害为巧；君子不知，无害为治。王公好之则乱法，百姓好之则乱事。而狂惑戆陋之人，乃始率其群徒，辩其谈说，明其辟称，老身长子，不知恶也。夫是之谓上愚，曾不如相鸡狗之可以为名也。"

▎**成语** 致远恐泥

▎**链接** 2.12；2.17；9.2

19.5

子夏曰："日知其所亡，月无忘其所能，可谓好学也已矣。"

▎**今译**

子夏说："每天学会一些过去不知道的，每月熟记已经掌握的，可以说是好学了。"

▎**导读**

子夏说的，是有关学习的小道理。道理虽小，用处却大：每天学一点，持之有恒，日积月累，如树木生长，肉眼不见其长，但正是在这不知不觉之中，小树成了大材。

19.6

子夏曰："博学而笃志，切问而近思[1]，仁在其中矣。"

今译

子夏说:"知识广博,志向坚定,对社会现实发疑问,对当下问题做思考,仁德就在这中间了。"

注释

1 切:切近(社会现实与自身修为)。一般注本释为恳切,似不妥。切问:问切,关注现实问题与自身问题。近:与"切"意相同。近思:思近,思考当下问题。

导读

"博学而笃志",讲的是一个学者应该具备的修养;"切问而近思"则讲的是一个学者应该有的伦理关怀和对自己修养的关注。"博学而笃志"是"体","切问而近思"是"用"。学者的职责就是关心现实,关心当下,关心民生疾苦和自身修为。

学须博,不博则狭隘固执;志须笃,不笃则动摇不定。问须切,不切则玄虚;思须近,不近则瓠落。

成语 博学笃志 切问近思

19.7

子夏曰:"百工居肆[1]以成其事,君子学以致其道。"

今译

子夏说:"各行业的工匠待在作坊里完成自己的工作,君子也致力于学习以求实现道。"

注释

1 肆:此指古代制造物品的工场。

导读

百工成器，君子致道。所为不同，所以为则同。

此章子夏之言，有鸢飞戾天鱼跃于渊，林无静树川无停流之美感。世间万物，莫不欣欣以向荣，努力而慷慨，此天地之大生机也。故天行健，君子以自强不息。子夏所言，落脚即在君子也。

19.8

子夏曰："小人之过也必文。"

今译

子夏说："小人对过错必定加以掩饰。"

导读

君子之过也必改。

成语　文过饰非

链接　1.8；9.25；19.21

19.9

子夏曰："君子有三变：望之俨然，即之也温，听其言也厉。"

今译

子夏说："君子（让人觉得）有三种变化：看他的外表很严肃，接近他时很温和，听他说话很严厉。"

导读

望之俨然，不可犯；即之也温，可亲近；听其言厉，是诤言。

君子有大德，不苟且，此俨然也；君子有大度，能容物，此温煦也；君子有教益，能育人，此言厉也。

俨然者，礼貌恭敬；温煦者，仁德内充；言厉者，义气发扬。

君子三变者，不过是礼、仁、义三种内涵的依次流露而已！

孟子说大丈夫"居天下之广居，立天下之正位，行天下之大道"（《滕文公下》），说的也是君子之三变。

子夏说的，就是孔子啊！

▎链接　1.10；7.38

19.10

子夏曰："君子信而后劳其民，未信则以为厉[1]己也。信而后谏，未信则以为谤己也。"

▎今译

子夏说："君子先取得信任然后再去支使民众；未取得信任（就去支使民众，人民）就会以为是在虐待他们。先取得信任然后再对人进行劝谏；未取得信任（就去贸然进谏）就会以为你是在诽谤他。"

▎注释

1　厉：虐待，折磨。

▎导读

做事要有次序。先取得信任，才不会被误解，事情也才能做得成，建议也才会被接受。

▎链接　12.7

19.11

子夏曰:"大德不逾闲,小德[1]出入可也。"

今译

子夏说:"在重大节操上不能逾越界限,在生活小节上有点出入是可以的。"

注释

1 大德:与下"小德"相对,犹言大节。小德即小节。闲:本义是阑,栅栏,引申为限制。

导读

道德应该有这样一个共识:宽松才可行。

如果我们整天畏首畏尾,举手投足都怕出差错,动辄得咎,转喉触讳,从而事无大小,一律都要深思熟虑,谨小慎微,我们活泼的心智也就没有了。

道德是让人过得轻松活泼的,不是让人过得胆战心惊如履薄冰的。

谨小慎微是一个贬义词:它对应着一个胆怯的灵魂,委琐的性格,无趣的个性,还有——干瘪的心智。

小德出入可也,不是说小德可以不修,而是说,若小德也苛酷不苟,则人生紧迫而社会窒息,终致人人畏葸,个个战栗。故,允许小德出入,固予人一丝放纵,实容人自由活泼然后自由发展也。何况道德行为的必要条件,不是外在强迫,而在道德主体的自由选择。此亦孔子对无心失礼之人往往宽容以待之原因也。

成语 小德出入

19.12

子游曰:"子夏之门人小子,当洒扫应对进退,则可矣,抑末[1]也。本之则无,如之何?"子夏闻之,曰:"噫!言游过矣!君子之道,孰先传焉?孰后[2]倦焉?譬诸草木,区以别矣。君子之道,焉可诬也?有始有卒者,其惟圣人乎!"

今译

子游说:"子夏的门人,做些洒水扫地接待迎送的事,是可以的,但这可能只是末节吧。学问的根本却没有,对此怎么办呢?"子夏听了这些话,说:"咳!言游错了!对君子之道的学习,(我们一开始哪里知道学习者中谁可以坚持到最后?于是)先传给他根本大道(,然后再次第教他洒扫应对进退)。谁又会坚持不下去半途倦怠?于是直接教给他基本的洒扫应对进退。(人的心性不易辨识且会变化,)学习者哪里能如同草木一样,(可以一开始就)加以分类然后区别对待呢?(所以,教给学习者洒扫应对恰恰是给他一个基本的礼仪训练,如果他能坚持下去,再接着学习根本大道,这才是照顾到所有人的学习次序啊。)君子之道,怎么可以解释得这样高远飘渺呢?能有始有终下学而上达的,大概只有圣人吧!"

注释

1 抑:抑或,可能,或许。末:末节。

2 孰先,孰后:孰,一般理解为"什么",指君子之道的内容,疑不确。当为"谁",指不同的学习者。

导读

本章语义淆乱,极不易解。加了很多括号里的补充,暂疏通如译。以待通达君子。

孔子死后，他的弟子们也就分了家，各自立门授徒，所传所授，虽然都来自孔子，但毕竟理解上有所不同。有所不同，就会有争论。这很正常。这一段就是子游批评子夏，子夏表示不服气的。

子游批评子夏太注重礼的细枝末节，洒扫、应对、进退的礼仪很熟悉，但对仁义的根本大道却不懂。子夏反驳说，学习有个过程，教人有个顺序。先教这些，再教大道，循序渐进，恰恰是照顾到了所有的学习者！

其实，我们可以帮帮子夏："道"是寄托在具体事物上的，洒扫、应对、进退，本身来自仁义，又体现着仁义，何尝不是根本！孔子在世时，连一只告朔的饩羊都舍不得革除呢！不就是这只羊身上承托着不可废弃的礼么！（参3.17导读部分）

其实，子游子夏所说，都有道理。一个讲学习的终极目标，一个讲学习的次序起点。

▎**成语**　洒扫应对　有始有卒

19.13

子夏曰："仕而优¹则学，学而优则仕。"

▎**今译**

子夏说："做官而有余力就去学习，学习而有余力便去做官。"

▎**注释**

1　优：朱子《集注》："优，有余力也。"即"行有余力"（1.6），有余裕或余力。

▎**导读**

"仕而优则学"，我们不大听人说起；"学而优则仕"，则成了国人的口头禅。这是一种很值得反思的文化现象，我们从中可以感觉到中国"官本位"文化影响之深。

到了科举考试时代，做官要考试，考试当然要选拔成绩优秀的，于是，这个"学而优则仕"就成了——学习好了，就可以做官了。

其实，子夏这里说的，应该是孔门包括他自己的门风：做官，有了闲暇，或有了间歇，就来跟老师学习一段时间；学习，有了间歇和机会，就出去做做官。来去自由——这是一种非常值得我们羡慕的生活方式。

孔子开创的私学，并非我们今天的学校，有一定的学制，有一定的年龄限制，有一定的入籍和毕业要求。它无学制，无年限，无时限，无入籍，无毕业，是成人的终身学习和生活方式。所以，孔子的学生，如冉求，如子路，如子贡，等等等等，都是有时在学，有时在仕的。仕与学，学与仕，两种状态，随时转换。

> **成语**　学而优则仕

19.14

子游曰："丧致乎哀而止。"

> **今译**
> 子游说："居丧充分体现出悲哀之情就够了。"

> **导读**
> 关键词：致与止。不致则不哀；不止则伤。无过无不及。
> 3.4孔子曰："丧，与其易也，宁戚。"致也。
> 3.20孔子曰"哀而不伤"，止也。

> **链接**　3.4；3.20

19.15

子游曰:"吾友张也,为难能也,然而未仁。"

▎今译

子游说:"我的朋友子张啊,是难能可贵的人啊,然而还没能做到仁。"

▎导读

见下章19.16。

▎链接　19.16

19.16

曾子曰:"堂堂¹乎张也,难与并为仁矣。"

▎今译

曾子说:"堂堂正正的子张啊,(可惜)很难同他一起修习仁德。"

▎注释

1　堂:盛大,雄壮,有威仪。钱穆解释"堂堂",举兵书之"堂堂之阵"及言辞之"堂堂之锋"为例,说明堂堂者,意谓不可近也。

▎导读

子游说子张"未仁",曾子说"难与并为仁矣",盖子张虽则"未仁",却也一直在努力"为仁"。但子张才高意广,堂堂严整,难以接近,故难以同修。从"以友辅仁"而言,子张非其人也。子张才高意广,常常自高自大而拒人千里。

▎链接　19.15

19.17

曾子曰:"吾闻诸夫子:人未有自致[1]者也,必也亲丧乎!"

| 今译

曾子说:"我听夫子说过:(平常时候)人没有情不自禁的,情不自禁必定是在父母去世时吧!"

| 注释

1　自致:情感自然而来,不能自制。

| 导读

人是生而自由的,但又无往不在枷锁之中,包括流露情感,都有种种社会性压力和约束。只有在父母去世时,人们才能为人同情地借此恸哭,才能淋漓尽致地表达作为人的哀痛而不羞惭,且不为他人疑怪。恸哭父母之时,其实也是人生种种积聚之哀伤压力的集中释放。能够表达悲痛是一种自由和权利,但并非每个人每时每刻都拥有这种自由和权利。《晋书·阮籍传》:"时率意独驾,不由径路,车迹所穷,辄恸哭而返。"他不过是到旷野无人之处实现表达悲痛的权利。"兵家女有才色,未嫁而死。籍不识其父兄,径往哭之,尽哀而还。"这简直是悲痛的非法释放。只有当他母亲去世时,他才可以在人众之前,"举声一号,吐血数升"。这数升鲜血,不光是为了母亲,也是世道在他心中留下的种种悲哀郁结吧。有意思的是,他这举声一号,不仅一般人理解同情,就是司马昭都为之同情。

亲丧之时,百哀自致。孔子此言,圣心达乎人情也!

| 链接　19.18

19.18

曾子曰:"吾闻诸夫子:孟庄子[1]之孝也,其他可能也,其不改父之臣与父之政,是难能也。"

今译

曾子说:"我听夫子说过:孟庄子的孝行,其他方面别的人也能做到,但他不撤换父亲的旧臣,不改易父亲的政策,那是别人难以做到的。"

注释

1 孟庄子:鲁国大夫。

导读

孔子说过:"三年无改于父之道,可谓孝矣。"(1.11)此处曾子亦转述其赞孟庄子——"不改父之臣与父之政"。或许,孟庄子父之臣与父之政,有值得肯定的地方,臣是贤臣,政是善政,所以孟庄子谨守而不改。即便父之臣与政有不善不良之处,谨守不改,也有令人感动之处,体现了对已逝父亲的不舍情感。

但对这两处,我们都不能拘泥理解。如果拘泥理解,凡父之政与道皆不改,则禹改鲧之道,又作何论?故改有改之理,不改有不改之情。子曰:"君子之于天下也,无适也,无莫也,义之与比。"(4.10)

链接 1.11;4.10;19.17

19.19

孟氏使阳肤[1]为士师,问于曾子。曾子曰:"上失其道,民散久矣。如得其情，则哀矜而勿喜！"

▎**今译**

孟孙氏任命阳肤为法官，阳肤向曾子讨教。曾子说："当政的人失去道义，百姓民心离散已经很久了。你如果了解到百姓的实情，应当同情怜悯他们，而不要（因侦悉他们的过错而）沾沾自喜！"

▎**注释**

1　阳肤：曾参弟子。

▎**导读**

当一个国家混乱到人民无法按正道合法守法地生存时，他们的犯罪，引起我们的可不就是这悲天悯人之情吗？而有这种情感的人，岂不就是真正的君子？

这一段曾子的言论，从"上失其道"来解释人民犯罪，并进而要求当法官的弟子，同情怜悯犯了罪的百姓，充分体现了先秦儒者的道义良心。

▎**成语**　哀矜勿喜

▎**链接**　20.2

19.20

子贡曰："纣[1]之不善，不如是[2]之甚也。是以君子恶居下流[3]，天下之恶[4]皆归焉。"

▎**今译**

子贡说："殷纣王的不善，不像传说的那样严重。所以君子非常害怕居于下流，（因为一旦居于下流，就会像纣王一样，）天下所有的恶名都归到他头上了。"

▎注释

1　纣：商朝最后一个君主，有名的暴君。
2　是：代词。指人们传说的那样。
3　恶（wù）：本义为讨厌，憎恨，憎恶。此处意为担心，害怕。下流：地势卑下处。这里指因失德而为人轻贱者。
4　恶（è）：坏事，罪恶。

▎导读

　　纣王是一个昏聩而残暴的君王，但纣王也有不少功劳。他开发东方，对中原文化的发展和中国的统一，都曾做出过贡献。但我们为什么全不念他这些好，只众口一词地斥骂他为暴君呢？——子贡告诉我们，因为他残酷地压迫人民，镇压人民。凡压迫人民的，不论你其他地方有什么功绩，都会一笔勾销，一票否决！

　　一个君王，一旦因失德而失了势，那就一切罪名都集中到他头上了，他曾做过的好事人们也就不愿提它了。长期不提它，人们也就忘了他曾做过这些好事了。

　　子贡大概是以纣王为例，在警告当时的当权者吧！

　　这又是一个"殷鉴"了。

▎成语　恶居下流

19.21

　　子贡曰："君子之过也，如日月之食[1]焉：过也，人皆见之；更也，人皆仰之。"

今译

子贡说:"君子的过错,如同日蚀月蚀:犯错误的时候,人人都看得见;改正的时候,人人都仰望着。"

注释

1 食:同"蚀"。

导读

君子光明磊落,即使犯错误,也不加掩饰,所以"人皆见之"。君子改正错误,顺乎人心深孚众望,所以,"人皆仰之"。人们看日月之蚀,盼其复圆,人们对君子的缺点与不足,亦如此心。

链接 1.8;9.25;19.8

19.22

卫公孙朝[1]问于子贡曰:"仲尼焉学?"子贡曰:"文武之道,未坠于地[2],在人。贤者识其大者,不贤者识其小者,莫不有文武之道焉。夫子焉不学?而亦何常师[3]之有?"

今译

卫国的公孙朝向子贡问道:"仲尼是从哪儿学习的?"子贡说:"周文王、周武王之道,并未失传,人们还记着。贤能的人认识到大的方面,不贤的人记住小的方面,没有什么地方没有文武之道。夫子哪里不能学呢?而又何尝非得有固定的老师呢?"

注释

1 公孙朝:卫国大夫。
2 坠于地:掉到地上。这里指被人遗忘,失传。

3 　常师：固定的老师。

导读

儒家文化源头，乃是文武之道。而文武之道，又来源于尧舜禹汤，这是一脉相承的文化道统。孔子承续道统，好学好古，所学者，尧舜禹汤文武周公而已。

文化中断，容易却也难。因为文化的载体不仅是书籍与制度，还在风俗习惯，以及人的思维方式、行为模式。书籍可以一烧了之，制度可以一废了之，但风俗习惯和思维及行为模式等等，都会长期存留，百姓日用而不知，圣人知之而承续，而发扬，便成彬彬之盛。

成语　文武之道

链接　18.10

19.23

叔孙武叔¹语大夫于朝曰："子贡贤于仲尼。"子服景伯²以告子贡。子贡曰："譬之宫³墙，赐之墙也及肩，窥见室家之好。夫子之墙数仞⁴，不得其门而入，不见宗庙之美，百官⁵之富。得其门者或寡矣。夫子之云，不亦宜乎！"

今译

叔孙武叔在朝廷上对大夫们说："子贡强于孔仲尼。"子服景伯把这话告诉了子贡。子贡说："这就如同房舍的围墙，我的围墙只到肩膀，因而人们都能窥见房屋的美好。我老师的围墙有数仞高，找不到门进去，（光在外面）看不到宗庙的美好和各个房舍的丰富多彩。找得到门进去的人可能很少吧。（叔孙）老先生的话不也很自然吗！"

注释

1　叔孙武叔：名州仇。鲁国大夫。

2　子服景伯：名何。鲁国大夫。

3　宫：房屋，住舍。

4　仞（rèn）：古代长度单位，七尺（或说八尺）叫一仞。

5　官：本义是房舍，后来才引申为做官，官职。这里用本义：房舍。

导读

此章及以下两章（19.24、19.25）都有关孔子在当时的名声，并且此章和19.25章还反映出，当时不少人认为子贡比他老师还强。这让子贡很惶恐，一方面，维护老师的声望，是做弟子的不可推卸的责任；另一方面，既然有人认为自己比老师还强，子贡也不能不表态。所以这三章也是子贡在为老师辩护和宣传。这三章中，子贡都用了比喻来赞美孔子：此章用数仞高墙遮住了一般人的视线，比喻孔子学问艰深，非一般人所能了解；19.24用日月来比喻孔子之不可超越；19.25更是以"天"来比孔子，以"天之不可阶而升"（天是不可以通过台阶爬上去的）来说明孔子的学问非一般人所能评论。

子贡是一个出色的外交家，也是一个成功的商人，这样的人，得到很多人的好评，获得很大的声誉，是可以理解的。一般人也就以此认为子贡比孔子还强。但是，就学问的广博，思想的深刻，人格的伟大等诸多方面看，孔子确实远在一般人之上，也远在子贡之上。但正如子贡所说的，一般人评论人物，只看他表面的东西，至于人格、思想、学问等内在的东西确实非一般人所能了解。于是，事功卓著的子贡，被人认为强于内涵深沉的孔子，也就可以理解了。

好在，子贡本人并不因此沾沾自喜，他毕竟是孔子的学生，他评点人物自然也高于其他人。他的自谦，再一次证明了他的聪明——假如还不足以证明他的贤德的话。

| **成语**　宫墙重仞　赐墙及肩

| **链接**　19.24；19.25

19.24

叔孙武叔毁仲尼。子贡曰："无以为也！仲尼不可毁也。他人之贤者，丘陵也，犹可逾也；仲尼，日月也，无得而逾焉。人虽欲自绝[1]，其何伤于日月乎？多见其不知量也。"

| **今译**

叔孙武叔诋毁仲尼。子贡说："不要这样啊！仲尼是诋毁不了的。其他人的贤德，如同小山小丘，还可以越过去；仲尼，那是太阳和月亮啊，是无法越过的。即使有人想要自绝于太阳和月亮，对太阳和月亮又有什么损伤呢？只是看出这种人不自量力啊。"

| **注释**

1　自绝：自行断绝跟对方之间的关系。

| **导读**

见19.23。

| **成语**　不知自量

| **链接**　19.23；19.25

19.25

陈子禽¹谓子贡曰:"子为恭也,仲尼岂贤于子乎?"子贡曰:"君子一言以为知,一言以为不知,言不可不慎也。夫子之不可及也,犹天之不可阶而升也。夫子之得邦家者,所谓立之斯立,道²之斯行,绥³之斯来,动之斯和。其生也荣,其死也哀。如之何其可及也?"

▎今译

陈子禽对子贡说:"您对仲尼是有意表现恭敬吧,他哪里比您更强呢?"子贡说:"君子一句话可以显出聪明,一句话也可以显出不聪明,说话不可不谨慎呀。我们老师的不可及,就好像天是不能通过阶梯登上去一样。我们老师如能获得权位而为诸侯为大夫,那就像(人们)所说的:他要建立什么,什么就建立了;他要引导百姓,(百姓)就会前进;他要安抚百姓,(百姓)就会来归附;他要发动百姓,(百姓)就会团结协力。他生得光荣,死得哀荣。像这样谁能比得上呢?"

▎注释

1　陈子禽:参阅1.10注释1。

2　道:同"导",引导。

3　绥(suí):安抚。

▎导读

见19.23。

▎成语　生荣死哀

▎链接　19.23;19.24

尧曰第二十

20.1

尧曰:"咨!尔舜!天之历数在尔躬,允执其中。四海困穷,天禄永终[1]。"舜亦以命禹[2]。

曰:"予小子履,敢用玄牡,敢昭告于皇皇后帝:有罪不敢赦。帝臣不蔽,简在帝心。朕躬有罪,无以万方;万方有罪,罪在朕躬[3]。"

周有大赉,善人是富[4]。"虽有周亲,不如仁人。百姓有过,在予一人[5]。"

谨权量,审法度,修废官,四方之政行焉。兴灭国,继绝世,举逸民,天下之民归心焉。

所重:民,食,丧,祭[6]。

宽则得众,信则民任焉,敏则有功,公则说。

今译

尧说:"嗨!你这个舜!天意所定的继承顺序在你身上,(你)要诚实地执守中正之道。如果天下百姓陷于贫困,上天赐给你的禄位就会永远终止了。"舜传位给禹的时候也用这些话嘱咐了禹。

(商汤)说:"我小子履,斗胆用黑色的公牛来祭祀,冒昧地向光明而伟大的天帝祷告:有罪的人,(我)不敢擅自赦免。您臣仆(的善恶），我也不敢掩盖，您心里是清晰明了的。我自己有罪过，求您不要归罪于天下万方；天下万方有罪，罪过都在我身上。"

周朝大发赏赐，善人都得到富贵。（周武王说：）"我虽有同姓至亲，却不如有仁德的人。百姓有过错，罪过都是我种下的。

重视度量衡（的审核），严格考核国家法令制度，恢复被废弃的官职与机构，天下四方的政令就通行了。复兴灭亡了的国家，接续断绝了的世族，举荐遗落在野的人才，天下民心就归服了。

所重视的是：人民，粮食，丧葬，祭祀。

宽厚就会得到众人的拥护，诚实守信就会得到人民的信任，勤敏就会成功，公平就会使百姓高兴。

注释

1　朱熹《集注》："此尧命舜，而禅以帝位之辞。"天之历数：天命运转的次序。尔躬：你身上。允执其中：允，真诚；中，中庸。

2　《集注》："舜后逊位于禹，亦以此辞命之。今见于《虞书·大禹谟》，比此加详。"

3　《集注》："此引《商书·汤诰》之辞。盖汤既放桀而告诸侯也。与《书》文大同小异。"履：商汤名。"予小子"和下文"予一人"都是上古帝王自称之辞。皇皇：光明盛大。帝臣不蔽：帝臣，天帝之臣；不蔽，不蔽其善。简在帝心：简，清晰明了；帝心，上帝之心。朕躬：汤自称。

4　《集注》："此以下述武王事。赉，予也。武王克商，大赉于四海。见《周书·武成》篇。"

5　周亲：至亲。在予一人：《书·泰誓中》："百姓有过，在予一人。"

6　《周书·武成》曰："重民五教，惟食丧祭。"

导读

中国文化传统中指称"王道"的时代，就是尧、舜、禹、汤、文、武、周公的时代。《论语》的这一章，提到了尧、舜、禹、汤，提到了周武王。夏商周三代理想及理想的王，都在了。更重要的是，无论是"四海困穷，天禄永终"的权力合法性论证，还是"朕躬有罪，无以万方；万方有罪，罪在朕躬"的权力自我谦卑及其担当；无论是"虽有周亲，不如仁人""兴灭国，继绝世，举逸民，天下之民归心焉"的公天下理念，还是"谨权量，审法度，修废官，四方之政行焉"的公平治理观念，还有"民，食，丧，祭"的政治首要性选择，"宽则得众，信则民任焉，敏则有功，公则说"的仁政风格，都是"王道"的主要内涵。

《论语》这段文字，是对已经消逝了的"王道"时代的怅然回望。

成语   允执其中   天下归心

20.2

子张问于孔子曰："何如斯[1]可以从政矣？"子曰："尊五美，屏[2]四恶，斯可以从政矣。"子张曰："何谓五美？"子曰："君子惠而不费；劳而不怨；欲而不贪[3]；泰而不骄；威而不猛。"

子张曰："何谓惠而不费？"子曰："因民之所利而利之，斯不亦惠而不费乎？择可劳而劳之，又谁怨？欲仁而得仁，又焉贪？君子无众寡，无小大，无敢慢，斯不亦泰而不骄乎？君子正其衣冠，尊其瞻视，俨然人望而畏之，斯不亦威而不猛乎？"

子张曰："何谓四恶？"子曰："不教而杀谓之虐；不戒视成谓之暴；慢令致期谓之贼；犹之与人也，出纳之吝谓之有司[4]。"

今译

子张问孔子:"怎样做就可以从政了呢?"夫子说:"尊重五种美德,摒除四种恶政,就可以从政了。"子张说:"五种美德是什么?"夫子说:"君子使百姓得到好处,却没什么耗费;安排劳役,却不引起怨恨;虽有欲望,却不贪婪;庄重而不骄傲;威严而不凶猛。"

子张说:"什么叫惠而不费等等的呢?"夫子说:"顺着百姓的利益而让百姓去获得利益,不就是使百姓得到好处而自己无所耗费吗?选择可以让百姓去干的劳役让他去干,谁还怨恨呢?求仁而得仁,还贪求什么呢?无论人多人少,势力大小,都不轻慢他们,这不就是庄重而不傲慢吗?君子把衣冠穿得端正整齐,使自己的目光郑重威严,庄严得使人望而敬畏,这不就是威严而不凶猛吗?"

子张说:"什么叫四种恶政?"夫子说:"不加教育就杀戮,这叫虐;事先不告诫不打招呼,等他做成坏事(再随后去惩罚他),这叫暴;很晚才下令制止故意等待百姓触犯律条,这叫贼;同样是给人东西,出手时显得很吝啬,这叫小家子气。"

注释

1 斯:就。

2 屏:通"摒",摒除。

3 欲而不贪:有正常欲望,却不贪婪。

4 有司:有关责任人。此类人负责具体事务,必谨慎小心生怕出错,从而斤斤计较锱铢必较,一个官员如果这样就显得吝啬而小家子气了。另,《中国史研究》2014年第4期发表侯乃峰文章《据新出楚简校读〈论语〉一则》,该文认为,"有司"二字乃一"贪"字,因形近误抄为两字。录此备注。

导读

"五美",是说从政者应该做到的。

"四恶",是说从政者应该避免的。

| 成语　惠而不费　望而生畏

| 链接　19.19

20.3

孔子曰:"不知命,无以为君子也;不知礼,无以立也;不知言,无以知人也。"

| 今译

孔子说:"不懂天命,就没有可能成为君子;不懂礼义,就无法立足于社会;不懂分析辨别言论,就无法了解人。"

| 导读

命者,天文也。知命者,知天道,知自然,知宇宙法则知为人使命也。
礼者,人文也。知礼者,知人道,知社会,知文化制度知立身之地也。
言者,人言也。知言者,知人物,识贤愚,知是非善恶知趋避取舍也。
此章言人在自然、社会中,当具何种人格也。
《论语》二十篇,五百多章,以此三大纲领收束之,此儒家学说之核心也。